城市研究系列

Urban Studies

城市研究系列

主　　编　周　宪　[加]罗伯·希尔兹
项目总监　王瑞书
项目执行　任　晖

POVERTY CAPITAL

贫困资本

小额金融与促进发展

MICROFINANCE
AND THE
MAKING OF DEVELOPMENT

【美】阿纳尼娅·罗伊 著
何本国 译

江苏凤凰教育出版社
Phoenix Education Publishing, Ltd
ROUTLEDGE

图书在版编目(CIP)数据

贫困资本:小额金融与促进发展/(美)阿纳尼娅·罗伊 (Ananya Roy) 著;何本国译. —南京:江苏凤凰教育出版社,2020.3

ISBN 978-7-5499-8658-3

Ⅰ. ①贫… Ⅱ. ①阿… ②何… Ⅲ. ①信贷管理—研究 Ⅳ. ①F830.51

中国版本图书馆 CIP 数据核字(2020)第 043384 号

Poverty Capital: Microfinance and the Making of Development 1st Edition by Ananya Roy, 2010, © Taylor & Francis

ISBN 9780415876728

书　　名	贫困资本:小额金融与促进发展
作　　者	[美] 阿纳尼娅·罗伊
译　　者	何本国
责任编辑	任　晖　蒋志君　张　玲
出版发行	凤凰出版传媒股份有限公司
	江苏凤凰教育出版社(南京市湖南路 1 号 A 楼　邮编 210009)
苏教网址	http://www.1088.com.cn
照　　排	南京紫藤制版印务中心
印　　刷	江苏凤凰通达印刷有限公司(电话 025-57572508)
厂　　址	南京市六合区冶山镇(邮编 211523)
开　　本	787 毫米×1092 毫米　1/16
印　　张	19.25
版　　次	2020 年 3 月第 1 版
	2020 年 3 月第 1 次印刷
书　　号	ISBN 978-7-5499-8658-3
定　　价	48.00 元
网店地址	http://jsfhjycbs.tmall.com
公 众 号	苏教服务(微信号:jsfhjyfw)
邮购电话	025-85406265,025-85400774,短信 02585420909
盗版举报	025-83658579

苏教版图书若有印装错误可向承印厂调换
提供盗版线索者给予重奖

出版说明

城市研究领域很深广，涉及多学科内容。经济、政治、文化、环境、资源、规划、可持续发展等主题，都与城市有关。这些主题大致涵盖了实体的物质空间和抽象的文化空间，也许在一定程度上与当代生活有关的问题大多是城市问题。

“城市研究系列”即是对中国城市化进程中可能遭遇的各种问题在理论上的一种回应。“系列”以经典性与前沿性为导向，理论研究与实证研究并重。在内容方面重点关注与城市主题有关的经典性著作、各学术流派的代表作、当代前沿问题研究、城市研究新理论、城市文化现象与发展方向的探讨等。这些内容不仅追溯了城市发展的历史进程中诸多富有影响力的节点，也契合了当前社会的热点和趋势。

“城市研究系列”既重视国外先进的城市研究著作的引入，也重视国内城市研究领域中优秀的原创著作的出版。我国的城市研究起步较晚，引入国外先进的学术理论，其目的是丰富我们认识城市的路径，建立更加科学的观照体系，从而形成并完善我们本土的城市理论系统建构。

作为中国城市化进程的目击者、参与者、解释者、引领者，我们有责任告诉世界这个历史悠久的农业大国在这一巨大的城市化转型中所发生的一切。而城市本身所具有的多样性与复杂性，也值得我们去探究，去呈现，去引领。

我们期待“城市研究系列”这一高水准的中外城市理论研究出版平台所带来的新角度和新方法，所开启的新视野，所探讨的新问题，能为我国新型的城市化进程提供充分的学术支持。

江苏凤凰教育出版社

献给我伯克利的学生们——
你们以激情和睿智给了我教益。

目　录

前　言

这本书已经构思多年。我是出于对贫困和不平等问题的持续关注而起意写作的。我之前的研究一直关注那些生活在极端贫困条件下的人，这本书却不一样。本书研究的是那些应对贫困问题的人，即那些产生关于贫困的知识以及设定减贫议程的专家们。之所以着手这样一个项目，是因为我想更多地了解国际发展的运作方式。特别是，我想了解类似世界银行这样强大的机构如何控制着“资本”，或者说如何控制着利润、投机和积累的流通路径，包括“事实”或知识生产的流通路径。在我看来，在生活经验的基础上理解贫困是不够的。理解对贫困问题的这种应对也很重要。

贫困研究的突出特点是道德上的距离，那些人虽然是研究对象，却与处于优势地位的研究者相距遥远。对权力的研究也与道德问题难分难解，此时要面对的是道德上的亲密，即合谋和纠缠，它既是发展机构这个领域的一部分，也是学术领域的一部分。它们与我的世界息息相关。意料之中的是，从 2004 年到 2009 年，这本书的创作过程与其他项目交织在一起。在此期间，我自己在加州大学伯克利分校参与创立了一个专注于全球贫困问题的研究中心和一门本科课程。作为刚刚起步的布鲁姆发展中经济体研究中心的教育主任，我开始教授一门课程，即“全球贫困：新千年的挑战和希望”，这门课程此后很快成为伯克利听课人数最多的课程之一。在短时间内，我便成为自己想要调查和批评的事实（以及资本）流通路径的基本组成部分。即便如此，有一件事很清楚：班上的学生，这个“千禧一代”，与全球贫困有着密切的关系。这是他们的问题；它定义了他们在世界上的位置。从许多方面来说，这个项目一直在努力理解一个主题，即“贫困资本”，我相信这会是他们的世界中的关键主题。

按原先的意图，这本书要写的是华盛顿以及其中有关发展的那些机构。然而，我很快就意识到，南方国家，比如孟加拉国这样的地方，也在谋求着发展。孟加拉国创立的格莱珉银行，现已成为一种全球现象，被誉为成功的减贫模式，即小额金融的先驱。前往孟加拉国时，我对那里的小额金融相当怀疑，离开那里时我却受到了启发。一年又一年寒来暑往，我获得了关于这种发展模式的一系列意料之外的经验。这种模式经常作为小额金融的一个神奇方案打包出售，但事实上，它是人类发展和社会保护的一种完全不同的逻辑。

最初涉足华盛顿那些贫困专家们的世界，也把我带到了中东。“9·11”之后，研究发展的圈子不仅在到处谈论着贫困，也在谈论着恐怖。我不得不跟随着这些谈话，也追踪着资金的走向。我选择了中东地区的两个地点，即埃及和黎巴嫩，选择前者是因为这里满是来自美国的资金和观念，选择后者则是因为该国最著名的发展机构是令人恐惧的什叶派民兵组织——真主党。孟加拉国、埃及和黎巴嫩，它们中的每一个都把我带回华盛顿，而华盛顿依然是发展的中心节点。为了表明这种力量，关于华盛顿的那一章我没有标注位置。毕竟，华盛顿属于一种全球秩序，不受领土疆域和边界的约束。其他的地点，则都加以标记并给出了地名。

小额金融是本书贯穿始终的主题。与其他许多研究发展问题的学者和务实人士不同，我与小额金融领域没有特别的专业关联。即使无意成为小额金融专家，我也必须迅速熟悉那些关于小额金融的讨论，它们复杂、详尽，而且在不断增加。同时，这本书涉及的又不仅仅是小额金融。小额金融是一个新的发展阶段的范例，其特点是对减轻贫困的兴趣，并专注于自立更生和赋权的观念。小额金融无处不在，既是名人的事业，也是普通公民首选的发展工具。小额金融也是资本投资的重要前沿。2008 年至 2009 年的金融危机使这一点变得更加清晰。随着华尔街各家银行的崩溃，小额金融(以及穷人)的适应能力成为备受探讨的话题，也承载着殷殷希望。因此，小额金融是察看贫困“事实”(或者说关于贫困和减贫工作如何运行的公认知识)以及贫困“资本”(或者说支撑着应对贫困问题和减贫的那些金融类型)的窗口。

小额金融是围绕着债务运转的。学术研究同样欠着“债务”，既有抽象的，也有实质性的。来自世界许多不同地区的许多不同的人慷慨相助，让这本书得以写就。在繁忙的日程安排中，发展问题专家们很乐意抽出一两个小时来与我交谈。有些专家则愿意多次与我交谈，耐心地回答我反复提出的问题。还有其他一些人，让我认识共同的熟人，向他人介绍我或让我参加会谈。诸多机构提供了档案材料，惠允我参加会议和研讨会，向我开放它们的图书馆。我无法逐一列出获得的所有这些良机，并充分表达感谢之情。但是，有一些帮助必须提及。

PRODUCT(RED)、全地球基金会、卡特银行与信托(美国)和卡特银行与信托(加拿大)、阿富汗小额金融投资支持机构以及联合国开发计划署等机构,惠允我在本书中使用了它们的一些图片和图表。以无与伦比的伊姆兰·马丁为首的孟加拉国乡村研究委员会(BRAC)研究和评估部,向我开放其令人赞叹的大量研究报告,也让我感受到更为普遍的 BRAC 精神。联合国开发计划署(埃及)为我参与埃及国家小额金融战略的发起工作提供了便利。我参加了 2005 年博尔德小额金融短训班的学习,学费还给了优惠。在贝鲁特美国大学,莫娜·哈布和莫娜·法瓦兹分享了他们已发表和未发表的作品。在格莱珉银行,从一开始穆罕默德·尤努斯就张开双臂欢迎我,每次在全球小额金融的各种圈子里相遇时,他都会温暖地问候我。

正是加州大学伯克利分校的思想氛围为本书的写就提供了滋养,其中包括了许多同仁和朋友的努力:拉卡·雷、艾瓦·翁、伊沙·雷、米亚·富勒、特蕾莎·卡尔代拉、詹姆斯·霍尔斯顿、罗伯特·赖克、理查德·沃克、阿兰·德·让夫里、卢瓦克·华康德、保罗·拉比诺、迈克尔·瓦茨、吉里安·哈特、卡丽丝·汤普森、英格丽德·塞耶-奥基、彼得·埃文斯、米诺·莫阿勒姆、迈克尔·布洛维、保拉·戈尔德曼、萨巴·马哈茂德、安娜利·萨克森宁以及珀西·欣岑。

同样是在伯克利,各个部门为我安心研究和教学提供了家园,包括城市和区域规划系、国际和地区研究所以及布鲁姆发展中经济体研究中心。约翰·利执意要我担任国际和地区研究院副院长,而尚卡尔·萨斯特里同样坚持要我担任布鲁姆发展中经济体研究中心的教育主管。为本书开展研究和实际动笔,恰好位于兼任这些有趣的职位期间。那段时间的日常事务安排真是疯狂,尤其是我要像玩杂耍一般地兼顾教学、顾问、管理事务，心里还时时想着一本书。不过这也是一种牵连状态，迫使我不断考虑本书与公共领域和教学事务的相关性。为此，我要特别感谢约翰·利和尚卡尔·萨斯特里。

通过在不同场合的谈话，我推演了本书中提出的论点。能够获得这些机会，我很高兴。这些场合包括：位于西雅图的华盛顿大学（地理）、明尼苏达大学（全球研究）、多伦多大学（地理与规划/国际研究）、加州大学欧文分校（社会生态学）、佛蒙特大学（巴鲁克院长讲座）、斯坦福大学（奥萝拉论坛）、里约联邦大学（IPPUR），以及亚利桑那州立大学（建筑与规划）。本书提出的一些观点此前在三篇文章中考察过：为《帝国的报酬》（*Wages of Empire*）所写的《以她之名》（“In her name”），此书编者是阿玛莉亚·卡贝扎斯、艾伦·里斯和玛格丽特·沃勒；为《规划观念和规划实践》（*Planning Ideas and Planning Practices*）所写的《贫困事实》（“Poverty truths”），此书编者是帕齐·希利和罗伯特·厄普顿；以及为《国际性别与贫困手册》（*International Handbook of Gender and Poverty*）所写的《千禧年女性》（“Millennial woman”），此书编者是西尔维娅·钱特。

本书的框架搭建依赖于许多学者的成果，他们的研究工作和对我的友情让我得以完成对贫困资本的分析。这些人包括凯瑟琳·米切尔、马修·斯帕克、德里克·格雷戈里、奥伦·伊夫塔切尔、凯瑟琳·兰金、卡尼什卡·冈瓦德纳、迈克尔·戈尔德曼、巴勃罗·博塞、尼尔·史密斯、曼努埃尔·卡斯特尔和珍妮丝·佩尔曼。

各种拨款为本书撰写提供了资金。加州大学伯克利分校的研究委员会、赫尔曼教师奖以及普里坦宁教师奖提供了至关重要的启动资金。慷慨的国家科学基金会资助(地理和地区科学项目)让我得以展开持续多年、涉及多地的研究,没有这些研究,就无法讲述应对贫困的故事。

我的研究生和本科生对于本书的写作功不可没。两名优秀的本科生丽莎·莫利纳罗和罗宾·芬利,在写作项目的早期阶段担任研究助理。多名研究生提供了研究上的协助,其中包括瑞恩·森特纳和高塔姆·布罕。彼得罗·卡洛热罗的论文让我弄清了阿富汗内部帝国主义的分布领域。在贝鲁特,希巴·布·阿卡尔是一位重要的研究向导,她向我介绍了自己尚未完成的对真主党的研究。利兹·李热情地搜寻着千禧年发展的典型产物,例如贝内通小额金融运动。西尔维亚·纳姆在此项目上着力多年,细致还原了世界银行的历史和小额金融观念传播的历史(以她那精彩而辛辣的分析作结)。

在劳特利奇,这本书从概念形成到实际出版,先后受到戴夫·麦克布莱德,以及史蒂夫·鲁特和利亚·巴布·罗森菲尔德的关照。在编辑方面,苏珊·马农提出了宝贵的建议。史蒂夫则戮力推动,让这本书的受众群体越出了学界范围以外。

这一研究项目是在四处奔波中完成的,分布在世界各地,尤其是位于孟加拉国、印度、埃及和黎巴嫩的家人和朋友们,让我能够承受这种状况。身在印度加尔各答的父母,在我缩短探望他们的时间、再次前往孟加拉国开展研究时,对于这一写作项目的长期延续坦然接受。

在伯克利的家中,内扎尔·阿尔萨亚德同样充满耐心,尤其是年复一年,我每年都要在夏天、冬天和春天的假期安排外出研究的行程。随着成堆的研究材料在家里如雨后春笋般四处涌现,他又听到了那句熟悉的老调:“等书写完,我会清理好这一团乱麻。”我想，现在是时候说到做到了。以或寻常或超常的方式，内扎尔使我得以完成所做的工作。

有两个人必须特别加以感谢。从我们相识的第一天起，赛义德·哈希米就成了这本书重要的一部分。哈希米的精辟分析和幽默使我的“实地考察”工作变得有趣。他让我通过完全不同的透镜来看待发展。我的研究生斯蒂芬妮·金，在本书启动之初就加入进来。她陪我一起完成了华盛顿和纽约的研究之旅，和我一样对发展政治学怀有兴趣，并就越南小额金融撰写了一篇扎实的硕士论文。这本书完稿之时，斯蒂芬妮却身在别处，无法看见，真是件令人悲伤的事。和我的许多学生一样，千禧年发展及其政治上的可能性都有她的一份贡献。这本书是为她和那些学生们而写的。

阿纳尼娅·罗伊

2009年6月29日，于伯克利

第一章　小世界：资本与发展的民主化

自资本主义的出现和亚当·斯密的时代以来，小额金融是最为重要的经济现象之一。

（硅谷风险资本家维诺德·科斯拉，2004 年[1]）

杂货店和教室里的相遇

一天漫长的工作结束了。我刚刚在伯克利的全食超市（Whole Foods Market）买好了食品杂货，购物车里堆满了有条纹的天然西红柿、鲜嫩的茄子和浑圆的亚洲梨子。随后，我看到了费利西塔。她面带笑容，是那种自信的咧嘴而笑，手里拿着一件衣服，衣服上绣着鲜明的花色。费利西塔是全食超市当月的“小微企

① 维诺德·科斯拉（Vinod Khosla），在斯坦福大学商学院举行的“全球商业与全球贫困”会议上的致辞，2004 年 5 月 19 日（http://www.gsb.stanford.edu/news/headlines/2004globalconf_khosla_speech.shtml，accessed August 5，2005）。

业家”，她的笑脸从捐款传单中面朝着我们(见图1.1)。为杂货结账时，我可以选择在账单上多付1美元或5美元，供全地球基金会用来“通过小额信贷(microcredit)向穷人赋权”。传单中还讲述了一个故事：身处危地马拉的费利西塔，如何“经营一家刺绣厂，并在当地市场销售产品”。好奇的我很想多了解一些，于是回到家，浏览了全地球基金会网站上费利西塔的“照片故事”：“在获得小额贷款之前，她没有资金购买足够的原材料，每周生产的上衣不过几件。现在，她的月产量翻了一番，能为孩子们购买学习用品了。”(http://www.wholeplanet foundation.org/partners/microentrepreneurs，2008年7月28日访问)

费利西塔是全地球基金会支持的众多小微企业家之一，也是今天在世界范围内获得小额金融贷款的数百万女性中的一员，发放这种贷款的组织数量现在越来越多。作为向穷人提供的金融服务，小额金融是一种极受欢迎的减贫工具，讨论的人很多，应用范

图1.1 费利西塔，危地马拉乡村银行和全地球基金会的小额信贷客户(承蒙Alexander Crane供图)

围广泛。“金融”(finance)这个涵义更广泛的词为小额金融纳入了更为具体的做法,比如以数额很小的贷款,即小额信贷的形式授信。

费利西塔也是“显性”穷人的一个例子。经由现在遍布于我们周围的发展和慈善事业的各种方法,她的奋斗经历和成功故事为人所熟知,甚至在杂货店里也是如此。这是一个“小世界”,或者正如全地球基金会所说的,是一个“全球社区”,在这个世界中,减贫嵌入了日常的消费行为。我们的各种选择能让他人变得有力,相应地我们自己也变得有力。正是通过这种形式的亲密关系,我们把自己塑造或重塑为世界公民。

费利西塔是危地马拉乡村银行的小额金融客户,该银行是全地球基金会的合作伙伴。这种不同寻常的机构设置,本身就值得仔细研究。2007年,全地球基金会、危地马拉乡村银行和格莱珉信托基金达成协议,在危地马拉创立一个小额金融组织。全地球基金会是一家由全食超市创建的私人非营利组织,旨在解决“世界饥饿与贫困问题这一顽疾”(http://www.wholeplanetfoundation.org/about,2008年7月20日访问)。危地马拉乡村银行是危地马拉最大的银行。格莱珉信托基金是孟加拉国格莱珉银行的一个特殊部门,承担着在全球推广格莱珉小额金融模式的使命。他们合作的结果是危地马拉格莱珉的诞生,为费利西塔等小微企业家提供贷款。这种机构生态,即危地马拉的一个小额金融组织,作为一家以孟加拉国为中心的小额金融网络的前哨基地,由总部设在得克萨斯州奥斯汀的基金会资助,也是新的“小世界”发展的一个例子。

最重要的是,危地马拉格莱珉乃至所有全地球基金会的合作伙伴,都坚持采用一种模式,这种模式或许可以理解为一种格莱珉式的小额金融。格莱珉银行于1983年由穆罕默德·尤努斯创立，开创了一种简单的信贷模式，在此模式下，小型贫困妇女群体能够以合理的利率获得小额贷款。该模式旨在提供一种替代选择，既是针对需要担保抵押的正式的银行系统，也是为了消除以穷人为掠夺对象的既低劣又不正规的金融体系。基于穷人本身就具有创业精神这一理念，格莱珉银行笃信这样的模式能产生收入，发出的贷款也能得到顺利偿还。毕竟，正如一篇关于格莱珉银行的论文标题所述，“穷人总是会还钱”(Dowla and Barua 2006)。妇女被视为小额金融贷款极为重要的发放渠道，她们有一种倾向，即利用收入来促进社会发展，比如让孩子上学、改善家人营养或向家庭投资。格莱珉银行模式在孟加拉国得到广泛实施，如今已成为一种全球现象。在格莱珉银行本身的积极推动下，经由格莱珉信托基金等组织，格莱珉式小额金融无处不在，把北美的杂货店与危地马拉的偏远村庄连接了起来。这种小额金融极有希望成为一种有效模式，能够减轻贫困，能够向妇女赋权。为表彰这些努力，2006年，穆罕默德·尤努斯和格莱珉银行被授予诺贝尔和平奖。授奖委员会称赞他们创造了“自下而上的经济和社会发展”。委员会指出:“要想实现持久和平，大量的人口必须找到摆脱贫困的方法。小额信贷就是这样一种途径。”(Mjøs 2006)

能够触及费利西塔这种贫困妇女的小额金融，是资本民主化的一个例子。它试图改造迄今为止具有排斥性的金融体系，转而把穷人纳入其中。此外，它还起到促进作用，让慈善和投资从繁荣的北方国家的基金会，流向为南方国家穷人服务的那些组织。不过，这种资本流动同样包括大量的小额交易:交易来自全食超市结账队列中的消费者，后者向那些记录着小微企业家故事的年轻志愿者给出1美元的捐赠。这就是发展的民主化，一种广泛存在的关于发展的观念和实践，公然对抗着世界银行甚至是格莱珉银行等集于一处的庞大建筑。它让世界变小了。

完成本书的写作时，我需要有人来提起这些小小的世界。在伯克利的全食超市第一次见到费利西塔的“照片故事”时，我已经投身于小额金融全球化的研究中。她的故事揭示了一个更大的故事，后者已经成为我研究的焦点：一种扎根于孟加拉国的减贫模式，如何逐渐得到广泛采纳、推广，甚至受到批评和挑战。一年之后，我又回到费利西塔的照片上，希望能用在这里，用在这本书中，以便简要叙述小额金融触及的范围。我向全地球基金会提交了请求，希望能够越过许可和版权方面一系列繁琐的复杂流程。一般情况下，这种请求是无法得到答复的：各家机构手头都有更重要的问题；通常，图片的所有权不在机构手中，他们必须找出摄影师是谁，征得摄影师的许可。但是这一次，我在几天之内就收到了回复。回复者是一个名叫亚历山大·克兰的年轻人，他在回信中说，自己曾在危地马拉格莱珉实习，那张吸引了我目光的费利西塔照片是他拍的。对我来说，亚历克斯[①]并不是陌生人。他登记加入了我在加州大学伯克利分校即将讲授的一门课程，名为“全球贫困：新千年的挑战和希望”。虽然还没有见过面，他却是我在教室中遇到的数百名“千禧一代”中的一员。他们这一代人是世界公民，渴望解决持续贫困这一迫切的问题；在危地马拉和加纳，他们度过一个个夏天，心中洋溢着热情，往往深信亚历克斯在发给我的电子邮件中所说的“小额金融的变革力量”。在这个激动人心的时刻，费利西塔、亚历克斯和我在一个“小世界”中密切关联在一起。这是在数百万接受贷款的女性小微企业家，以及她们当中被另外

① 亚历山大的昵称。

数千名年轻志愿者和实习生拍摄到的数千人之间，发生的一系列巧合和偶然事件。

本书要写的就是这些“小世界”。这个词套用了20世纪早期艺术家瓦西里·康定斯基创作的一系列引人注目的作品。书的封面用的就是画作《小世界四》(*Small Worlds* Ⅳ)。我着迷于康定斯基《小世界》系列的惊人效果，着迷于那繁复的力量流转，着迷于那些彼此碰撞又相互勾连的世界。对我而言，这幅画唤起了在小额金融身上和促成发展的过程中发挥着作用的戏剧效果。费利西塔的故事至关重要，但我在这书中并没有选择讲述它。相反，我勾勒了资本的民主化和发展的民主化这个更为宏大的故事。与康定斯基画作的戏剧效果一样，它们都历经了激烈而狂暴的艰难过程。在本书中，有两点尤其重要。

首先，小额金融的全球化引起了人们对小额金融作为“资产类别”，或者说作为一种投资通道的极大兴趣。格莱珉银行承诺，会通过非营利性金融服务模式减轻贫困并向妇女赋权。但是，各种新的小额金融模式制定了金融可持续性的严格规范，强调的是利润而非人类的发展。正如一篇著名的文章所说的，这就是“小额金融革命”(Robinson 2001)。它让人看到了新的希望：世界上最贫穷的人，即“底层十亿人”，将成为“前沿市场”，开启资本积累的新天地。如此一来，小额金融就不再是格莱珉银行等非营利组织独占的领域，而同样成为商业银行、投资工具和货币市场运营的空间。

小额金融的重塑是资本主义本身广泛转型的一部分，被比尔·盖茨(2008)称为“创造性资本主义”。这种更友善、更温和的资本主义想要积极发掘“金字塔底层的财富”，不过在这样做的同时，它还希望“通过利润”消除“贫困”(Prahalad 2004)。在此意义上，便有可能考虑“贫困资本”，并把小额金融设想成芯片或微处理器，在资本以这些方式形成的过程中发挥作用。随即面对的一个复杂问题，也是驱动着本书大部分内容的一个问题是，“贫困资本”，尤其是小额金融，是否能够确保世界上的贫困人口以公平和公正的方式被纳入金融的覆盖范围。作为一种受到华尔街追捧的资产类别，小额金融能不能坚守这一社会目标？还是说，它会加剧金融投机、掠夺性资本主义和不断扩大的债务？

其次，小额金融属于那些罕见的发展观念之一，这些观念源于南方国家，并被北方国家强大的发展机构所采纳。小额金融首创于孟加拉国，到20世纪90年代中期已成为一种促进发展的灵丹妙药，一种受到全球青睐的减贫做法。观念和实践的这种反向流动，即从孟加拉国格莱珉银行流向世界银行，表明的是一种发展的民主化。然而，由于小额金融革命想要推动“贫困资本”，它实际上是想要重塑知识的范式。如今，在提供小额金融的专业知识方面，世界银行已经和格莱珉银行扮演着同样的角色。实际上，正是世界银行控制着知识的门户，确立着小额金融的规范、标准、排名和最佳实践。世界银行的培训研讨会、文本和报告传播了这些权威知识，向一些专业人士赋予了成为小额金融专家的权力，同时否决了其他人的合法性和重要性。简而言之，正在发挥作用的是“华盛顿贫困共识”。

在本书中，我揭示了华盛顿贫困共识的运作方式。不过，我也表明了这种形式的权力如何逐渐受到挑战并饱受争议，小额金融领域一场激烈的观念之战如何持续上演。从发展援助和政策这两个权力节点迈步，我最终却走到了诸如此类的权力区域的边缘，去研究南方国家的发展机构（多种多样的机构，其相互差别之大，一如孟加拉国的格莱珉银行和乡村发展委员会与黎巴嫩的真主党之间的差别）如何塑造出截然不同的小额金融模式。这些观念是否具有吸引力？它们是否代表了小额金融的原始和本土版本？它们是否能够为主流范式提供强有力的替代方案？这些都是我在本书中讨论的问题。

在我看来，这些与资本民主化和发展民主化相关的问题很重要。它们的关注点围绕着费利西塔这样的贫困妇女的生活，无论境遇优劣，这些人的生活现在与“贫困资本”的创立难分难解了。它们也关注像亚历克斯·克兰这样的“千禧一代”的希望和抱负。无论是好是坏，这些人的生活也与发展的重建纠缠在一起。这样的结合和碰撞是否会产生一系列新的“小世界”，那些值得栖居于其中并加以捍卫的世界？本章讲述的是千禧年发展及其千禧一代的故事。通过这种讲述，本章确定了资本和发展的民主化过程中的一些关键问题：贫困如何变得明显，市场如何运作又如何失败，以及发展如何努力解决当代世界的地理失衡。

千禧年发展

这个世纪之交的特点是出现了一种引人注目的全球良知：对世界贫困的认识以及对消除贫困这一意愿的阐述。世界总人口67亿，却有14亿人生活在每天收入低于1.25美元的惊人境况中，这一赤裸裸的事实现在已经成为常识（世界银行，PovertyNet，2008年数据）。

当然，人类贫困由来已久。问题是，在某些特定的历史时刻，贫困如何以及为何变得清晰可见，成为社会行动和变革的替罪羊。贫困在不经意间向着“公共”议题的这种转变，过去曾发生在不同时期，表现为不同的形式。在政治保守时期，贫困经过一番改装成为违法行为的问题，需要施予道德约束，强加社会秩序。20世纪

80 年代就是这种情况，那时，大西洋两岸的保守主义政权大力突出不自力更生和不值得同情的穷人，即那些依赖于福利、不愿意工作的人的刻板印象，他们不是结构性力量的受害者，而是沉沦于自身的懒惰和缺乏责任心。

在历史上的其他时期，贫困被解释为国民经济及其管理的问题。第二次世界大战刚结束时就是这种情况，当时确立了一个多边或者说多国发展体系，即布雷顿森林体系，由世界银行和国际货币基金组织掌舵。该体系力求实现的，是使国家经济“现代化”。它立基于一个观念，即发展是一个阶梯，带有经济增长的各个梯级；一些国家处于顶端，其他国家必须迅速赶上。

当前历史时刻的不寻常之处在于，贫困已成为一个明显的全球性问题。重点已经从国民经济的现代化转向减轻“底层十亿人”，即像费利西塔这样生活在国际贫困线以下的 14 亿人口的贫困状况。对贫困的反应也迅速全球化：从正在发起的“让贫困成为历史”全球运动，到减贫“最佳实践”在全球的传播，再到一些激烈的批评，它们把贫困与全球经济联系起来，从而坚称“另一个世界是可能的”和必要的。简而言之，一种新的全球秩序，即我所称的“千禧年发展”，正在形成。

千禧年发展是各种力量合力推动的。首先，发展经过重塑，成为一种“更友善、更温和”的过程，它像过去时代关注经济增长那样关注人类发展。在 20 世纪 90 年代，世界银行把减轻贫困列为首要任务。2000 年，联合国成员国通过了《千禧年发展目标》(the Millennium Development Goals)。这是一系列踌躇满志的人类发展目标，要在 2015 年之前通过全球合作实现。

各发展机构在重新考虑人类发展的目标后，提出了一套新的发展衡量标准，或者说发展指标。现在，关注的焦点不再是经济增长率，人们广泛使用且持续追踪的标准是国际贫困线，这种贫困线将世界贫困人口通过简单的统计数据结合在一起，形成一种休戚与共的感觉。此外，《千禧年发展目标》已经创造出一种规则，用来衡量和勾勒在消除贫困方面取得的进展。在《2003年人类发展报告》的前言中，联合国开发计划署署长马克·马洛赫·布朗把《千禧年发展目标》称为"世界各地普通公民的发展宣言：关乎的是有时间限制、能够加以衡量、与经济利益相关的问题，也是人们很容易理解的问题"。他还说："由于有足够的数据，这些目标努力使各国政府和更广泛的国际社会对目标所取得的成就负起责任。"(UNDP 2003a：vi)孕产妇死亡率、基础教育、健康以及住房，而不仅仅是国民生产总值，现在都是发展的关键因素。

贫困数据是一回事，关于不平等的数据则是另一回事。《2005年人类发展报告》中有一张图表极为引人注目，诠释了"香槟酒杯效应"，表明世界上最富有的500人的总收入多于最贫穷的4.16亿人(UNDP，2005：36)。事实上，香槟酒杯更像是一只宽口漏斗，在底部，财富、收入和消费都消失了(见图1.2)。

对不平等的关注具有重要意义，因为这意味着千禧年的发展不能仅仅围绕着拯救穷人。财富、特权以及权力的分配，这些更为棘手的问题也必须得到解决。要解决这些问题，没有简单的1美元捐款，没有为期一个月的服务学习之旅，也没有教会志愿者小组。要完成这项任务，需要面对国际发展的各种运作方式本身。因此，在千禧年发展的框架内，有一个衡量不平等的标准已经占据突出地位：从北方国家流向南方国家的援助。图1.3来自联合国《2005年人类发展报告》，其副标题是"财富增长快于援助"，名字取得恰如其分。该图表明，虽然主要捐助国(如北美和西欧的那些国家)的人均收入一直在增加，人均海外发展援助却一直在下降。

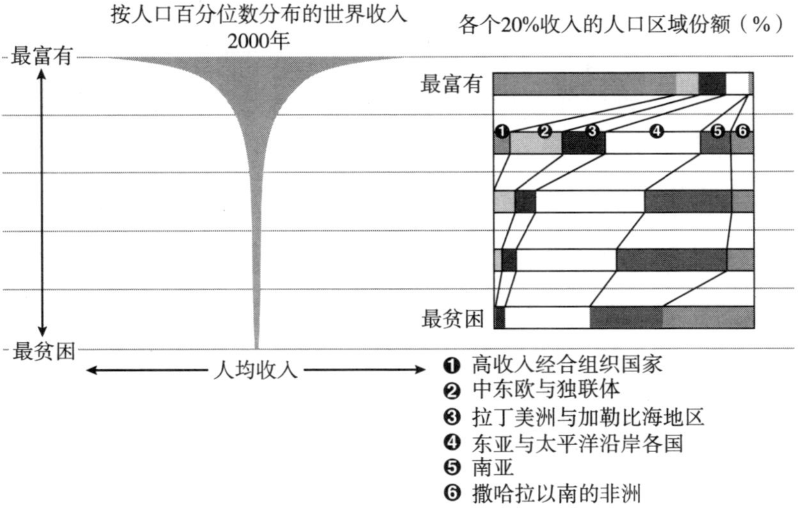

图 1.2 钱分布在哪里(UNDP 2005)

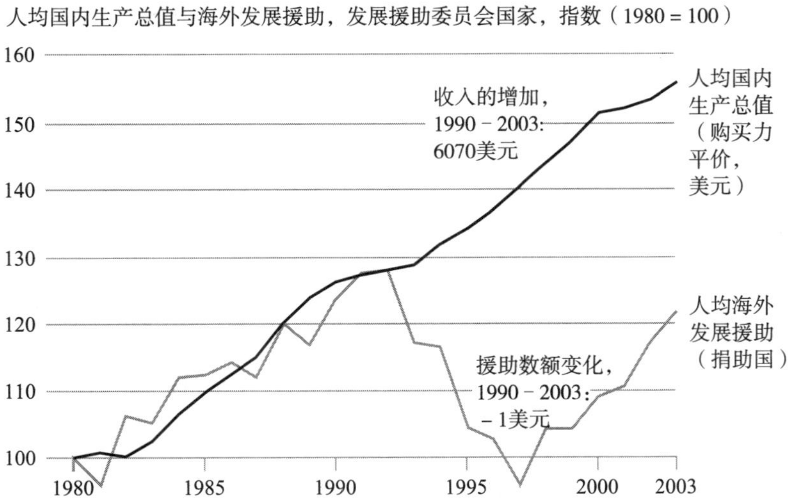

图 1.3 更富有却更吝啬:财富增长快于援助(UNDP 2005)

美国虽然就绝对值来说是海外发展援助最大的捐助国，实际却相当吝啬，2005年其海外发展援助支出仅占国民总收入的0.22%，远远低于《千禧年发展目标》中设定的0.7%（UNDP，2007：289）。再分析一下这种援助的结构，把债务减免或者与美国顾问和公司的合同纳入考虑，从北方国家流向南方的援助就更为稀薄、更难看清了。况且，这种援助还被另外一些东西，即北方国家为本国农民提供的大量农业补贴淹没了（见图1.4），由此极大地损害了南方国家的农民在全国和全球市场上为农产品公平定价的能力。

2001年，在卡塔尔多哈举行的世界贸易组织会议呼吁取消此类补贴，但补贴仍然存在，令全球南方国家颇感沮丧。联合国《2003年人类发展报告》生动地描述了这些补贴的规模（见图1.4）。在这份报告中，马洛赫·布朗极力主张，“不彻底改变全球贸易体系的结构，尤其是农业领域的结构，使饥饿和贫困人口减半的长期举措就无法获得成功”。他坚持认为：“政策，而非慈善，才是富裕国家为了实现《千禧年发展目标》能够去做的事情。”（UNDP 2003a：vi）

千禧年发展要求对援助和贸易的结构进行改革，此外还要形成一套并行的发展机构。全球慈善基金会、全球正义行动和全球非政府组织引领着与贫困的斗争，其中最大的组织所掌握的资源、权力以及所发挥的影响，远远超出了大多数民族国家的范畴。这些组织的领袖都是偶像人物，诸如比尔·盖茨和梅琳达·盖茨夫妇、比尔·克林顿、波诺，作为闻名全球的人士，他们已经成为千禧年发展的燃点。这些名流及其运动使贫困进入人们的视野，围绕着减轻贫困制造了一种紧迫感。从围绕着贫困来设定议程（如盖茨基金会所做的），到战略性地影响先进工业国的发展议程（如波

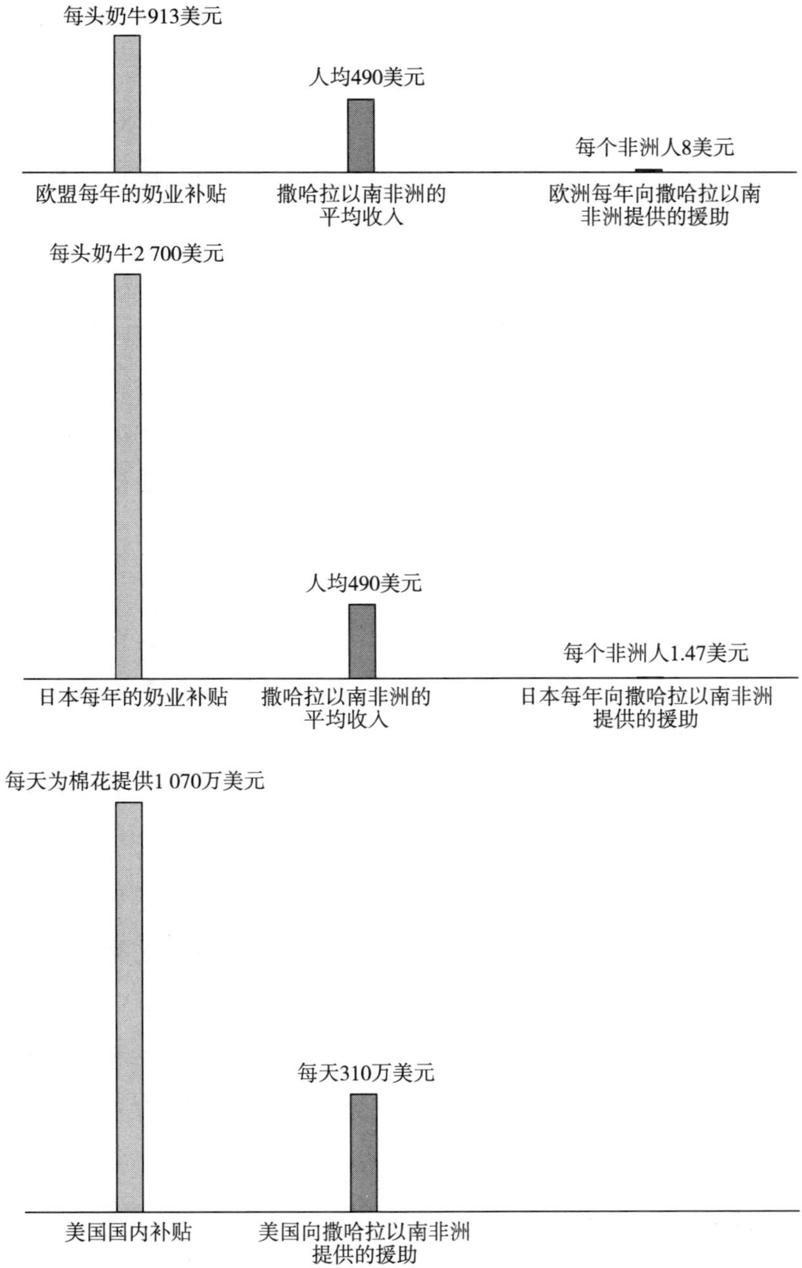

图 1.4　奶牛和棉花比人获得的援助更多，2000 年(UNDP 2003a)

诺所做的），这些名义上的首脑已成为千禧年发展这一新的全球秩序的关键行动者。

在这些组织和行动中，有许多都力求让普通人积极参与抗击全球贫困的斗争。摇滚乐队 U2 的音乐会，让人感觉像是一间全球研究 101 教室，用一个电子卷轴勾勒出《世界人权宣言》。波诺蒙着眼睛，身体包裹在美国国旗中，同时哀叹着人类因战争、贫困和匮乏而走向堕落。观众束着白色腕带，因为他们已经起过誓，要“让贫困成为历史”。他们是“美国平民”，属于“统一行动”，一个由波诺与他人共同创立的草根组织，致力于根除全球贫困。他们相信波诺（见 Sachs 2005：xvii）的主张，即“我们会成为有史以来的第一代人，让那极端、愚蠢的贫困，那眼看着孩子在富足的世界中死于饥饿的贫困，见鬼去吧”。

从福音派基督徒到全球自由派，这种政治动员跨越整个意识形态光谱，是千禧年发展的一个标志。通过这种方式，贫困已经成为一项公共问题，减轻贫困的责任分散在广泛的全球公民中，尤其是北方国家国民的身上。对贫困的认识，决定了西方在世界上的地位。因此，关于时任世界银行行长詹姆斯·沃尔芬森与贫困的斗争，有一个说法是如此开头的：“在我们生活的时代，数百万人之所以死亡不过是因为生错了地方：一部分人类能享用 2 美元的拿铁和一次性相机，另一部分人类每天仅靠 2 美元生活，看起来本身就像是一次性的。”（Mallaby 2004：1）这种全球良知并不是抽象的，相反，它已经渗透进日常生活：年轻的美国学龄女孩，不知疲倦地筹集资金，为非洲家庭防范疟疾提供蚊帐，于是美元转变成了得到挽救的生命。这道等式，是通过无私的志愿精神实现的。

在很大程度上，千禧年发展依赖于现代的、西方的自我，他们不仅意识到了贫困的破坏力量，也有能力以种种负责任的方式，对贫困采取行动。关于这种良性循环,(PRODUCT) RED 是一个很好的例子。它的核心思想很简单:“RED 不是慈善机构,而是一种商业模式。你买产品,公司买药,穷人服用药物,活下去。”(http://www.joinred.com,2008 年 8 月 15 日访问)(见图 1.5)。一边是消费者,购买着 Gap T 恤或摩托罗拉刀锋手机,另一边是感染艾滋病毒的非洲人,接受着药物:两者之间的关联是由全球基金居中实现的,该基金为各种发展计划提供着经济上的支持。在此情形下,衡量标准也是必不可少的,它在“救命事业”中完成了“出色表现”,实现了“可触知的、可衡量的结果”(http://www.joinred.com/Learn/ HowRedWorks / GlobalFund.aspx,8 月 15 日访问,2008)。

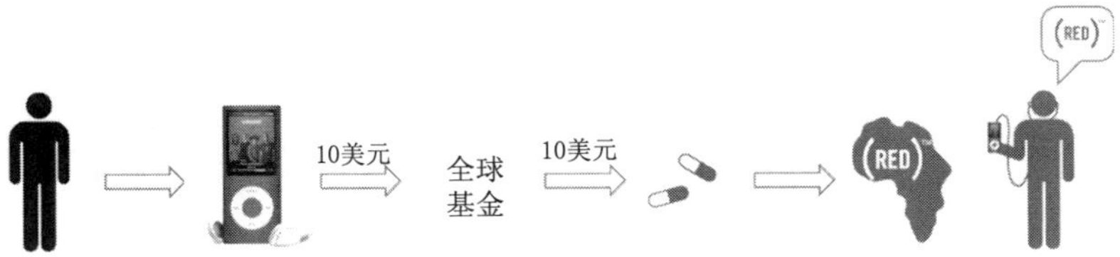

1. 精明的消费者指出,(PRODUCT)RED特别定制版苹果MP3播放器与其他苹果MP3播放器价格相同。不过,(RED)版会产生10美元费用,用于帮助在非洲消灭艾滋病。

2. 消费者买下(PRODUCT)RED版苹果MP3播放器。苹果公司捐出10美元,直接给全球基金,而不是给(RED)。

3. 全球基金把这笔钱100%用于资助非洲的艾滋病治疗和社区支持项目,目标人群为妇女和儿童。

4. 这10美元帮助加纳、斯威士兰、卢旺达、莱索托等国的某个人在未来获得(RED)的赠款。

5. 结果?消费者有了一个新的(PRODUCT)RED定制版苹果MP3播放器,同时挽救了某个人的生命。如果下次消费还选(RED),他们还能继续提供帮助。或者,他们可以通过INSPI(RED),在网站www.theglobalfund.org/en/donate/上向全球基金直接捐赠更多的钱。

(PRODUCT)RED是Persuaders公司的商标,已特许(RED)合作伙伴使用。为了支持(RED),(RED)合作伙伴的物品和服务带有(PRODUCT)RED的商标。

图 1.5 RED 的运作方式(承蒙 RED 供图)

不过,不要忘了,千禧年的发展还有另一股强大的力量:全球社会运动。经由清晰又往往激烈的抗议,这些运动成为新的全球秩序的推动因素。因此，1994年，在创立于布雷顿森林镇[①]的两家机构，即世界银行和国际货币基金组织庆祝成立五十周年之际，批评人士聚集在一起大声抗议，坚称五十年已经够长了，要求对发展所造成的损害进行“赔偿”（Danaher 1995）。此后，抗议和集会仍在继续：1999年在西雅图，抗议世界贸易组织和全球贸易体系；在一年一度的世界社会论坛会议上，坚持要求取代自由市场的全球经济；在八国集团会议的会场之外，呼吁为世界上最为贫困和负债最多的国家来一次“大赦狂欢”，也就是“债务减免”。

用全球交易所（Global Exchange）的话来说，这些全球社会运动想要实现的是“人的全球化”，以“全球经济的民主化”为基础（http://www.globalexchange.org，2008年8月15日访问）。总部位于曼谷的“聚焦南方国家”（Focus on the Global South）组织，以略有不同的方式将此表述为：“对全球经济的改造，从围绕着跨国公司的需求，转变为专注于人、社区和国家的需求，在此转变过程中强化地方和国家的经济实力。”（http://focusweb.org/who-we-are.html，2008年8月15日访问）考虑到这一点，“聚焦南方国家”的创始人、著名国际活动家瓦尔登·贝洛（2007：210）认为，全球主义项目正处于危机之中，“主要的多边机构丧失了合法性，而由公司驱动的全球化过程，正是以这些机构为政治华盖的”。他声称，“关键因素”一直是抵抗：

> 行动是让事实得以显现的条件之一。我想说的是，在西雅图事件之前十多年，联合国开发计划署和其他机构一直在

① 位于美国新罕布什尔州。1944年7月1日，44个国家的代表在此召开了著名的布雷顿森林会议，宣布成立了世界银行的前身，即国际复兴开发银行。

公布数据，表明结构调整计划、新自由主义改革以及由企业驱动的全球化带来的负面影响。然而，那些数据不过是干巴巴的统计结果，基本上没有受到媒体、学界和政策制定者的注意，他们所秉持的信念，都假定这些措施和过程带来的是好的影响。西雅图事件强有力地让抗议者的核心诉求引起世人的注意，把抽象的统计变成了残酷的事实……很难说，如果没有发生西雅图事件，类似诺贝尔奖获得者约瑟夫·斯蒂格利茨、明星经济学家杰弗里·萨克斯或金融家乔治·索罗斯这样的人，还会站到主流之外，去批评由企业驱动的全球化。

(Bello 2007:215)

在本书中，我会仔细考察一个复杂的集合，其中包含的力量和观念往往相互矛盾，正是它们构成了千禧年的发展。我会细细探究种种重要的思想、声音和政策，它们已经成为当下时刻的标志性特征。我没有去问什么是贫困，如何减轻贫困，而是问了一系列不同的问题，在我看来它们才是根本问题。具体来说，我问的是：关于贫困和减轻贫困，主流的观念是什么？是否还存在着其他观念，如果存在，我们如何得知，又如何从中有所收获？主流观念和其他的观念是否与先前的发展模式相冲突？换句话说，本书所探讨的，是千禧年发展之际的知识政治学。本书立论的前提是，在研究贫困的专家当中，某些世界观和知识范式比其他的世界观和知识范式更深入人心。相应地，这种情形又对资源和机会的分配产生了关键的影响。正如萨帕塔民族解放运动领导人、“副司令马科斯”在墨西哥恰帕斯州宣称的(2000)，“观念也是武器”。

从历史的终结到贫困的终结

《历史的终结与最后的人》(*The End of History and the Last Man*)这篇论文最初发表于1989年,随后又在1992年成书出版。在其中,弗朗西斯·福山认为,人类已经走到了历史的终点:

> 我们有可能亲历的,不仅是冷战的终结……还有历史本身的终结,即人类意识形态演变的终点,以及作为人类政府的最终形式,西方式自由民主遍及全球。
>
> (Fukuyama 1989: 4)

福山(1992:xiii)还声称,"经济学中的自由主义原则,即'自由市场',已经扩展开来",在世界范围内缔造了"前所未有的物质繁荣"。对于福山来说,自由市场资本主义和自由民主不仅是当下的现实,也是不再有改进空间的理想。

对"历史的终结"这个论点,福山本人后来也有所动摇,但在最初阐述之际,该范式体现了自由市场全球化大师们执拗的信心。1989年,约翰·威廉姆森提出了"华盛顿共识"的说法,在该共识中处于核心位置的,正是这种"经济学中的自由主义原则",或者说"新自由主义"的大胆复兴。威廉姆森(2004:7)本人反对"把这个术语曲解成新自由主义或市场原教旨主义的同义词"。然而渐渐地,华盛顿共识还是被视为一套严格的限制,要求实现私有化,实现管制的放松和自由化。以类似于福山的方式,威廉姆森(2000:261)指出,在1989年出现了"极为广泛的一致看法,即关于好的经济学的一些相当根本性的观念,不仅是可取的,而且在当前的政策议程中至关重要”。简而言之，无论从内容还是形式来说，华盛顿共识都是无可辩驳的真理。在什么时间，又是以何种方式，这种关于自由市场的不可动摇的确信发生变化，变成了一种全世界都在从中遭受痛苦的意识？争论又是如何从“历史的终结”转向了“贫困的终结”？

1994年，福山的那本书问世两年之后，具有传奇色彩的法国哲学家雅克·德里达出版了《马克思的幽灵》(*Specters of Marx*)。针对福山的写作，德里达(1994:106)提请注意一个“明显的宏观事实”，即“从绝对数字来看，从来没有如此多的男性、女性和孩童，在地球上受到压制、忍饥挨饿甚至被人消灭”。简而言之，自由市场的乐观情绪正在让位于贫困的幽灵。

在华盛顿，以世界银行行长的身份，詹姆斯·沃尔芬森宣布了一项后华盛顿共识。1998年，在世界银行理事年会上，沃尔芬森发表了一场重要演讲，题为“另一场危机”。他认为，全世界的目光都聚焦于一场金融危机(当时的东亚金融危机)，却未能注意到另一场危机迫在眉睫，那就是贫困(Pender 2001:402)。很快，约瑟夫·斯蒂格利茨，1996年至2000年间世界银行的首席经济学家，便成为这种“后华盛顿共识之共识”的关键对话者。斯蒂格利茨不同意华盛顿共识的“市场原教旨主义”，论证了新型发展干预的合理性，这种干预要依赖国家的职能。他认为，同样重要的是，关于这种新的、成型中的共识的那些观念，无法再以华盛顿为基础，“必须由发展中国家来掌控”(Stiglitz 1998:33)。因此，“历史的终结”走到了尽头。一年一度的世界社会论坛，第一届是在巴西的阿雷格里港举行的，那是全球社会运动的盛大聚会。对于其中的一个欢庆时刻，内奥米·克莱因(2001)写道：“很多人说，觉得那座房子里正在创造历史。我所体会到的，却是更无形的东西：‘历史的终结’终结了。”

为了理解从“历史的终结”到“贫困的终结”这一转变，有必要弄清两种关键的影响力量。第一种影响力量，是20世纪80年代以市场为导向的发展政策所造成的破坏。此次危机不仅使得对这些政策的激烈抗议找到了出口，还在政界和学界新引发了一场关于“市场失灵”的探讨。第二种力量，是贫困所在的各个地区，尤其是非洲，出现了一种令人信服的地理想象。过去，非洲在多数人的想象中是一颗“黑暗之心”，现在则被视为一片为恶劣的发展政策所误的大陆，一个可以通过正确干预来回归正轨的地方。自“9·11事件”以来，中东也被视为一片“他方”(other)地域，一个“危险地区”，美国和西方的本土区域想要继续保持安全、稳当，阿拉伯街(Arab Street)的狂暴就必须以某种方式得到控制和纠正。

从市场到市场失灵

就在福山写出“历史终结论”并为之辩护时，世界上的许多地方正在酝酿着一场经济和合法性的危机。严厉的结构调整政策历时十年，在世界上许多地方造成了严重破坏，到了20世纪90年代，必须设计出新的政策来解决日益严重的贫困、失业和债务问题了。直到2001年至2002年的阿根廷危机之后，国际货币基金组织才最终承认，自身的货币政策失败了，而世界银行却早在很久之前，便远离了粗放的结构调整范式。由于全球范围的各种社会运动对世界银行和国际货币基金组织发起了抗议，詹姆斯·沃尔芬森领导的世界银行便想总是领先于抗议者一步(Elyachar 2002)。世界银行的内部人士，包括约瑟夫·斯蒂格利茨，把责任归咎于国际货币基金组织，坚称该组织不仅没有改善发展中国家的经济，而且使其恶化了(Stiglitz 2000a，2002)。

或许已有证据表明，斯蒂格利茨的批评过于激烈。在一次“摊牌”后，他最终离开了世界银行（Wade 2001）。他对国际货币基金组织的双重批评广为流传。首先，在他的描绘中，国际货币基金组织是一个新殖民主义机构，在此机构中，第三世界国家的经济主权受到了损害。斯蒂格利茨指出，国际货币基金组织“并不直接向为它提供资助的公民或生活受它影响的公民报告”（Stiglitz 2002：12）。其次，斯蒂格利茨（2002）认为，国际货币基金组织是“市场原教旨主义”的工具，无法察觉或应对市场失灵。贫困是市场失灵的一个例子，表明市场无力提供集体物品。因此，华盛顿共识无法借由对自由市场意识形态的推动，来成功地促进发展。在斯蒂格利茨看来，东亚的情形便强烈地驳斥了华盛顿共识，在此情形下，强大的发展型国家既实现了经济增长，又在人类发展方面获得了提升。市场原教旨主义与发展型国家之间的这种反差，是斯蒂格利茨所阐述的共识的一个关键特征，他要用该共识取代新自由主义的华盛顿共识。这种新的秩序，旨在成为一种经过改革、摆脱偏见的全球化，能为“全球集体行动”提供更好的规则。

如果说华盛顿共识与罗纳德·里根和玛格丽特·撒切尔的自由市场意识形态联系在一起，那么，后华盛顿共识则与一种新的政治体系，即比尔·克林顿和托尼·布莱尔的第三条道路哲学相一致。在发表于伦敦的一场演讲中，克林顿（2006）反思了第三条道路：

> 至今，还没有人发现任何以自由市场为取向的东西，能有效地分配物品、服务、资本和机会。自由市场如果仅靠自身……就不会考虑到人的需要，无法平等地向人们分配机会，也不会让人变得有力……除非赋予政府一项职能，让它去创

造条件，去创造人们最大程度地实现人生价值、创立自己的社区所需要的制度和工具。

克林顿的演讲旨在调和一种由来已久的紧张关系，这种紧张存在于自由主义的最深处：一面是对自由和自由企业深信不疑，另一面则是对某些形式的监管怀有渴望。在《国富论》（*The Wealth of Nations*, 1776）中，亚当·斯密对自由市场理论的信奉无人不晓。不过，斯密还撰写了另一部关键的作品，即《道德情操论》（*The Theory of Moral Sentiments*, 1759），在文中表达了对一个充满关怀、有所供给的社会的需求。差不多一个世纪之后，在《论自由》（*On Liberty*, 1859）中，约翰·斯图亚特·密尔也为经济自由辩护。但是，和斯密一样，密尔也论证了"公共控制"，即"管制"的合理性，以防止对劳动者、消费者和社会的伤害。在20世纪后期的新自由主义政策中，这些可以理解为"道德经济学"（Peet 2003：10）的关怀和管制的伦理，都不见了踪影。而在千禧年发展的时代，它们正处于复兴之中。

在关于资本主义"双重运动"的著名论文中，经济史学家卡尔·波兰尼（1944：3）认为，使经济"脱离"社会并创造"自调节市场"的"十足乌托邦"（实际上正是新自由主义政策想要实现的）这一运动，同时引发了种种努力，想要把经济重新收复并纳入社会和政治控制。如此一来，"双重运动"便是"市场型社会"（market society）与"有市场的社会"（society with markets）之间的紧张关系，是由市场交换主导的体系与有可能实现互惠互利和再分配的体系之间的紧张关系。在20世纪的大部分发展过程中，在千禧年发展过程本身，这种纠缠都很明显。

《贫困的终结》（*The End of Poverty*）是千禧年发展的标志性

作品，在这本书中，杰弗里·萨克斯(2005)呼吁在贫困国家进行凯恩斯式的干预，从而为“嵌入式”自由主义提供了论据。对于萨克斯来说，持续贫困便表明市场明显失灵了，要应对这种失灵，只有投资于人类发展的基础设施。与萨克斯针锋相对，威廉·伊斯特利(2006)在《白人的负担》(*The White Man's Burden*)中认为，贫困的问题在于国家失灵而不是市场失灵。伊斯特利(2006:60)把萨克斯斥为怀揣“大西方计划”的“计划派”，认为“自由市场是能够运行的”。在小额金融领域，类似的辩论同样留下了痕迹。硅谷风险投资家维诺德·科斯拉(2004)声称，小额金融是“资本主义和亚当·斯密之后最为重要的经济现象”(http://www.gsb.stanford.edu/news/headlines/2004globalconf_khosla_speech.shtml，2005年8月5日访问)。不过，我们应该参考哪个版本的亚当·斯密和自由主义哲学？小额金融是不是一种自由市场战略，想要抑制穷人的小微企业？还是说它是对市场失灵的回应，是“嵌入式自由主义”的一个例子，关涉的是“社会利益”以及互惠互利和再分配这样的关系？

“非洲能行”

如果说千禧年发展无法回避一种讨论，即市场是运转还是失灵，那么其中也包含一种想象，即各个地域是运转还是失灵。在这些地域中，非洲名列榜首。20世纪80年代，在结构调整的种种条件下，这片大陆被视为黑暗之心，承受着国家腐败和市场失灵的重担。今天，在人们的想象中，非洲则是一个受累于发展和全球化的地方，必须得到帮助。担任世界银行行长后，沃尔芬森立即采取的行动中，就包括访问非洲(Mallaby 2004:89)。曾经，非洲在人们的理解中总是与危机难分难解，现在则正在改头换面，成为一片

“属于世界的土地”(Ferguson 2006:6)。

举个例子,2007 年 7 月的那一期《名利场》(*Vanity Fair*)杂志,便是非洲专刊。这期杂志特邀波诺担任主编,力图把非洲描述为“令人着迷、适于创业、充满活力的大陆”,而不是“充斥着战争、疾病和腐败,看不见希望的垂危之地”(Bono 2007:32)。我们对非洲的认识,更多的不是通过非洲人,而是经由那些关心非洲的美国名流:奥普拉、乔治·克鲁尼、麦当娜、比尔·盖茨,每个人都在安妮·莱博维茨的镜头下充满时尚,令人惊艳。尤其引人注目的,是贯穿整期杂志始终的一个观念:我们都是非洲人。从主编和名流身上所提取的 DNA 样本,绘制出了“从东非起点发出的一条条寻根之路”。主编评论称:“看到地球上的每个人都与这个非洲部落血脉相连,真让人感动。俗话说,我们都是非洲人。”(Carter 2007:28)

《名利场》非洲专刊以杰弗里·萨克斯及其“千禧年村庄”为特别报道,旨在为非洲乡村的发展提供一项集中的干预措施。萨克斯关于“贫困终结”的论点,也是一种关于地域的论点,这些地域或是运转或是失灵。萨克斯改造了发展经济学家沃尔特·罗斯托的观点,把发展设想为一架梯子,各个国家处于不同的梯级上。想象中,非洲位于梯子底部,它必须得到机会,“站稳脚根”(Sachs 2005:73)。

值得注意的是,在重塑非洲的阴影中,潜伏着另一片地域。在那期《名利场》专刊上,萨克斯被称为“有远见的经济学家,玻利维亚、波兰和其他陷入困境的国家的救星,联合国和电影明星的顾问”(Munk 2007:140)。萨克斯参与这些经济体的重建,凭的是国际货币基金组织经济学家的身份,因而,此处对玻利维亚和波兰的这一提及,文字简洁却令人窒息,具有重大意义。正如内奥米·克莱因(2007:150)指出的,萨克斯对玻利维亚的“休克疗法”“加剧了贫困”，“消灭了……成千上万份带有养老金的全职工作”，以“完全没有保障、极不稳定的工作岗位”取而代之。这是残酷的新自由主义和市场法则的旧式领地，千禧年发展力图去做的，正是在非洲等新的试验区缓和休克疗法的后果。

然而，由新自由主义主导的地域，却被称为进步之所而非荒废之地。在小额金融领域，经过结构调整的拉丁美洲，尤其是玻利维亚，往往充当着最佳的实践模式，其中各地已经准备好接受激进的私有化和商业化。事实上，相比于南亚，尤其是格莱珉银行小额金融模式的发源地孟加拉国，具有休克疗法传统的拉丁美洲被视为走在前面的参照者。出于这个原因，一本关于营利性小额金融的书在前言中宣称，拉丁美洲“在小额金融领域的发展领先其他地区一代人”(Jansen 2002：vii)。

小额金融已经成为非洲摆脱贫困的关键战略，并使非洲有望成为投资和资本积累的前沿。因此，美国消费者新闻与商业频道(CNBC)最近的一期特别报道称，当前的经济危机可能提供了一个前所未有的机会，让人们“在世界上最危险的地方之一”投资。无疑，非洲的石油、黄金和钻石很吸引人。但是，小额金融所支持的贫困妇女小微企业也很吸引人（http://www.cnbc.com/id/30959351，2009 年 6 月 21 日访问）。因此，最近，由塞内加尔歌手尤索·恩多领衔的贝纳通“全球交流推广活动”，便突出并宣扬了贝纳通支持的塞内加尔小额金融项目。恩多自豪地说，“非洲不想要慈善”，要的是小额金融(Benetton 2008)。他的宣言呼应了一系列新的“非洲”声音，比如乔治·阿耶提(2004)和丹比萨·莫约(2009)的声音，这些声音都想让非洲“自由”——不依赖于西方援助和官方机构的自由。贝纳通推广活动中的种种惊艳意象，预示着经济自由的希望，要把非洲人的形象由贫困人群转变为小微企业家。这些意象是新的“贝纳通的统一色”，非洲由此摇身变为全球宠儿。它们体现了一种事实，也是贝纳通推广活动的口号：“非洲能行。”（见图 1.6）

图 1.6 “非洲能行”，贝纳通的统一色
（http://www.benetton.com/africaworks-press/en/index.html，2009 年 1 月 20 日访问）

就在非洲吸引来名流（布拉吉丽娜来到纳米比亚，麦当娜来到马拉维）时，另一片地域却唤起了帝国的焦虑，那就是中东。自“9·11 事件”以来，来自政治谱系中各种意识形态的声音，都呼吁承认贫困与暴力之间的关联。换句话说，“反恐战争”必定同时也是一场对抗贫困的战争。“9·11 事件”发生后不到几天，一篇名为《治理热点》（“Governance hotspots”）的文章写道：“2001 年 9 月 11 日突显出，或许比其他事项都更为紧迫的是，有必要进行全球治理……来减少南方国家的贫困和苦难，从而消弭愤怒。”（Sassen 2002：106）“9·11 事件”之后，中东一直是各种探讨的焦点。作为全球化的热心拥护者，托马斯·弗里德曼（2002）认为，由技术驱动的全球化，例如在印度出现的全球化，可以创造出巨大的繁荣，从而产生“一代年轻人，他们更感兴趣的是融入世界体系，而不是破坏这个体系”。这样一个主题，也显见于萨克斯对终结贫困的呼吁中：“要打击恐怖主义，就要同时与贫困和匮乏作斗争。纯粹以军

事手段应对恐怖主义，注定无法奏效。”(Sachs 2005:215)

把中东纳入考虑，千禧年发展的叙事就变得复杂了。当今时代的一大特征是，呼唤着加以变革、更为开明的全球化，但这个时代也是帝国战争的年代，尤其是在伊拉克和阿富汗。我们一方面握有普遍贫困线以下人口的统计数字——10亿、20亿，另一方面也掌握着帝国主义的这些边疆地区的军人和平民死亡人数的统计。战争和发展的同时存在，向我们发出了挑战。终结的贫困，是在煞费苦心地与帝国野心形成对比吗？毕竟，在19世纪的殖民主义时期，殖民地不仅是通过军事力量，也是通过促进发展来统治的。改善白人的负担这个文明的使命，是殖民任务的核心。贫困的终结是殖民福祉这一主题的复兴吗？弗朗西斯·福山不仅提出了“历史的终结”，在近来转变态度之前，他还是“新美国世纪项目”的核心智囊。该项目启动于20世纪90年代，得到了保罗·沃尔福威茨和迪克·切尼等人的加盟。项目秉持的主张是，现在时机已经成熟，应该有一个美利坚帝国来传播自由民主和自由市场资本主义的价值观。“9·11”之后在伊拉克和阿富汗发起的战争，往往因这些价值观而师出有名。同样地，这也是一种千禧年的幻觉。如此一来，在“9·11”之后被纳入中东地理想象的阿富汗，便顺理成章地成为某些蓬勃的发展活动展开的场所，既包括小额金融，也包括战事方略和恐怖袭击等。

小额金融和千禧年发展的前沿

千禧年发展这一领域，存在许多不同的议程和优先事项。其中，小额金融具有非同寻常的突出地位。在国际发展方面，大额预算不会分配到小额金融头上，它们仍由基础设施独霸着。据估计，即使是两家最大的小额金融捐资机构，即世界银行和联合国开发计划署，在小额金融上的支出也不到年度总支出的1%（Rosenberg 2006：1）。同样，小额金融也不是国际或地方的非政府组织出资最多的专业领域（在其他的许多领域，比如健康、人权和妇女问题上，出资多则很寻常）。然而，小额金融无处不在，存在于发展事务中几乎所有内容的次级领域，是精选的灵丹妙药。这种普遍存在的观念，受到各种发展机构以及所有类型、各种意识形态理论家的称许，被用作贫困的重要解毒剂。因此，萨克斯和伊斯特利虽然在如何理解贫困、减轻贫困方面存在实质性的分歧，但在涉及小额金融时分歧却消失了，两人都认为这是一项体面而有效的政策。联合国宣布，2005年为国际小额信贷年。更晚些时候，在全球金融危机之后，小额金融被誉为有可能拯救资本主义的战略，能提供一种途径，从商学院大师C.K.普拉哈拉德（2004）口中广为人知的“金字塔底部”，开拓出新的市场。

在本书中，我之所以研究小额金融，是想考察发展的促成。正如我在开篇的“小世界”故事中所讨论的，资本的民主化和发展的民主化都是小额金融的题中应有之义。反过来，这些过程又由于我前面点出的那些力量而变得复杂，这些力量包括“市场失灵”的危机和机遇，以及对于非洲和中东等地不发达、边缘化的地理想象。

无论小额金融有可能多么受欢迎，但对于如何为促进发展而实施和运用小额金融，却没有达成共识。在这里，关于小额金融，我简要归纳出三种对比鲜明的范式：尤努斯所强调的，即基于权利、偏向穷人的小额金融观念；“创造性资本主义”战略，该战略把穷人视为利润丰厚的市场；对小额金融的尖锐批评，不承认小额金融对贫困有什么影响。这三种范式所关涉的，远不止于小额金融。

它们代表了在发展议题的内部，关于社会利益、市场监管以及资本主义本质等问题的针锋相对。正如我已经提出的，它们是自由主义中的关键问题，决定着各经济体的轨迹路径。这三种范式代表着自由派本身的道德困境，揭示了千禧年发展中事关成败的问题：贫困是否可以转变为贫困资本，转变为积累、投机和利润的前沿？如果可以，贫困资本能否为穷人的利益服务？

作为人权的信贷

我们还是从小额金融背后的基本理念开始吧。格莱珉银行成立时，穆罕默德·尤努斯明确指出，小额金融立基于一种观念，即信贷是一项人权，它可以改善最贫困人口的生活。这种观念认为，小额金融明显不同于商业银行业务，甚至与商业银行业务相对立。尤努斯一再强调，小额金融并不是位于社会-经济等级底层的银行业务；相反，它是着眼于纠正错乱的银行业务而展开的。简而言之，它关乎资本主义的重塑。“作为人权的信贷”这一观念表明，小额金融并不单纯是发展的工具，而是一种“道德经济学”。2004 年巴塞罗那世界文化论坛期间，在一场以小额金融为主题的会议上，沛丰金融(PlaNet Finance)创始人雅克·阿塔利断言，小额金融是“以文明方式走向全球化”的关键。同样，在我任教的大学，即加州大学伯克利分校克劳森国际商业与政策中心举行的一场小额金融会议上，国际社会援助基金会(Finca International)创始人约翰·哈奇把尤努斯誉为“在世的甘地”，认为小额金融是一种“比非暴力更为强大”的力量。

尤努斯用人权语言构建了小额金融的愿景，但是实际上，他的观念更在意的是创业精神而不是再分配，是机会而不是平等。他对自力更生的极度强调创造了一种减贫模式，这种模式在以贫困为中心的同时又反对福利。因此，尤努斯一再指出，格莱珉银行贷款想要实现的目标，是自主创业而不是受雇于他人（Bornstein 1996：331）。2004 年，在加州大学伯克利分校克劳森中心举行的小额金融会议上，他解释道："我告诉从格莱珉贷款者的孩子们：你妈妈有一家银行。你却不一样，必须自力更生。你得创造工作机会，绝不能索要工作。" 尤努斯坚持认为，格莱珉模式并不依赖于外部捐资人或国家，于是，自力更生的主题便延伸到小额金融机构。如此一来，不足为奇的是，当尤努斯和格莱珉银行被授予诺贝尔和平奖时，伊斯特利为该奖没有授予波诺（另一位"嵌入式"自由派）而松了一口气，并称许这是对发展采取的"步步为营、自下而上式本土方略的一次胜利"（Tierney 2006）。

这是一种奇妙的组合，一面是人权框架所描绘的道德推演，一面是机会社会的前景所唤起的积极进取的创业精神和律己甚严的自力更生。我在孟加拉国对尤努斯作过一次访谈（2004 年 8 月），他谈到了"大众资本主义"，认为这一点被经济理论大家们忽视了。"必须使市场对所有人来说都是自由的。" 尤努斯强调："市场和其他的任何工具一样，好似一把刀，可以用来割喉，也可以用来雕刻漂亮的作品。它会成为哪种工具？"

"作为人权的信贷"这一框架，通常与孟加拉国实行的各种小额金融模式相一致。但我稍后会在本书中论证，孟加拉国的发展和减贫的详细情形要更为复杂。实际上，"作为人权的信贷"可以理解为一项"公开记录"，掩盖着社会保护计划和人类发展基础设施中不太明显的"隐性记录"。在这里，孟加拉国乡村发展委员会（BRAC，也许是世界上最大的非政府组织）的工作至关重要。与格莱珉银行一样，BRAC 也将小额金融作为减轻贫困的关键工具。但是，它把小额金融嵌入大量促进发展的服务事项中。在一次采访中(2004年8月),尤努斯曾迫不及待地指出,“没有必要等待国家”,但BRAC创始人兼主席法兹勒·阿贝德还是认为,他的主要目标是要“调整政府政策,以满足穷人的需求和愿望”(Covington 2009:24)。格莱珉和BRAC之间存在种种差异,但两者都表现出某种近来被誉为“孟加拉国无畏的希望”的东西(Covington 2009)。本书第三章讲述的是,世界上最贫穷的国家之一的发展机构,如何能够在一定程度上应对持续贫困的挑战。我认为,这个故事与关于自力更生的机会社会的叙述是相矛盾的,后者已成为小额金融的“公开记录”。

创造性资本主义

在诺贝尔奖获奖演说中,尤努斯(2006a)强调,为了解决毁灭性的贫困这一问题,世界必须重新思考自由市场意识形态的一些基本假设。他呼唤一种新型创业精神,这种精神念兹在兹的是“社会事务”,即那些以“行善”为底线的事务(Yunus 2008)。乍看之下,尤努斯所说的似乎与许多人的意见出奇地相像,这些意见都呼吁以市场为基础来解决贫困问题。然而,尤努斯还有另一些想法。其他人相信全球资本主义,尤努斯则认识到了市场失灵并寻求以发展为方向的替代选择。他找到了,在一种人民资本主义中,这种资本主义由贫困企业家唱主角,并由小额金融促成。

与此类观点形成鲜明对比的,是比尔·盖茨(2008:23)最近对“创造性资本主义”的信奉:

> 有能力通过技术创新来服务于穷人的,主要是公司……我们需要一种更具创造性的资本主义:一种拓展市场力量边疆的意图,以便使更多的公司能够从事改善更多人境遇的工

作，并从中受益。我们需要新的方法，把数量多得多的人纳入该体系，即这个已经使世界受益太多的资本主义体系。

盖茨并不是在谈论企业慈善事业或企业社会责任，也不是在谈论尤努斯的“社会事务”。相反，他是在主张“世界各地都存在一些市场，企业没有把握住它们”，穷人则构成了一个特别重要且利润丰厚的市场（Gates 2008: 27）。这是一个大胆的愿景，表达了对市场——那些有效而非失灵的市场——的强烈信心。

不过，创造性资本主义面临着挑战。一方面，“底层十亿人的经济”在想象中是“缺乏资本”的，因而需要获得“私人资本”（Collier 2007:87）。另一方面，底层十亿人又被想象成“十亿自力更生者”（Smith and Thurman 2007）。如何将穷人的创业禀赋、社会资本和劳动价值转化为新形式的资本？这就是“资本之谜”（de Soto 2000）。特别是小额金融，似乎包含了解开资本之谜的神奇钥匙，并使底层十亿人能够摇身进入资本积累的新前沿。

关键问题在于，创造性资本主义是否需要一种新型的小额金融，一种更关注财务回报而非社会回报的小额金融。这就解释了为何一个设立在世界银行的捐资人论坛，即援助贫困人口咨询工作组（Consultative Group to Assist the Poor ，CGAP），想要创建一个与金融市场相结合的全球性小额金融行业。这样一种态度，摈弃了格莱珉小额金融模式及其对人类发展的强调。在一篇题为“利润与贫困：为何重要？”的文章中，小额金融的重要对话者和投资者迈克尔·朱（Michael Chu 2007）简洁地表达了支持创造性资本主义的理由。朱认为，只有高回报的营利行业才能改变“底层十亿人”的生活：“不再受资金限制，穷人所能获得的资金和支出的资本，在数量上都实现了爆发。”正是以这种方式，市场，而不是市场失灵，成为小额金融的关键主题，允诺着经济自由和机遇的诱人前景。营利性小额金融的支持者也认为，市场能确保责任的追溯。因此，现在热心拥护小额金融的 eBay 创始人皮埃尔·奥米迪亚坚持认为："无所求的资本，即由不求回报的捐资人提供的资本，与有所求的资本，即要求透明的财务报告和适当的风险回报的资本，两者之间是有差别的。"（Bruck 2006）顾名思义，"有所求的资本"最终能让穷人很好地受益。

观念之争相当激烈。康帕图银行是墨西哥的一家小额金融机构，以九折利率为大约 100 万女性服务，每年获得 8000 万美元的稳健利润。作为该机构的两位首席执行官之一，卡洛斯·拉巴斯反对把信贷视为一项人权："呃，我不这么认为。机会是人权，比如教育机会，而信贷的对象是那些有机会用贷款创造出某种有效益的东西的人。这是创造财富的一种方式，而不只是在消除贫困，也不是在养穷人。"（Bruck 2006）。尤努斯不同意。讲到康帕图银行时，他表示："小额信贷的创立是为了与放贷人斗争，而不是要成为放贷人。"（*Business Week* 2007）

微型鲨鱼

上面概述的对小额金融截然不同的态度，有一个共同的主题：对小额金融及其减贫能力的乐观。不过，随着小额金融变身为千禧年发展的象征，针对小额金融的缺乏效用，一些批评纷至沓来。令人惊讶的是，小额金融业内人士也持怀疑态度。在一次接受采访时（2004 年 10 月），CGAP 的一名高级顾问认为，几乎没有经验证据表明小额金融能够持续下去，或者能够减少贫困。他认为，小额金融这台机器是由"穷人的暖心形象"驱动的，并称小额金融在"拨动心弦"比在实际减贫方面更为成功。实际上，CGAP 的一份报告便点出了这层意思，尽管措辞不那么尖锐。在评估世界银行和联合国开发计划署的小额金融综合方案时，该报告得出的结论是："在两家机构中，以小额贷款获得资金的项目，只有不到四分之一被认为是成功的。"（Rosenberg 2006：1）这一评估结果，与发展顾问兼小额金融评论者托马斯·迪希特所表达的几乎完全一致。迪希特认为，贫困贷款既是糟糕的社会政策，也是糟糕的发展战略和糟糕的商业行为。一些借款人从未能卸下债务的重担，另一些借款人则将信贷浪费在消费品上。他说，极少数能够赚到钱的贷款人，又很少为穷人服务（Magolis 2007）。

在那家华盛顿小额金融机构中，这样的怀疑主义深入人心。在一次采访中（2004 年 3 月），美国国际开发署一名任职于小微企业办公室的高级职员指出，小额金融现在被宣称为万能药，从恐怖主义到女性赋权都能医治。一次干预如何能实现这一切？穷人真的需要小额金融吗？他们难道不需要一系列金融服务，比如储蓄和保险，信贷可能只是其中的一小部分？对最贫困人口最有帮助的，难道不是拨款而非贷款吗？在承认小额金融深受欢迎的同时，她问道：美国国会是否愿意听到，小额金融不是魔术，皇帝没穿衣服？在 2004 年至 2008 年间我所作的各种采访中，CGAP 高级职员反复表达了这些担忧。小额金融能够实现的目标没有边界吗？如果现在也想拿小额金融来解决恐怖主义问题，问题难道不在于美国的外交政策而不是贫困吗？然而，其他人，例如美国国际开发署妇女部一名就职于发展办公室的工作人员，却在一次采访（2005 年 6 月）中感叹，小额金融虽然引起人们对女性贫困问题的关注，但绕过了许多与性别平等和赋权有关的其他问题，涵盖范围从女性对全球劳动的参与到女性的法定权利。这种感叹得到了华盛顿式发展的批评者们的响应，他们认为，小额金融仍然没有解决关键的结构性问题：

> 只要小微企业的发展仍被用来代替有意义的社会发展……代替世界银行和国际货币基金组织等机构规定的经济政策的根本变化，它就只会妨碍南方国家在为极为真实的贫困问题寻找真正答案方面取得进展。
>
> (Scully n.d.)

对小额金融的怀疑，似乎将反对发展的批评者与华盛顿的内部人士联合了起来，表明千禧年发展面临着更为广泛的困境，这种困境在沃尔芬森掌舵世界银行期间浮出水面。1995 年至 2005 年期间，沃尔芬森试图将世界银行的工作从基础设施贷款转向卫生和教育项目。然而，在孟加拉国的那些村庄，来自世界银行的人发现，自己面对的穷人想要的是桥梁和道路，后者认为是这些工程而非小额金融让他们的生活变得更美好。世界银行的一部分人渐渐相信，这种分裂表明，影响着沃尔芬森治下的世界银行的，是北方国家的非政府组织、社会运动以及其他运动设定的贫困议程，而不是南方国家穷人的利益："关于他治下的机构与北方利益相关者的同气相求，及其对乡村客户的充耳不闻，这是最好的明证。"(Mallaby 2004:338—339)此种情形引发了对发展民主化的质疑。要想获得发展，南半球的那些国家会选择小额金融吗？或者，小额金融的普遍存在，是不是由发展的受托人，即那些有权设定议程的人强加的任务的一种标志？

有人认为小额金融没有好处，还有人认为小额金融实则有害。在印度，人们热议"微型鲨鱼"，即操作着看似掠夺性贷款的小额金融机构(Pal 2006)。媒体报道中讲述了一些女性的故事，她们由于无力偿还小额金融贷款而自寻短见。在相邻的孟加拉国，即小额金融的大本营，批评者把小额金融机构描绘得同样剥削成性。他们认为，格莱珉银行采用了父权制的规范来迫使贫困女性偿还贷款，这种小额贷款同样增加了针对妇女的家庭暴力（Rahman 1999）。

在创造性资本主义的支持者们看来，由市场带来的全球性政治经济，“能通过利润消除贫困”。埃洛伊兹·韦伯、朱莉娅·埃利亚查和凯瑟琳·兰金等社会理论家则认为，作为一种机制，小额金融能深化金融领域的自由化，同时确保社会合法性。小额金融是新自由主义全球化和自由市场意识形态的代名词，而不是它们的替代方案，是力道强劲的结构调整方案的社会安全网。因此，小额金融是“新的全球发展架构”的重要组成部分，在此架构中，穷人通过获得信贷等“新型试验”而得到规训和安抚（Weber 2002）。这些理论上的总结，提供了对创造性资本主义的不同理解，即理解成剥削穷人的市场。他们还对“作为人权的信贷”这一口号给出了不同的理解：作为企业家精神和赋权的一种话语，掩盖了对穷人的结构性剥削。

贫困资本

在本书中，我把小额金融归结一个概念，即“贫困资本”。这样的描述超越了千禧年发展，因为它关涉的是当代资本主义本身。对千禧年末期全球化进程的大部分分析，都着眼于生产资本或金融资本。社会学家迈克尔·戈德曼近年所做的分析（2005：67），把人们的目光引向了“发展资本”，即那些流经世界银行、美国国际开发署和联合国等国际发展机构的各种项目，通常由非政府组织和咨询公司来居间传递的资金。贫困资本是发展资本的一个子集。

以小额金融为代表，贫困资本处于次级抵押贷款的前沿，发展资本和金融资本在此融合、协作，使新的发展主题得以确定，新的投资领域也由此得到开辟和巩固。

我特意用了"前沿"这个词。由 CGAP 引领的全球小额金融行业，唤起了关于各种前沿的独特想象，把提供给穷人的金融服务称为"金融前沿"。对这种观念的一种直率表述，来自 2005 年在芝加哥举行的小额金融会议的名称："拓展前沿：把小额金融转变为全球金融市场工具。"（http://www.chicagomicrofinance.com/2005，2005 年 6 月 15 日访问）正如 CGAP 首席执行官、世界银行董事伊丽莎白·利特菲尔德（2007 年）描述的，小额金融行业正在"流动着大量新的资金"，不仅"来自投资者和大型商业银行"，也来自"公共商业投资机构，比如国际金融公司"。截至 2008 年，已经有 104 家小额金融基金，管理着 65 亿美元的总资产（Reille and Glisovic-Mezieres 2009）。

这些流动的投资力图占据一个关键的前沿：最贫穷的金融消费者，或者说"最落后的十亿人"（Coleman 2008）。根据 CGAP 的说法，截至 2006 年，获得小额金融服务的人数为 5 亿，能够从金融服务中受益的却有近 30 亿人（World Bank 2006b）。一家总部位于荷兰的银行、保险和资产管理公司，即荷兰国际集团（ING Group）的一系列报告，便以"赚得十亿人？"（*A Billion to Gain*?）为标题。这些报告以面带笑容的创业贫困女性为封面，显得很优雅，报告内容则给出理由，表明为什么国际银行应该涉足小额金融，"十年内"，小额金融"有可能成为具有可观利润率的利基市场"（ING 2008：48）。不过，报告也表达了警示之意："国际银行参与小额金融业务，可能会加剧过度负债现象。"（ING 2008：35）这一番告诫性的强调表明，小额金融是一项特殊的全球性行业，处于所谓“第四领域”的前沿，由负有社会责任、着眼于发展的投资者主导(Otero 2008)。为了驾驭这一领域的能量，在 2004 年克劳森中心的小额金融会议上，国际社会援助基金会的约翰·哈奇提议创建一个新的联盟：“控制着赤贫人群接触通道”的传统小额金融提供者，与“控制着资本获取通道”的商业银行之间的联盟。对“贫困资本”来说，这样的联盟具有核心意义。

哈奇的愿景所力图实现的，是在南方国家数百万贫困的小微企业家与北方国家集中的金融权力节点之间，建立起直接的关联。但是，这一愿景中同时包含一种不可忽视的紧张关系：发展的金融化与资本的民主化之间的张力。小额金融是否能够提供几年前时任花旗集团副主席斯坦利·费舍尔(2003)所宣称的“让银行家拥有有利可图的商机”，“让穷人在自己国家的经济未来中占有一席之地”？本书所讲述的，便是这种奇怪的组合及其内在斗争的故事。

小额金融的全球化，也是发展的金融化。在 CGAP 戒备的目光下，小额金融被重新定义为提供给穷人的金融服务，一项可以融入金融市场的新的全球产业。因此，世界上规模最大的那些银行，从花旗集团到巴克莱银行，再到摩根大通，现在在小额金融身上都有了商业利益(Harford 2008)。这种金融化过程，需要能够运转起来。贫困资本不仅是贷款和创造财富的实践，也是产生知识的实践。理解和解释小额金融世界的方式，即我所谓的贫困知识，与贫困资本密切相关。正是在这里，风险评估和管理的衡量标准得以确立；在这里，穷人被划出等级，分别门类；在这里，更普遍的是，贫困事务渐渐实现了“金融化”，或者转变为一套金融基准和指标。事实上，到 20 世纪末，有一个基准已经成为全球小额金融行业的主导，即风险贷款比例(portfolio at risk，PAR)，一项衡量未偿还贷款的未偿还余额的标准。这项金融指标，正是从小额金融想要挑战的银行业本身借用来的。

贫困资本不仅是金融资本，还具有另一种优势和特征。根据法国社会学家皮埃尔·布迪厄(2005)的观点，资本有许多不同的类别，包括组织资本、象征资本、文化资本和社会资本。这种资本的分布发挥了结构性的作用，在一个社会关系系统中赋予权力。贫困资本是贫困专家的货币，他们是有资格提供关于贫困及减贫的权威知识的人。这种知识不仅是知识，还是"事实"，即逐渐被理解为确定、合理且无可否认的正确的知识形式。这些知识形式由强大的机构产生和传播，同时又具有私密性。落实发展的人和肩负发展责任的人，对它们产生了兴趣。实际上，金融化必须被理解为"一种主观性和道德规范"，理解为"发展自我的一种方式"，"步入金融生活的一次邀请"(Martin 2002：9，3)。

但是，发展的金融化不仅要求对前沿市场怀有兴趣，其实现还要借助于资本的民主化。在华盛顿和华尔街等发展力量和金融力量的中心，专家们以极大的热情谈论着"打破小额金融与常规金融之间的隔阂"(Littlefield and Rosenberg 2004)。尤努斯谈到了人性化的资本主义，以及社会企业如何创造更友善、更温和的全球化。在(全球)金融资本和(地方)小额金融非政府组织之间，约翰·哈奇构想了一种伟大的战略联盟，并称之为"世界经济的社会化"。这样的道德语境，可以理解为"新自由主义的民粹主义"，其他学者此前已经使用过该称谓(Vivian 1995；Gore 2000)。小额金融颂扬的是人民的经济，但是，借用马克思主义地理学家大卫·哈维(2005：3)的一句话来说，它也努力"将所有人类行为纳入市场领域……把市场交换本身奉为一种自足的伦理"。因此，借由"新自由主义的民粹主义"这个称谓，我所指的是小额金融实现资本民主化，并同时将穷人的小额资本转化为新的全球金融流通的那些方式。穷人能否从这种融合中受益？或者说，他们加入这个过程的方式是否会极具剥削性和掠夺性？本书的大部分内容都在探究这个问题。

资本的民主化同时提出了一个更为棘手的问题：发展的民主化。在本书中我会论证，小额金融的议程，是由世界银行及其专家网络以垄断方式确立和把控的。南方国家少数富有影响力的机构，对这种力量发起了挑战并加以质疑，但也是以垄断的方式进行的。然而，小额金融及其对资本的民主化所允诺的前景是，这种理念和实践将得到更为广泛的扩展，我们都可以参与其中。

在千禧年发展的各种私密交易中，这种前景显而易见。第三世界的贫困女性，不再是远在天边的人物。现在，她不仅有了形象，而且能够触及。千禧年发展的门户网站让人们有可能触摸她的生活，给她一笔小额贷款，让她有所作为。例如，在 Kiva.org 网站上，用户可以把这些勤勉的做法，与他们日常生活中的技术-社交节奏结合起来。Kiva“让你在脸书网(Facebook)上浏览贷款，并在个人脸书页面上显摆贷款”。还有苹果手机版的 Kiva，“只要带着手机，在哪里都能打理个人的 Kiva”；有推特版 Kiva，“每天或每周往个人的推特帐号上自动发布新的贷款信息”(http://www.kiva.org，2009 年 4 月 28 日访问)。正是第三世界的女性，即千禧年女性，唤起了这种千禧年伦理，锚定了一种全球良知，并将性别和种族的疏离转变为与世界各地穷人之间自由的亲密关系。

如果说资本的民主化和发展的民主化是新千年的关键主题，那么就有必要发问：谁是这种新的全球民主的用户？谁由此得到了赋权变得强大？践行人道主义的国际救助贫困组织(CARE)的一次广告宣传，标题便取为“我很强大”。杂志广告和在线视频简要勾勒了第三世界的贫困女性。与女性生活的蒙太奇相伴的，是一种赋权的叙事："我是一个女人，贫穷但自豪，隐匿无形又难以辨认，是一种潜力无限的自然资源。给一次机会，一个选择，我会改善社区，为社会做出贡献。我很强大。"但是，该广告的关键信息，即"她有能力改变自己的世界"，是基于同一项重要的信息，针对的是民主化发展的用户："你有能力帮她做到这一点。"（ http://www.care.org/getinvolved/iampowerful/intro.asp，2009 年 6 月 16 日访问）（见图 1.7）民主化的发展散布于数千名享有特权的全球公民身上，它与集中又强大的金融化发展机构之间有什么关联？对于小额金融所做的研究，让人有可能探索这个紧迫的问题。

图 1.7 "我很强大"[承蒙国际救助贫困组织（美国）和国际救助贫困组织（加拿大）供图]

中心性与多重性

这是一本关于贫困的书，讲的却不是穷人的生活。有许多书描述小额金融的运行，评估各种项目是否有效，并且探讨这样一种路径的价值。这样的学术研究很重要，却不是本书的目的。相反，我们的分析旨在揭示贫困资本的动态，勾勒千禧年发展这一历史时刻。为了做到这一点，本书极少着墨于在极端贫困条件下挣扎的人们。相反，我们集中关注的，是那些围绕着消除贫困带来资本和专业知识的人。在描述这些过程时，我使用了诸如“中心性”和“多重性”之类的术语，来表示与千禧年发展相关的政治机遇以及垄断力量。康定斯基的那些作品，包括《小世界四》，是中心性和多重性的集合。我通过这些方式研究小额金融，就是受到它们的启发。

勾勒中心性和多重性的一个特别有用的工具，是全球商品链分析。这种方法在全球化研究中很常见，它追踪商品的生产、流通和消费（Gereffi and Korzeniewicz 1993）。例如，在研究一件日常商品（比如咖啡）全球链条中的各个节点时，可以从南方国家的低收入小型咖啡生产者，追溯到纽约的咖啡期货贸易，再到控制着咖啡市场的少数几家跨国公司，最后到沿街可见的高利润零售咖啡店。以这种方式，一条全球商品链条，便将埃塞俄比亚贫困农民生产的咖啡豆，与我们每天早上饮用的高价卡布奇诺咖啡连接起来。其中的每个阶段，都在确立和控制着咖啡的价值。从这个意义上说，全球商品链也是价值链。在此，我借用全球商品链这一概念，来研究一种特定的商品，也就是发展及其资本和事实的流通路径。

我的研究和分析着眼于全球，但也针对着特定的地点、历史和背景：华盛顿、孟加拉国、黎巴嫩和埃及。在每个地点，都有对发展，以及对发展的价值和事实的确立和控制。但是，作为一个整体，这些不同的地方也揭示了权力和无力状态的地理分布，揭示了发展如何以不同的条件、在地图上的不同地方得到孕育。在这里，地理学家马特·斯帕克（2007：117）的话值得关注：“南方国家无处不在，却又总是位于某个地方。那‘某个地方’，地处夺取和收回的交汇之处，在政治地域上复杂纠缠，其地图必须秉着始终如一的地理责任感来勾勒。”

为了更好地理解发展地图，我把目光投向了法国哲学家米歇尔·福柯(1966：xxiv，xii)，他坚持研究“知识空间”，揭示这种知识的“形成规则”，从而揭示事物的秩序。知识的空间，是处于严密的控制之下的。因此，后殖民理论家加亚特里·查克拉沃蒂·斯皮瓦克(1999：191)提请人们注意“叙述资格(the permission to narrate)问题”。谁能主导和控制这种资格？在本书中，我把注意力投向关于叙述资格的斗争，并指出这些争夺不可避免地按地域展开，安排和扰乱着全球秩序。叙述资格也与资本积累的实践，与对剩余价值的主导和控制有关。但是，逐渐地，这种主导和控制也受到新的、作为替代的道德经济学框架的挑战和质疑。这些情形，构成了千禧年发展的中心性和多重性。

对于这些地理分布，需要做某种巡回的研究，不局限于一个地方，而是跨越多个地点。2004 年至 2008 年的四年间，我对小额金融领域的各种参与者进行了 120 多次访谈，记录了 5 份个人经历口述，这些人所属的机构跨越格莱珉银行、CGAP、德意志银行、美国国际开发署，乃至真主党，或者来自发展机构、非政府组织、基金会、公司、游说团体、大学、社会运动组织以及国会办公室。我在选择受访者时目标明确，并不是随机的，对人选进行了仔细的分级，以确保访谈触及了每个组织中多个层级的参与者，从高层到中层，再到现场干事，到实习人员。在某些情况下，我有机会在几年内多次进行访谈，有五次，这种访谈采取了更为复杂和生动的生平口述形式。

在华盛顿、孟加拉国、埃及和黎巴嫩，我还收集了数据，对主要的小额金融机构进行了档案研究。在此期间，我参加了以小额金融为重点的一些重要的峰会和小型会议，从 2004 年巴塞罗那论坛到 2006 年小额信贷峰会，还有 2005 年埃及全国小额金融战略的启动，都在其中。以学生的身份，我参加了小额金融培训课程，提供培训的机构比如博尔德短训班、小微企业和发展研究所，以及查尔姆斯中心基督教小额金融研究所。怀着对发展的民主化的深刻认识，我访问了与小额金融相关的学术网站、机构网站以及大众类门户网站，包括小额金融网（Microfinance Gateway）、Kiva.org 等。实际上，网络不仅是重要材料的来源，而且是知识空间，在此空间中，讨论得以展开，博客得到维护，产品创出了品牌。通过这样的研究，我找出了贫困资本流通的三条路径，每条路径都是由特定的中心性和多重性构成的。

资本和事实的第一条流通路径，就是我所谓的"华盛顿贫困共识"。我研究了世界银行和其他华盛顿机构如何产生关于贫困，尤其是关于小额金融的权威知识。随着私人投资的流入远远超过官方的发展援助，世界银行可以说越来越与南方国家的命运失去关联。另一方面，世界银行在小额金融领域的预算拨款仍然微不足道，但它仍然是"计算中心"（Falk Moore 2001：178）。在研究中，我特别关注这种中心地位是如何产生和维持的，从这个极为特殊的位置又如何生发和扩散出一系列——用安娜・洛文豪普特・秦（2004）的话来说——"普遍特征"（universals）。简而言之，世界银行是发展的"主要仲裁者"（Goldman 2005：viii）。经由交流最佳实践和模式的培训研讨会，以及制定基准、给出排名的各种数据管理中心，华盛顿贫困共识得到了积极传播。然而，在我的研究中，我力图重新理解这个"计算中心"，看到它的脆弱，视之为争夺和谈判的地带，研究主导思想如何在强大的制度内外受到挑战。考虑到这一点，我让世界银行的几位关键对话者进行了生平口述，他们自称为"双面人"。我还把研究范围扩展到世界银行之外，研究类似小额信贷峰会这样的游说团体，如何以国会山为中心精心培育出另一条权力之轴。事实上，这样的争夺是一种标志，表明一个相当遥远的地域，即孟加拉国的非政府组织，如何在华盛顿这个权力的心脏地带，让自己的存在为人所知，让自己的声音得到倾听。

其次，我研究了千禧年发展的边缘地区：孟加拉国。作为世界上最贫困的国家之一，孟加拉国标志着“叙述资格”的限度。孟加拉国的小额金融模式具有开创性作用，目前在华盛顿贫困共识之下，这一模式的效用却打了折扣，滑向边缘。对于这样的沉寂状态，也有必要加以研究。然而，我的研究很快就开始关注的是，孟加拉国如何拥有自己独特的中心性和多重性。我开始理解，孟加拉国的发展所具有的独特历史时机，如何产生了一幅活跃的民间社会组织景观，这些组织享有独立于政府和国外捐资人的相对自治权。它们在减贫方面的试验，产生了一系列“贫困事实”，与华盛顿贫困共识中的那些事实完全不同。这些事实并不局限于孟加拉国，因为，以极具战略性的方式，孟加拉国的非政府组织努力在把自身的模式、实践和观念推向全球。这同时也是一种全球秩序，在此秩序之下，与达卡一起成为全球政策链上关键节点的，还包括恰帕斯州、尼日利亚、马尼拉市和纽约皇后区这些不同的地域。

而且，由于敏锐地意识到这项研究是在后“9·11”的全球秩序下展开，我探究了一个重要的帝国边疆地区：中东。追随着华盛顿的“反恐战争”来到这片边疆后，我开始研究华盛顿贫困共识是以哪些方式在阿富汗重建中借助阿富汗以及埃及的经济和政治危机自我确立起来的。埃及接受了大量美国援助，深受美国思想的影响，因而成为重要的调查地点。但事实证明，中东地区的小额金融不仅仅是处于华盛顿的控制之下那么简单，越来越多的其他机构，带着截然不同的发展历史，也开始主张对这里的小额金融拥有主权。这种情形在黎巴嫩最为明显，在那里，什叶派民兵组织真主党是规模最大、最为权威的小额金融和发展服务提供者。通过构想一个全球性的穆斯林世界，并从富有的什叶派移民社群那里获取资源，真主党精心确立了一种全球秩序，拥有属于自身的资本和事实的流通路径。

贫困资本的这三个流通路径以华盛顿、孟加拉国和中东地区为锚，对它们的研究也提出了自己的挑战。在早期的研究工作中，我主要关心的是那些生活在南方国家城市中贫困条件下的人。相比之下，本书所做的研究明确地关乎那些控制贫困的人，或者说那些控制着斯皮瓦克(Spivak 1994)所说的“赏金分配”的人。粗略地说，这是一种“往上的研究”而不是“向下的研究”，它让我不是与受压迫的穷人面对面，而是面对着一种极为熟悉的对象，即那些像我一样研究和控制着贫困的人。

因此，我没有像中间阶级研究者在研究穷人时往往会做的那样，去努力变陌生为“熟悉”，而是不得不变熟悉为“陌生”，注意那些我在日常生活中常常视为理所当然的权力和特权形式。我遭遇了“尴尬接触的区域”(Tsing 2004：xi)。有时大门会“砰”的一声关上，因为我来自加州大学伯克利分校，一所在人们眼中历来是激进政治活动发生场所的学术机构。另一些时候，我会受到欢迎，因为我被视为一名“棕色女性”，无疑拥有让人拒绝西方帝国主义的同理心。但在大多数情况下，我都尴尬地格格不入：一个身处华盛顿实用技术专家群体中的理论家和批评者；一个探索孟加拉国、埃及和黎巴嫩的美国人；一个引领着反孟加拉国小额金融阵营的孟加拉人；一个身边都是经济学家的非经济学家；一个想要理解基督教福音派教义和正统伊斯兰教话语的无神论者；一个贫困研究者，但是无意研究贫困女性以及她们的痛苦和赋权，而是力图研究那些应对贫困的强大女性。我确信，这些尴尬的接触使我有可能将熟悉的东西视为“陌生”。

千禧一代与知识政治

在小额金融领域，大额赠予和投资并没有引起太多关注。从小额金融投资基金策划出的证券化交易，到盖茨基金会的拨款，谈话涉及的资金通常数以百万美元计。不过，赠予要接受严格审查。2005年，eBay创始人兼慈善投资公司奥米迪亚网络（Omidyar Network）董事皮埃尔·奥米迪亚，向塔夫茨大学捐赠了1亿美元。这项赠予非同寻常，它规定这笔钱必须投资于小额金融，分配给全世界的小微企业家们。这就意味着，只有投资有所赢利，塔夫茨大学才能从赠予中获得回报。四年后，这项赠予“悉数到位，并向塔夫茨的学生和教授分红”(Masterson 2009)。事实上，在2008年，奥米迪亚-塔夫茨小额金融基金获得了12%的回报，其中一半分给塔夫茨大学，另一半重新投入基金。利用这一回报，塔夫茨能够“支持教师的研究工作，为投身公共服务的毕业生启动贷款还款计划，并向在校生提供援助”。报告的结论是：“虽然经济衰退重创了大学收到的捐赠，小额金融基金的强劲表现却使这座校园的收入能够保持增长。”塔夫茨校长愉快地说：“借助行善，我们会有出色表现——我们认为这是必然的，上述情形就是极好的例子。”(Masterson 2009)

这是一段引人入胜的双赢故事：大学变身为慈善投资公司；慈善投资带来高额的财务和社会回报；不受金融危机影响，投资带来可观的利润。塔夫茨大学有可供分配的资源，来支持教师和学生，这一点对于那些在学术机构供职的人，尤其是我们当中那些在支持不足的公立大学任职的人来说极有吸引力。(写下这些内容时，我所执教的加州大学所获得的资金正在急剧减少。)但这也是另一个故事，讲述的是千禧年发展如何进入备受崇敬的学术界，如何产生新的研究重点和课程，以及在塔夫茨大学这样不寻常的例子中，如何重塑了现代大学的财务模式。

彼得·辛格(2009)把全球贫困称为“美国的耻辱”。今天，随着新一代全球公民对学习服务的机会、在海外从事志愿活动的经历以及全球贫困方面的课程趋之若鹜，这种情感在美国的教室中很容易察觉。这同样构成了属于千禧年发展的“知识空间”，也是一片“尴尬接触的区域”。正如我为写作本书开展了研究和分析，正如我写下了它，我也把时间花在伯克利的课堂上，眼看着聆听全球贫困这门新的本科课程的人，从寥寥几名学生扩大到数百人的规模。他们是“千禧一代”，是热切地想使发展实现民主化的一代。如此一来，这本书便不可避免地关乎一项私人行为，即在同样属于“计算中心”的北美精英大学，教授全球贫困的知识。

在伯克利讲授课程时，我对一项反差感到震惊。一方面，我的学生中有人满怀做好事的热情，想要拯救世界，也相信自己能够做到。另一方面，学生中也有人冷眼观世，对不公的社会结构能发出尖锐的批评，却不相信有可能做出改变。我的教学，就在仁慈的傲慢和冷眼的麻痹之间那个不可能的空间展开着。我努力想告诉千禧一代，他们必须批判性地反思做好事的渴望，告诉他们“捐资人”或“志愿者”这些范畴本身意味着特权，而且在发展的民主化过程中，他们往往会得到远多于自己所能给予的东西。毕竟，志愿主义一词可以追溯到拉丁语中的*voluntas*，意思是“意志”或“愿望”。力图创造贫困历史的千禧年志愿者，变得更有力量；她不仅是一个自愿的主体，也是一个固执己见的主体。我试图提醒斯皮瓦克

(1994)那些嘱托中的千禧一代，仅有"责任"，即发展的驱动力量，是不够的。有必要同时考虑"问责"的道德，即对那些接受千禧一代的乐观主义和发展天性的人负责的道德。同样地，我努力告诉千禧一代，即使是在世界上最为强大的那些机构中，即便迄今为止无法发声，不能接近，他们也能要求获得叙述的资格。我努力提醒他们注意简·彼得斯(2001:100)的精彩表述，即"发展是对前景的掌控"，发展不仅是强加来的，也是期待中的。这种前景，包括普惠金融的前景、资本民主化的前景、小微企业家精神的前景、美好生活的前景和终结贫困的前景，必须认真加以对待。虽然和金融资本一样，这些都是想象，但它们具有强大的现实基础。

和我的教学内容一样，这本书也是写于仁慈的傲慢和冷眼的麻痹之间那个不可能的空间。这个空间的标志特征是双重性：既有共谋又有颠覆，既有熟悉内容又有陌生事物。我成文时所采用的形象，能频繁地引起千禧一代学生们的共鸣，作为一种"双面人"，受到中心性和多重性的影响。

第二章　全球秩序：资本与事实的流通路径

我们生活在金钱的海洋中……

（格莱珉银行创始人，穆罕默德·尤努斯，2009年①）

小额金融福音传播者在卢考特山

几年前，大众门户网站“小额金融网”上登出的一个事件引起了我的注意。美国佐治亚州圣约学院的查尔默斯经济与社区发展中心，即将举行一场带有培训性质的关于基督教小额金融和小微企业发展的会议。美国长老派教会的旗舰学院，即圣约学院，为在“第二-第三世界”（他们对南方国家的称谓）工作的传教士、教会和牧师提供课程，既有现场的又有在线的。事实证明，小额金融和小

① 穆罕默德·尤努斯在宾夕法尼亚大学沃顿商学院接受的访谈，2009年5月27日（http://knowledge.wharton.upenn.edu/article.cfm? articleid=2243，2009年5月30日访问）。

微企业的发展是此类培训的核心要素。确实，正如查尔默斯中心主任布莱恩·菲克特(2003:5)指出的，许多重要的大型“基督教救助与发展机构都在开展大规模的小额信贷项目(例如饥饿人群食品供应国际项目、机会国际项目、世界关怀项目、世界救助项目、世界愿景国际项目)”。菲克特说，该行业中有数百名基督徒定期聚会，参加以基督教小微企业发展为主题的全球性会议。

圣约学院培训会议每年约有100人参加，旨在在这一领域为基督教传教士提供严格的培训。会议由专业人员组成的团队来运作，其中许多人拥有常春藤盟校的经济学博士学位。一方面是有关小额金融和减贫的最新学术讨论，另一方面是传播福音的使命，会议把两者有趣地组合起来。我渴望了解更多信息，于是登记报名，踏上前往风景优美、遗世独立的卢考特山的旅程。抵达时，便置身于一群信徒和一连串的祷告中间。我从小到大都是一个世俗的印度人，因而对长老派教义的课程作业几乎没有什么基础。但是我想弄清，小额金融的观念如何能从孟加拉国的那些村庄，传播到卢考特山的传教士聚会中。殷切的福音派教徒认为我是个迷失的灵魂，满怀着爱接纳了我，这就是我在卢考特山学到的东西。

乍一看，基督教小额金融似乎并不陌生。讲师们把主要原则描述为：救助、复兴和发展，包括参与式发展以及基于资产和需求的发展。但是，基督教小额金融同时还想充当让人信教的工具，即巩固福音派新疆域的一种手段。培训会议上的传教士正在边疆地区作工，从阿富汗到马来西亚，都涵盖在这些地区的范围内。他们之所以受到小额金融，尤其是“一体化群体模式”(solidarity group model)的吸引，原因在于这似乎是减轻贫困和推广基督教的一种特别有效的方法。菲克特(2003:42)由此写道：“把人分成小组具有巨大的力量，尤其是基督徒，应该把小组视为传播福音和增加信徒的机会。”然而，在这次会议上，传教士们也表达了对小额金融的担忧，尤其强调了面向女性贷款的担忧。尽管讲师们为支持小额金融给出了熟悉的、带有性别偏见的论据，即“减轻贫困的最快方法是为女性提供金融服务”，参会者们还是发问：“我们怎能将男性定义为不良资产，从而把他们拒之门外？”他们坚持认为，基督教小额金融有义务耐心对待男性，让男性接受训导，成为信徒。

此外，还存在其他的难题。在圣约学院介绍的基督教小额金融，是从对贫困形成概念开始的。这是一个具有深层矛盾的框架，旨在把《圣经》中的种种观念与结构分析调和起来。贫困是堕落的结果，是与上帝分离的结果，也是所有关系遭到败坏的结果。于是，贫困便以依附和无力为特征，因为穷人已经失去了按上帝形象接受改造的意识。贫困不仅是经济上的，而且是精神上的，因此无法仅仅通过物质干预来减轻。与穷人一起努力，就是努力恢复穷人与上帝的关系。但是，贫困也意味着缺乏资产，收入不足。这一点反映了罗伯特·钱伯斯(1983)的“匮乏陷阱”这一概念，也是世界银行的《穷人之声》(*Voices of the Poor*, Narayan and Petesch 2002)中给出的分析——两种框架都用在了查尔默斯的课堂上。处在罪的叙事与结构脆弱性的叙事之间的这些矛盾，能够调和吗？菲克特(2003:9)尝试着加以调和：“《圣经》和经验证据都表明，对穷人的压迫往往是造成他们贫困的一个因素。要靠耶稣基督对罪的权柄……来卸下压迫力量。他的权柄就是答案，穷人需要追随这一希望。”类似这样的矛盾状态，并非基督教小额金融所独有。它们存在于小额金融的核心，存在于一种挣扎中，即想要把针对贫困的结构性原因所做的干预，与认为穷人必须通过创业来实现自力更生这一主张调和起来。

但是，基督教小额金融的独特之处或许在于，对债务所怀有的深深忧虑。正是在这一点上，基督教小额金融以令人惊讶的，甚至是意想不到的方式质疑了千禧年发展的前提。圣约学院培训的核心在于这样一个论点，即发展可能会造成损害，沉重的债务和高昂的利率会使穷人陷入束缚的体系中，心怀善意的传教士实际上有可能会伤害整个社会。考虑到这一点，圣约学院的讲师们摈弃了各种形式的发展。他们严厉批评了基督教在第二-第三世界的短期布道，斥之为将"救济物资倾倒"于贫困社区上的"灾难观光"。最重要的是，他们不认同小额金融的主导框架，认为对商业化和金融可持续性的强调，与他们的职责，即避免为害，并不一致。因此，关于小额金融的培训会议在结束时给出了令人惊讶的建议，认为基督教福音派教徒应避开小额信贷，去推动围绕着本地一体化群体创立的以教会为中心的信贷和储蓄协会。面对贫困资本这一崭新领域，传教士们主张一种基督教的事实，并且由于在许多贫困社区中存在着看似原始的互助会（rotating savings and credit associations）[1]，从而拒绝了油滑的华尔街金融模式。

和这些狂热的劝人信教者一样，全球小额金融行业也以传教士般的热情推动着小额金融（Rogaly 1996；Woller，Dunford，and Woodworth 1999）。有趣的是，正如我将要表明的，与传播福音的人相比，这个行业不太愿意从存在的角度对小额金融概念表示怀疑。在小额金融的全球秩序中，有一些权威观念和最佳实践占主导地位。它们近似于原教旨主义，与斯蒂格利茨（1998）在呼吁进行全球化改革时批评的"市场原教旨主义"并无不同。确实，小额金融的全球秩序越来越多地致力于市场模型和策略，试图将小额

① 直译即"轮流储蓄与信贷组织"，在我国民营经济和民间金融发达的温州地区同样存在。

金融定位为一种资产类别，或者是投资、投机和利润的一种流通路径，包含在更广泛的金融资本运作中。基督教小额金融的道德挣扎，使人们瞥见了隐藏在这种全球秩序阴影下的伦理困境。此类挣扎揭示了一种必要，即对这样的市场原教旨主义进行彻底审视。

全球秩序

小额金融的全球化

1995 年，一个不寻常的发展机构在华盛顿诞生：援助贫困人口咨询工作组（CGAP）。该机构最初的名称是“援助最贫困人口咨询工作组”，设置在世界银行中。CGAP 的创立表明，沃尔芬森领导下的世界银行能量强大，并正式致力于贫困议程。沃尔芬森把世界银行改造成一个更加友善、更为温和的机构，这种努力可以追溯到上一个时代，那时世界银行行长罗伯特·麦克纳马拉便想落实一项扶贫议程。CGAP 的主要创始人之一伊斯梅尔·塞拉格尔丁承认，他之所以想制定贫困议程，就是受到自己亲身经历的启发，那时他作为一名年轻的世行职员任职于麦克纳马拉麾下（个人通信，2005 年 12 月）。

从一开始，CGAP 的贫困议程就一直是小额金融议程的代名词。情况之所以如此，或许是因为，塞拉格尔丁和其他创始人都受到格莱珉银行创始人穆罕默德·尤努斯所做工作的影响，而尤努斯最初曾在 CGAP 顾问委员会任职。原因还可能在于，小额金融代表了沃尔芬森的各种议程，尤其是小企业发展和女性权力提升的汇合点。正如沃尔芬森（2000：5）解释的：

> 在贫困人口自身看来，小型企业是参与经济活动的重要手段，这使他们能够利用自己的积蓄和劳动来挣取足够的钱用于日常生存，同时摆脱贫困。小额金融帮助穷人维持和发展着那些小型企业，并应对支配着他们生活的风波和危机。

沃尔芬森领导下的世界银行开始专注于妇女与发展事宜，在概念中将妇女视为普惠金融的最后领域(Bergeron 2003a，2003b)。如此一来，强调向贫困女性提供贷款的小额金融便至关重要。正如斯库利(2001)指出的，针对"世界银行最近为女性做了什么"这个问题，小额金融便成了沃尔芬森挂在嘴边的回答。

但是最终，CGAP 的议程与小型企业的发展或女性赋权并没有多少关联。相反，它会专注于金融服务，专注于穷人向着金融市场的融入，这就是 CGAP 所称的"普惠金融系统"。CGAP 的使命宣言中写道："小额金融的核心是一种基本的信念，即若能获得金融服务，便可以通过缓解穷人的不利处境并为他们提供选择，来增强他们的能力。"(http://www.cgap.org，2008 年 6 月 9 日访问) CGAP 还标志着与孟加拉国小额金融模式分道扬镳，标志着对人的发展的重视。它呼唤的是"最低限度的"小额金融，仅与获得融资有关。因此，CGAP 的声望表明，小额金融世界的中心从孟加拉国——及其著名的机构，例如格莱珉银行和 BRAC——转向了华盛顿，特别是世界银行。

关于 CGAP 的创立，另一项不寻常之处，在于它与其他捐资人之间的关系。CGAP 自称是"一个财团，由 33 个公共和私人出资组织构成，包括双边和多边发展机构、私人基金会以及国际金融机构"(http://www. cgap.org，2008 年 6 月 9 日访问)。然而，从许多方面来说，CGAP 都是世界银行的实体，其每年 1 200 万美元的预算中有一半来自世界银行(CGAP 2003),董事也任职于世界银行董事会。简而言之,CGAP 没有独立于世界银行的法律地位(CGAP 2003)。这样看来,CGAP 所体现的便不仅是 20 世纪 90 年代的贫困议程,也可以理解为"华盛顿贫困共识"的力量。我有意创造并使用这个术语,以与斯蒂格利茨(2008)提出的关于"后华盛顿共识的共识"的论点形成对照,后者是一项新的共识,宣告着"市场原教旨主义"的终结。有可能确实存在着这样一个新的共识,专注于贫困。但我的主张是,它是以华盛顿为中心的,并且促进了以市场为基础来应对贫困问题的态度。

在这一点上,要紧的不仅仅是预算的控制和分配,还有世界银行对知识的控制。小额金融的情形也是如此。毕竟,据说世界银行仅将其预算的 1%分配给小额金融,虽然 CGAP 首席执行官伊丽莎白·利特菲尔德对此数字表示怀疑。她认为,考虑到世界银行在金融领域的政策工作和国际金融公司(the International Finance Corporation,IFC)的投资,这一数字接近 6%,从而使世界银行成为"世界上最大的小额金融捐资人"(Littlefield 2006)。至关重要的是,CGAP 自诩为"一个强大的集结平台,能让各式各样的利益相关者就标准和规范达成共识"(http://www.cgap.org,2008 年 6 月 9 日访问)。从美国国际开发署到英国国际发展部(Department for International Development,DFID),北方国家的各种捐资人都创立并实施了自己的贫困政策,但是,在小额金融中确立"基于绩效的基准"的是 CGAP(Wolfensohn 2000:7)。正是 CGAP 的最佳实践,得到了全世界从业者的采纳,它的"粉红书"成为小额金融的圣杯。由此,也正是 CGAP 掌控着人们对小额金融的理解,或者说掌控着我们对小额金融的认识。从这个意义上讲,CGAP 控制着有关小额金融的事实。

作为 CGAP 的创始人之一，莫伊尼·马尔霍特拉现在任职于世界银行的其他部门。他在一次接受采访时(2004 年 6 月)指出："从一开始，知识管理就是 CGAP 的目标之一。"这种观念从来不是要去增加援助预算，而是要确立援助的分配方式——通过基于绩效的补助，让 CGAP 制定基准和准则；通过对小额金融从业人员的培训；以及通过核心观念的传播，确立起讨论的各种条件，确定受过良好教育的捐资人。马尔霍特拉指出，不久之后，人们走到小额金融领域的几乎任何地方，都能发现该领域的从业人员熟悉 CGAP，熟知其原则，也熟知其重点说明中提出的问题。其他任何小额金融捐资人，都无法发挥这种精神上的影响，确立起"近乎普遍的共识"，使其"最佳实践，即小额金融成为标准做法"(Helms 2006)。因此，在一次采访中(2004 年 10 月)，CGAP 的一名高级工作人员指出："评估的对象，即是管理的对象。我们编写脚本。我们管理。我们控制。"

在 2005 年 6 月接受采访时，伊丽莎白·利特菲尔德把这样的知识生产称为"独特的公共物品"。这一表述呼应了沃尔芬森坚持的观点，即世界银行必须是一家"知识银行"，生产"发展知识"这一公共物品(Stiglitz 1999)。一方面，关于"独特的公共物品"的论点，表明了发展知识的民主化。另一方面，只有得到 CGAP 及其贫困专家的认可，这种发展知识才是合法的，权威的。那就不得不问：如果不是由华盛顿发起，能不能就发展达成共识？

在一次小额金融培训的讲习班(2004 年 6 月)上，诸如此类的问题表现得极为明显。在这个讲习班上，一名尼泊尔的从业人员当面质疑课程讲师，一位 CGAP 的工作人员："使用你的工具和观念，我们需要付出什么代价？必须聘请 CGAP 和世界银行的顾问吗？"讲师回答说，所有 CGAP 的知识产品都是公共物品。但是，听众们并没有被说服，他们参加这次讲习班可是个个都出了高额费用的。毕竟，他们现在是华盛顿贫困共识的消费者。

资本的民主化

这些“独特的公共物品”，或者说这些知识产品的核心，是发展的金融化。在CGAP，小额信贷的概念和实践本身正在发生转变。如果说，以格莱珉银行为代表的孟加拉国小额金融模式，力图创造和实施的是由非政府组织管理的服务提交和人类发展系统，那么CGAP则试图构建一个全球性的金融业。在这里，重要的是一项关键转变，即从发展作为社会服务和对人力资本的提升这一观念，向发展作为与全球金融市场的融合的转变。在2004年的八国集团峰会上，CGAP（2004a）的文件《小额金融的关键原则》（*Key Principles of Microfinance*）得到签署，流传广泛。针对小额金融这一“最佳实践”，该文件巧妙地制定了一套市场规范，从废除利率上限和捐资人补贴到强调财务透明度，都包含在其中。现在，一组新的指标和基准主导着小额金融，能够评估财务绩效并产生一种（可以理解成）“新的计算政治”（Mitchell 2002：8）。如此一来，在促成的发展过程中，金融规范便逐渐取代了社会规范。

在CGAP的指引下，华盛顿贫困共识强调，政府只应发挥有限的作用——作为“推动者，而非直接提供者”（CGAP 2004a）。在CGAP的描述中，小额金融的“早期先驱组织”，即“非营利的、由社会力量推动的非政府组织”，已经被“财务上稳健、专业的组织”取代和超越，后者是“主流金融系统”“水乳交融的一部分”（Littlefield and Rosenberg 2004：38）。因此，在金融服务领域，CGAP希望促进“机构多样性”，赋予储蓄和信贷合作社、商业银行、社区金融机构、消费者信贷公司以及保险公司重要角色。如此一来，CGAP 便为小额金融呈现了一种新的机构模式，即金融机构。但是，这种观念形式有悖于一个事实：主要的几家小额金融机构，“营利能力几乎是全球主要商业银行的两倍”（Hashemi 2006），并且承受金融危机的能力比商业银行要强得多（Rawe 2003）。

这些战略并不是 CGAP 所独有的。作为美国国际开发署的示范项目，全球发展联盟（Global Development Alliance，GDA）由布什政府创立，构想了一套新的机构性伙伴关系：私人营利部门与非政府部门之间的合作，由美国国际开发署充当推动者和调停者。在 2006 年的全球发展倡议全国峰会上，时任总统乔治·W.布什在称赞 GDA 的成功时指出：“与贫困作斗争的一些最出色的工作，是与私人机构携手完成的。”（http://georgewbush-whitehouse.archives.gov/news/releases/2006/06/20060615.html，2007 年 4 月 24 日访问）GDA 是重塑发展这项大型事业的一部分，在此领域，外国直接投资的流入使海外发展援助相形见绌。在一次接受采访时（2005 年 6 月），美国国际开发署 GDA 主任丹·伦德指出：“在发展事务中，美国国际开发署突然变成了小股东。”

CGAP 想要构建“健全而深入的市场基础设施”，但其进取精神不一定代表着自由市场和追逐利润的资本主义那标准的新自由主义意识形态。CGAP 一方面提出了一系列经济主张，关乎金融市场及其在发展中扮演的角色，同时又提出了一系列道德主张，涉及“资本的民主化”。在反复申明的基本意义上，资本的民主化意味着“普惠金融体系”。CGAP 以“打破小额金融与常规金融之间的藩篱”而自豪（Littlefield and Rosenberg 2004），从而把迄今尚未得到金融市场服务的穷人纳入怀抱。由此，玛格丽特·罗宾逊认为小额金融是在“为整个社会拓展金融，以实现资本的真正民主化”。罗宾逊的“红皮书”，即《小额金融革命》(*The Microfinance Revolution*)(2001:25)，由世界银行研究所出版，是华盛顿贫困共识的关键文本。她和其他人一样，认为由国家主导的发展落入了地方精英彀中，经由金融市场实现的发展则更加平等。特别有说服力的论据是，非政府组织或国家主导的发展模式对穷人施加了多种仪式和条件要求，金融市场则使穷人摆脱了这种形式的监督和监视。因此，资本的民主化关乎穷人的经济自由，关乎重新看待穷人，视他们为金融消费者。考虑到这一点，罗宾逊(2001:92—93)摈弃了格莱珉银行的小额金融模式，指出“它假定穷人不会主动存钱，并且假定他们需要学会在金融上自律”。

诸如此类的观念在经济学“俄亥俄学派”中表现得很明显(Hulme and Mosley 1996:2)。俄亥俄学派的经济学家们否定了国家以及格莱珉银行等机构的作用，一直把信心放在非正式金融市场上。他们认为，诸如格莱珉银行这样的机构给机会成本(强制储蓄)和交易成本(每周的会议、组织成员资格)强加了沉重负担，这有失公平且效率低下。这些经济学家声称，贫困女性不得不在会议上花费宝贵的时间，效忠于组织，并管理乡村组织的财务。“你我作为女性，从美国银行贷款时是否必须这样做?”在一次采访中(2004 年 3 月)，美国国际开发署的一名顾问如此问我。“为什么贫困女性要这样做?”她继续问道，“这一点又怎么变成了向女性赋权? 真正的赋权是要让人有所选择，能在没有所有这些条件和仪式的情况下购买服务。”

伊丽莎白·瑞恩是安信永(Accion)国际普惠金融中心常务董事，曾负责美国国际开发署小企业事务部。在瑞恩等小额金融专家的著作中，这种自由具有更为深刻的合乎规范的意义。援引诺贝尔经济学奖得主、经济学家阿玛蒂亚·森的以自由看待发展这一框架，瑞恩(2001:183)认为，获得金融服务是获得自由、经济能力和社会选择的最终手段。在小额金融领域，这样的观念无处不在。因此，在埃及，一个小额金融组织的负责人在一次访谈中(2005年12月)满怀激情地说：

> 女性不需要赋权，她们已经很强大了。金融服务才是关键，必须提供最好的服务。你们美国人老是把民主挂在嘴上，看吧，这就是金融民主。不要来这里，问我们的客户为什么不让孩子上学，或者问她们如何花钱。让她们自己选择吧。

但是，将发展知识视为公共物品这一观念并非没有矛盾和悖论，资本的民主化充满了歧义。以格莱珉银行为先导的非政府组织小额金融模式，主要关注的是风险。该模式的基础是假定“女性恭顺可靠”“男性偏爱冒险”，它通过同伴群体、父权约束以及乡村生活中存在的大型非政府组织来确保贷款得到偿还。在这里，风险是通过按性别区分的私密的统治技巧来管理的。但是，华盛顿贫困共识所构想的新金融市场，不能一直嵌入在这样的制度形式、村庄组织和性别化的私密关系中。为了实现全球规模，它们需要风险管理的新技术，这些技术将创造出透明的金融市场。这也是CGAP的重要工作。各种风险评分模式，现在试图把风险归因于不同类别的穷人，模仿支撑着消费者信贷体系的以品格为基础的贷款。这些模式对诸如年龄、性别、婚姻状况和职业等变量打分，从而给出有助于或有碍于获得信贷的得分。当然，这种制度在历史上已经在穷人身上划了红线，将其列为高风险借款人。而现在，穷人正在派上用场，被用来促进资本的民主化。

资产类别的创立

华盛顿贫困共识摈弃了旧形式的小额金融程序，转而创立了自己的程序。其中一项程序就是每年发布“全球百强”，一份“所有发展中国家表现最佳的小额金融机构”榜单（http://www.themix.org/publications/2007-mix-global-100-rankings microfinance-institutions，2008 年 6 月 12 日访问）。这项排名由小额金融信息交换（the Microfinance Information eXchange，MIX）系统得出，后者是由 CGAP 建立的虚拟小额金融市场，并得到花旗集团基金会、德意志银行、奥米迪亚网络、开放社会研究所和洛克戴尔基金会的支持。MIX 试图在“透明的信息市场”（http://www.mixmarket.org，2008 年 10 月 13 日访问）中，将小额金融机构与投资者和捐资人联系起来。为此，它会创建“热点地图”，给出小额金融机构的实时信用评级。具有讽刺意味的是，用于创建此类热点地图的可视化工具取了个“全景监狱”（Panopticon）的名字（http://www.panopticon.com，2008 年 10 月 13 日访问）。全景监狱是当代规训和惩罚的终极标志，由 19 世纪具有自由倾向的哲学家杰里米·边沁设计，旨在最大程度地发挥狱警的监视能力，确保囚犯把这种监视内化于心，接纳自律行为。热点地图便是新千年的全景监狱，意味着对非政府组织施以财务上的规训。

根据服务范围、规模、获利能力、效率、生产率和投资组合质量，“全球百强”榜单对小额金融机构进行排名。当然，显然还缺少一些排名标准，即那些涉及对贫困的影响的标准。“全球百强”榜单通常经由华尔街的商行发布，例如在纽约市德意志银行的午餐会上，它加强了关于 CGAP 准则的共识。该榜单肯定和否定小额金融的特定模式，推崇财务效率，几乎不考虑减贫方面的创新。作为小额金融的先驱者，格莱珉银行和BRAC在服务范围方面被认为是成功的，它们有数以百万计的借款人和储户；在效率方面，却被视为不够成功。“全球百强”是热点地图的精简版本，它把全球投资基金的热度引向了被标示为最佳机构和最佳实践的地方。现在，又出现了其他榜单，例如由福布斯于2007年所发起的。福布斯的50位“赢家”榜单明确指出，其排名“想要评估的是财务表现，而不是任何小额金融机构的社会效益”（Swibel 2007）。这样的榜单在小额金融领域开创了所谓的“资产类别”，即投资的流通路径。

各种榜单表明，风险的控制和减轻不再局限于贫困人群。同样重要的，是着眼于一个独特主体，即小额金融非政府组织，来勾勒出风险的轮廓。这些组织现在在人们的概念中已经成为MFI，即作为金融中介的小额金融机构（microfinance institutions），它们必须争取投资基金，必须证明自身的金融价值。与向它们借款的穷人一样，这些机构也是企业主体，相应地也必须根据全球金融市场规范来接受评级、比较和不断的评估。反过来，这种情形又要求用透明度和可见度的不同技术来不断地进行试验。从这个意义上讲，可见度既是千禧年发展的理念，又是其实践——使金字塔底部及其风险和收益结构变得可见。热点地图和评级（如果愿意，也可以称为新的全景监狱）是该系统的重要元素。例如，标准普尔正在全球范围内启动对小额金融机构的评级，这是由美洲开发银行发起的一个项目。标准普尔的一名主管如此解释这项努力：“要在国际和国内两个市场从源头上释放这些资本，投资者需要透明的、得到全球认可的信用分析。”（*PR Newswire*，February 6，2008）

信息技术在小额金融的全球秩序中起着重要作用。现在，由信用评分、智能卡、生物识别和信息流充当中介的交易网络，正在取代小额金融客户与信贷员之间的面对面关系。作为美国国际开发署GDA的展示项目之一，信用卡巨头Visa和乡村银行先驱国际社会援助基金会之间的合作关系，便是一个例子。该联盟被誉为发展的未来：

> Visa会提供产品平台、技术处理能力和技术专长，会培训国际社会援助基金会的信贷员。国际社会援助基金会会通过其乡村银行网络为客户提供访问权限，为客户提供如何使用电子支付解决方案的培训，并分享专业知识。
>
> (http://www.usaid.gov/press/releases/2004/pr040124.html，2005年5月10日访问)

于是，华盛顿贫困共识便有了这样的想象：

> 每周一次，安娜·席尔瓦·贝拉斯克斯从玻利维亚首都拉巴斯前往智利的伊基克市，为她的批发业务和小型玩具店购买玩具。在离开之前，她在私人金融基金Prodem(微型企业促进和发展基金)的一个分支机构略作逗留。在类似于自动柜员机的光学扫描设备上，她轻扫智能卡，把拇指放入连接到卡片扫描仪的电子指纹验证器中，验证身份。她从自动取款机中取出纸币，稳妥地塞进钱包，然后开始购物。这位小微企业家解释说："我没有时间在银行排队。"
>
> (Silva 2002：33)

对于全球小额金融行业而言，此类技术基础设施有望促成一个路线清晰、彼此关联的借贷行业，在此行业中，信用评分、信用历史和信用交易变得透明，玻利维亚的偏远地区对于MIX这样的机构也变得即时可见。经过生物特征扫描的第三世界女性的身体，锚定了资本和事实的这些流通路径。“‘我们已经成功地为农村地区的人们提供了银行服务。’Prodem 技术开发分支机构 Innova 的总经理普鲁登西奥解释道。”(Silva 2002:33—34)

因此，仅将小额金融作为发展的一个领域来讨论已不够充分。至关重要的是，要把它作为这样一个行业来谈论，在此行业中，处于生产、交易和估价中的商品是债务。CGAP 的小额金融高级专家赛义德·哈西米(2006)指出：“小额金融实际上已经发展成为世界上最为成功、增长最快的行业之一。单单在非洲，它的增长可能仅次于手机使用的增长。”这是资本积累的新前沿。

随着小额金融作为一种资产类别得到确立，小额金融业务蓬勃发展。这一点，从小额金融投资基金的兴起和增长中可以明显看出，到 2008 年底，这样的基金共有 104 家(Reille and Glisovic-Mezieres 2009)。回报率最高的是结构性金融工具，平均为 8%，而某些新设基金的回报率则低至 0%(CGAP 2008b)。这些小额金融基金迅速增长，总额于 2007 年达到 35 亿美元，2008 年则达到 65 亿美元(Swibel 2007；Reille and Glisovic-Mezieres 2009)。它们主要集中在欧洲，其中规模最大的是德国控股公司 Procredit，该公司的投资对象为新的、“未开发地区的”小额金融银行。另一个重要的“前沿”组织是“蓝色果园基金”(Blue Orchard Finance)，一家总部位于日内瓦的资产管理公司，专门从事小额金融业务。2006 年，蓝色果园的“发展贷款”为 13 个国家的 21 家小额金融机构提供了 5 年期贷款。在 2006 年的小额信贷峰会上，摩根士丹利把这项交易称为对小额金融组织的第一笔“完全开放市场投资”，没有政府担保来托底。

关于自由的、开放的全球市场，众说纷纭，但市场实际上各有特质，不够平衡，并且是封闭的。小额金融也是如此，那里的风险问题仍然紧迫。小额金融机构必须控制向穷人放贷的风险，全球投资者也必须为贷款给小额金融机构的风险定价并降低这种风险。捐资人已经涉身其中，支持这个债务行业，并消化了可能由无法产生高财务回报率的小额金融机构造成的损失。2008年，挪威政府启动了"挪威小额金融倡议"，一项数额为1.17亿美元的小额信贷基金，其中50%由挪威政府出资，其余由私人金融集团、银行集团和保险公司出资(Stoltz 2008)。另一个工具，则是德意志银行小额信贷发展基金。作为由德意志银行社区发展集团负责人阿萨德·马哈茂德领衔的项目，这笔5 000万美元的债务基金的设立，就本意来说是想使捐资人能够提供第一损失的缓冲。事实证明，新市场的建立需要政府来消化风险。正是在此意义上，经济史学家卡尔·波兰尼(1944:146)睿智地评论道："市场是有计划的。"

2004年，在加州大学伯克利分校举行的小额金融会议上，小额金融顾问乔纳森·刘易斯指出，对风险的厌恶是普遍存在的："对于连水都不能喝的地方，美国人是无意投资的。"于是，意料之中地，小额金融资本的流动是聚集和集中的，而不是广泛又随意的。小额金融投资的大头，即所谓的"小额金融热"(Swibel 2007)，在地理上集中于东欧和拉丁美洲(CGAP 2004b; Littlefield 2007)，在那里"水是能喝的"。从机构的角度来看，其中的多数集中在少数几家小额金融机构手上，在全球风险和回报图谱中，那些机构被视为赢家。

随着小额金融变身为全球性的金融行业，对贷款给穷人的风险厌恶也越来越甚。在这里，资本的流动也会追逐市场的赢家，即被认为信用良好、善于创业的那部分贫困人口。在一次观点激烈的访谈中(2005年10月)，联合国资本发展基金会的一名工作人员认为，赤贫人口“无法纳入银行业务”。“如果把穷人中的赤贫者挑出来，那就是一些意志软弱、心不在焉的有缺陷的人。你认为这样的人需要贷款吗？不需要。”他画了一张图，绘出了一条清晰而明确的界线，把“能够纳入银行业务”和“经济上积极主动”的穷人，与“无法纳入银行业务”的穷人区分开来。作为一种资产类别，小额金融的固有矛盾就在这里：拒绝贷款的经济歧视（redline）。这样的歧视，正是小额金融着手想减轻的。

除了与贷款相关的风险外，还有贷款回收方面的风险。商业银行和股票基金进入小额金融领域后，必须直面向穷人施行金融约束的危险。在一次接受采访时（2005 年 3 月），华尔街的一位顶级银行家指出，全球投资银行在收回贷款方面面临着棘手挑战：

> 如果华尔街的一家银行追着贫困的玻利维亚农村女性，敦促其偿还贷款，能想象新闻界和你们学者会怎样大做文章吗？为了确保穷人能还款，小额金融非政府组织采取了各种社会制裁措施，我们无法做得像他们那样成功。

为了避开这种道德风险，华盛顿贫困共识努力促进商业银行与小额金融机构之间的联系。这样的关联把约束和惩罚的实际事务外包给了非政府组织，从而使银行得以进入前沿市场。华盛顿贫困共识强调了自给自足的主题，指责小额金融非政府组织对捐资人的原始依赖，但华尔街那些圆滑的巨头仍然依赖于政府的孵化资金，依赖于那些原始的非政府组织之手来施加约束。

那些标志着小额金融成为一种资产类别的悖论、含糊和矛盾，呼应着世界银行式发展的结构本身所固有的悖论、含糊和矛盾。自成立之初，世界银行就深受资本市场的影响，毕竟，正是在这些市场中，享有“准主权”地位的世界银行发行债券并受到保守的金融投资者评判。（Miller-Adams 1999：25）实际上，自 1959 年以来，在穆迪和标准普尔的评级中，世界银行在债券方面便获得了令人艳羡的 AAA 评级，而上述两家公司现在对小额金融机构的评级很有兴趣。正如世界银行（2000）自称的，它的业务一直极为赚钱，自 1947 年以来每年都有可观的利润记录，过去 15 年中每年的利润超过 10 亿美元，近年来则达到近 20 亿美元。北方国家的债券持有人，都从这种收入的利息支出中获得了收益（World Bank 2000：3）。

但是，世界银行同样必须控制风险，努力在“连水都不能喝”的国家的贷款业务与自身的债券评级之间做出调和。研究发展的学者们指出：

> 在维持严格的金融政策和纯粹从金融角度良好运行方面，世界银行能力高超。这一点使世行能够充当中介，经由它，世界上最保守的投资者手中的资源能够导入发展中国家，运用于某些商业活动，若没有这个中介，那些商业活动会显得特别有风险。
>
> （Miller-Adams 1999：25）

从这个意义上说，世界银行与小额金融机构或小额金融投资基金并没有什么不同。它试图越过经济歧视，步入新的贷款领域。然而，世界银行同样不得不通过资本的流通路径来转移资金，确保金融回报，并在全球热点地图上获得高分评级。金融化似乎是千禧年发展的新特征，到头来却不过是一种老逻辑，深深地植根于 CGAP 的母体，即世界银行的金融模型中。个中曲折，我会在本章后面回过头来探讨。

“事实的达成”

发展的金融化是一个项目，一个经由本书概述的技术部署和风险管理而积极构建起来的项目。但是，这样一个项目同样需要知识的积累，以使金融市场的原则和规范成为发展实践的核心。在这里，重要的是要区分信息和知识。知识是对信息的整理和归类，以使规范性的框架和主张成为关注焦点。在勾勒华盛顿贫困共识时，我所关注的那种知识，或许可以理解为“权威知识”(Falk Moore 2001)，即那些已经变成常识性专业知识、占主导地位的范式和理所当然的世界观的观念。权威知识不仅产生事实，也赞同这种事实。但是，事实的这些流通路径，也是政治斗争的场所。如法国社会学家皮埃尔·布迪厄(1985:729,731)指出的，存在着一场“通过保存或改变那些感知社会领域的范畴，来争夺保存或改变社会领域的权力”的斗争，以保存“对合法命名的垄断”。这就是CGAP的权力，更广泛地说是世界银行的权力。但是，必须不断更新和维护的，正是权力。

法国哲学家米歇尔·福柯(1969:106)指出，要分析“知识空间”，有必要研究“阐发主体”(enunciating subject)。他问道:“言说的是谁……拥有法律或传统认可的排他性权利来开启这种谈话的个体，又拥有何种地位?”(Foucault 1969:55)。尤努斯感叹孟加拉国所缺乏的，正是这种言说能力。在2004年接受我的访谈时，尤努斯情绪激烈地谈到“那些手中有笔的人如何塑造了发展的观念”，CGAP之类的机构又如何阐释和传播着“华尔街”对资本主义的“视角”。有鉴于此，现在我简要介绍一下华盛顿贫困共识的“阐发主体”，以及这些主体是从哪些机构性场所提出它们的认识方法的。

“事实的达成”一说，来自迈克尔·朱对玛格丽特·罗宾逊(2001)《小额金融革命》一书的赞同意见。朱写道：

> 在过去五年中，对于全世界的穷人来说，获得资本这一有效工具的巨大希望突然跃入了世界的意识中。但是，事实常常与杜撰和传说交织在一起，直到今天，多次重复出现的错误信息产生了威胁，有可能贬低达成事实的意义。在这场迷雾中，玛格丽特·罗宾逊的《小额金融革命》作为灯塔面世了。

罗宾逊的这本书即便不是灯塔，也确实是一个里程碑。该书由世界银行于2001年出版，传播广泛，得到普遍接受，代表了华盛顿贫困共识的核心思想。由此，这本书也成为小额金融知识形成过程中具有关键意义的典型产物。罗宾逊本人就是一位受过专门训练的社会人类学家，是驻足于知识生产场所的人，别着的胸牌上往往就写着“顾问”两个字。

在小额金融的知识秩序中，或许没有哪个场所比通常所说的“博尔德”(Boulder)更重要。“博尔德”最初位于科罗拉多州博尔德的纳罗帕大学，是一个每年夏天在意大利都灵举行的小额金融培训项目。收费很高，三个星期的学费和食宿费接近一万美元。“9·11”之后，该项目换了地方，以便于来自南方国家的参与者加入，这些人当时可能难以获得美国签证。博尔德短训班是CGAP的项目，由罗伯特·派克·克里斯滕领衔，克里斯滕曾任CGAP的高级顾问，现在是盖茨基金会贫困人士金融服务主管。

在都灵举行的一次谈话中(2005年7月)，克里斯滕指出，博尔德项目与其说是培训，不如说关乎“概念框架和思维方式”。在博尔德项目持续的三个星期中，每天上午，克里斯滕都会介绍小额金融这个“最佳实践”的关键思想和原则。下午，学生们参加由其他专家讲授的课程。自1995年以来，已有数百名参与者接受了博尔德项目的培训。他们是由支持华盛顿贫困共识的捐资人（世界银行、联合国资本发展基金会、美国国际开发署和CGAP）资助的，按一般的理解，从这些捐资人那里获得赠款的小额金融组织，都应该将自家的高层送到博尔德接受培训。因此，每年夏天，CGAP都会以“最佳实践”小额金融和“事实的达成”为训练内容，培养出一批新的、得到权威认可的专家。

和CGAP一样，博尔德短训班所专注的主题，是为穷人创立金融体系。在2005年项目中，克里斯滕明确表达了短训班的意图：“让规模不断增长的小额金融界深刻认识到，金融可持续性是必要的，那是实现大规模拓展的前提。”意料之中的是，博尔德的全体会议和课程中充斥着各种想法，它们力图将小额金融重新定位为“小额银行业务”，一如MIX《小额银行业务公告》（*Microbanking Bulletin*）的标题所表明的。因此，类似风险贷款比例和其他商业银行标准这样的指标，在博尔德能听到很多，关于贫困的话题却很少能听到。实际上，罗宾逊在她的课程中清楚地指出：“我们的教学重点不是贫困，而在于扩大规模。”规模问题将小额金融定位为全球行业：“可口可乐和联邦快递能把产品推广到世界尽头，小额金融为什么不能？”一名小额金融顾问问道。

这样一种范式不仅在博尔德盛行，在其他小额金融培训项目中也盛行。新罕布什尔州的小微企业与发展短训班（Microenterprise and Development Institute，MDI）启动于1999年，最初自称是一个专注于贫困、与博尔德分道扬镳的场所。不过，MDI的课程看似无意描述CGAP的“最佳实践”，大体上却也聚焦于财务可持续性这一主题。在我参加的2004年MDI的一门课程中，我们所受的培训，是把小额金融领域作为一个竞争性全球行业来分析，并为小额金融机构给出战略性的金融定位。所用的语言，包括金融基准的语言、金融绩效指标的语言、资本和成本结构的语言、风险投资组合的语言，都是金融业的语言，现在还同时成为小额金融的决定性框架。部分教员对这样的课程感到失望，认为MDI的本意是要替代僵化刻板、囿于观念形态的博尔德短训班，其他人的感受则是，小额金融从业人员要求的是博尔德风格的课程，这一需求必须得到满足。在这里，小额金融在战略上同样被定位为小额银行业务。

博尔德短训班不仅是对小额金融这一"最佳实践"的展现，还是知识生产的场所。在这里，产生了关于小额金融，实际上是关于发展的错综复杂的叙事。例如，按罗宾逊(2001：xxxiii)的说法，小额金融革命是一次转变，即从南亚捐资人资助的"贫困贷款"机构，转向印度尼西亚和玻利维亚的"可持续金融中介机构"或"小额银行业务"。这是一种强有力的叙事，说明了机构如何运转和失败，也说明了地方如何运转和失败。在博尔德短训班每天上午的课堂上，克里斯滕追溯了小额金融从古老的贷款实践发展到现代银行业务的弧形轨迹。他将小额金融的源头确立于中国10世纪佛教寺庙、12世纪鼓励对穷人施以经济援助的迈蒙尼德原则，以及英格兰15世纪和16世纪的商人基金，这些基金意在贷款给那些具有创业精神的借款人。克里斯滕的论点很简单：所有社会和文化都有小额金融的历史，当今的小额金融从业者是这一"悠久而光辉的"历史的一部分。按克里斯滕的分析，现代小额金融具有类似的区别，包括三种主要类型：南亚模式，力图通过非营利组织向穷人提供信贷；拉丁美洲模式，侧重于小微企业和创造就业机会；印度尼西亚模式，在那里，更具有普遍性而不是针对性的银行和储蓄模式已牢牢确立。这是一门历史地理学，也是一种关于哪些小额金融模式最能顺应金融可持续性的论点。

罗宾逊(2001：xxxi)不接受格莱珉模式，认为它依赖于捐资人的资金，这样就在依赖补贴的机构与不依赖补贴的机构之间划出了一道清晰的界线。对于补贴，克里斯滕则给出了具有细微差别的探讨。在博尔德的一次课程上，克里斯滕为尤努斯和格莱珉银行做了“辩护”。他强调，格莱珉能负担运营成本，从而实现了运营上的自给自足(operational self-sufficiency，OSS)。他赞许尤努斯，因为“尽管有那么多给人幻觉的印象”，尤努斯还是创建了“为穷人提供金融服务的先驱机构”。不过克里斯滕也指出，格莱珉未能实现财务上的自给自足(financial self-sufficiency，FSS)，而且它坚持提供利率补贴，不能反映实际的货币成本。克里斯滕主张，为了实现财务上的自给自足，格莱珉必须提高利率，而格莱珉一直不愿做出这种选择。格莱珉的选择被拿来与玻利维亚市场的领头羊玻利维亚阳光银行(BancoSol)的选择进行比较，后者的实际利率为46%，大大高于格莱珉的12%。

这种标杆对比是一种强大的知识实践，因为它确立了全球规范并为评估机构的选择确定了参数。在为格莱珉进行生动的“辩护”之后，克里斯滕提出了那些事关成败的问题：

> 最为减贫议程忧心的人，难道不该是那些最致力于实现金融的可持续性、投身于一个反映货币实际成本的行业的那些人吗？如果他们真的看重帮到尽可能多的贫困家庭，难道不会在意确保最有效地使用补贴？

正是通过这种方式，在博尔德，高利率逐渐成为小额金融的一条核心“最佳实践”，高利率的做法相应地又被视为“民主化资本”的重要组成部分。

乍看之下，博尔德短训班的“事实的达成”，得到了全世界小额金融从业者满怀热情甚至是充满敬畏的接受。参加博尔德短训班是获得认可的印记，是权威的标志。在MDI，心怀不满的学员抱怨课程不像博尔德那样“前沿”或“严格”。然而，接受博尔德的那些观念，要比达成一种共识所暗示的更为复杂。与在MDI一样，在博尔德短训班，许多听课的人，尤其是来自撒哈拉以南非洲地区的听课者，都是想要学习如何管理小额贷款的央行人员。对他们而言，小额金融投资组合缺乏声望，他们希望在转任中央银行那些更有价值的职位时，能尽快把这项任务抛到身后。另外还存在其他漠不关心的小额金融从业者群体，例如那些在伊拉克和阿富汗经营新的小额金融机构的人们。在帝国主义的这些边疆地区，战争和援助同时展开，对于大量遭到摧毁的中产阶级来说，发展方面的事务是重要的生计来源。小额金融恰好成了时代的特色。对于这些从业者，一如对于那些央行人员而言，格莱珉银行遭到的尖锐批评，以及关于补贴和可持续性的那些辩论，都很枯燥乏味——许多人甚至从未听说过格莱珉银行。

但是对于其他人而言，观念之争事关重大。在博尔德，我认识了一位意大利银行家，他不接受他所谓的“华盛顿共识这一意识形态”，并指出在意大利，尤努斯受到广泛爱戴，“像欧芹一样受欢迎”。我还认识了一名来自德国的发展顾问，他为该项目对《千禧年发展目标》死寂般的沉默感到痛惜，对贫困问题几乎不受关注表示震惊。在MDI，我遇到了多名学生，其中有几人来自印度，他们之所以选择MDI而不是博尔德，是因为对后者只强调金融系统感到担心。在 MDI 的课堂上，他们产生了很多争论，质疑小额金融这一“最佳实践”的原则和华盛顿共识的规范。

华盛顿共识中更为明显的瑕疵，与在博尔德吹嘘的“事实的达成”有关。我们的博尔德系列读物中，包括免于饥饿基金会理事克里斯·邓福德的一篇文章。这篇文章写于 1998 年，标题为“小额金融：达到何种目的的手段?”，部分内容如下：

> 我们失去了胆气；我们已经把小额金融运动在道德和知识方面的领导权拱手让给了金融工程师……小额金融捐资人们正在驱使从业者抢夺利润丰厚的大规模生产，其中所用的方法还是在十几年前开发的，同时他们对所触及的对象以及能达成何种效果却知之甚少。今天，我们对“最佳实践”的迷恋，更多地关乎机构绩效，而不是贫困家庭可能获得的最佳结果。最佳实践越来越多地意味着采纳商业银行的绩效标准。现在，出现了一种具有讽刺意味的奇妙局面。身为非政府组织，我们开始效仿这个行业的标准，而正是这个行业，在很大程度上未能满足穷人对金融服务的巨大需求……针对穷人的市场失灵，是全球银行业共有的历史。

邓福德的论文对博尔德的事实发出了怀疑。博尔德传递的主要信息是，小额金融将会而且应该被完全纳入商业银行业务。它忽略了真正的威胁，即穷人将再次遭到经济歧视，再次被边缘化。罗宾逊的反驳是，触及忍饥挨饿的人并不是银行业要做的事，相反，诸如 BRAC 之类的小额金融机构能够改善饥饿人群的命运，使他们得以进入银行业务。正是能够进入银行业务这一点，吸引了俄亥俄学派，该学派在批评小额金融高昂的机会成本和交易成本的同时，也承认以这种方式向穷人提供贷款正在掀起一场革命。在博尔德课程中，俄亥俄学派经济学家克劳迪奥・冈萨雷斯-维加把小额金融定义为一场“革命”，这场革命“终结了以资产作为抵押，开始把目光投向人，投向无形的未来”。这是资本主义的一个前沿，之所以被打开，用博尔德另一位讲师兼俄亥俄学派经济学家 J.D. 冯・皮施克的话来说，是因为“尤努斯博士能够把从未接触过硬币的贫困女性的前途兑换成货币”。

冈萨雷斯-维加的观点很有意思：在未来，银行业本身看上去将越来越像小额金融，而不是小额金融被吸收进商业银行的业务中。当全球经济较少依赖有形资产、更多由人力资本驱动、充满不确定性，并且其中风险管理的标准方法会由于职业和生计的巨大波动而效力受损时，银行业本身将不得不求助于小额金融的手段与技巧，求助于冯・皮施克所谓的“把贫困女性的前途兑换成货币”这一“神秘而超然的做法”。这种做法便是“贫困资本”，它不是现代金融资本那水平低下的过去，而是未来的面孔。

政治经济学的终结

在博尔德展开的那些探讨，以及博尔德的那些沉默无言，让我们瞥见了一个远为广阔的领域：千禧年发展的思想议程。在此议程中，最显眼的是三个问题：第一，市场有效吗？第二，发展以哪些方式将一种形式的资本转换为另一种，从而产生我所谓的贫困资本？第三，贫困女性在发展中充当什么角色？在小额金融形成概念和落到实处的过程中，这三个问题全都至关重要，由此，关于小额金融的探讨便可以被视为千禧年发展的缩影。

新千年的市场

20 世纪末实行的是自由市场意识形态和紧缩政策，21 世纪实行的则是关注贫困和人类发展的思想和实践的集合，两者之间的转变，其标志是围绕市场失灵的讨论日渐增多。对于千禧年发展的主要对话者，比如杰弗里·萨克斯(2005)来说，“贫困陷阱”就是这种市场失灵的一个例子。萨克斯此前的角色是国际货币基金组织的技术人员，负责执行具有新自由主义倾向的华盛顿共识，现在他坚持认为，市场不足以创造出消除贫困所需的“大推动”。这些观念也激励着另一位华盛顿内部人士约瑟夫·斯蒂格利茨的工作。斯蒂格利茨(2002)把具有新自由主义倾向的华盛顿共识斥为“市场原教旨主义”，认为国家的作用至关重要——在经济发展，以及在确保民主和公平地分配发展带来的利益方面，都是如此。

然而，小额金融与创立“发展型国家”这一呼吁格格不入。可以说，小额金融的出现是对信贷市场未能触及穷人的一种反应，但小额金融的框架仍然对国家的作用持矛盾态度。一般来说，小额金融不涉及国家对实物资本或人力资本的投资。实际上，作为一种发展叙事，小额金融中并未给国家留出角色，而是侧重于贫困企业家的创造力，以及地方机构在促成这种创业精神方面的成功之处。在类似博尔德短训班这样的地方，对市场失灵的分析明显缺失，淹没于一片喧嚣中，即创建为穷人服务的金融市场。

对“扶贫市场”的这种信念，并非小额金融所独有。关于千禧年发展，有一场极为著名的辩论，即伊斯特利对萨克斯呼吁的“大推动”的严厉批评。这场辩论的核心，就围绕着上述信念。萨克斯提出了解决市场失灵的方法，他的纽约邻居威廉·伊斯特利(2006)则不赞同这种路数，斥之为“大西方计划”，21 世纪的乌托邦社会工程。伊斯特利认为，贫困的悲剧之处不在于市场失灵，而在于西方耗费了数十亿美元试图解决这种失灵，却并未对贫困问题带来任何改观。伊斯特利呼唤的不是“计划者”，而是“探索者”，那些以渐进和零散的方式搜寻解决方案的人。伊斯特利(2006：27)认为，“穷人是他们自己最好的探索者”，不过他尤其感兴趣的是，市场如何成为一种探索机制。按照伊斯特利(2006：60)的说法，发展无济于事，但“自由市场能有效运转”。伊斯特利对贫困问题的诊断，与萨克斯和斯蒂格利茨的诊断有很大不同：他相信，富人有市场，穷人有官僚。对于伊斯特利(2006：59)来说，小额金融是解决这个问题的方法：它帮穷人摆脱了官僚，并通过为穷人创造市场来解决信贷问题。

伊斯特利的分析指向了贫困的两个关键的概念化过程，正是它们推动了千禧年发展：穷人有资产，穷人即资产。在《资本的秘密》(*The Mystery of Capital*)一书中，赫尔南多·德·索托(2000)写道：穷人是英勇的企业家，是解决方案的一部分，而不是问题的一部分。他认为，穷人拥有数万亿美元的资产，价值远远超过已经或能够转移给发展中国家的任何外国援助。那么，这些资产持有者为什么很穷呢？德·索托认为，原因在于穷人以有缺陷的形式，即不生息资本的形式持有着资产，而国家的官僚作风又使这种价值的获取变得更难。简而言之，他提出了对国家失灵的诊断。意料之中的是，在诸如博尔德短训班这样的地方，德·索托的分析普遍又常见。讲师们经常引用它来强调“穷人手里储蓄的巨大价值”。这是一种有力的想象，一片崭新的金融前沿，迄今为止尚未引起注意、得到开发，并且能让穷人受益。

关于扶贫市场的引人入胜的叙述，最广为人知的或许是 C.K. 普拉哈拉德的作品中所做的勾勒。普拉哈拉德(2004：1)指出，“金字塔底层蕴藏着巨大的财富”，认为现在是时候“不再把穷人视为受害者或负担，开始承认他们是有韧性、有创造力的创业者，是对价值有清醒认识的消费者了”。普拉哈拉德(2004:1,5)声称，这可能被看成是在给穷人创造机会，但这种态度同时也开启了“机会的新世界”，毕竟因为“穷人代表着商品和服务的‘潜在市场’”。于是，他把对小额金融的分析，聚焦于印度正在出现的一种联盟，即印度工业信贷投资银行(ICICI)等营利性银行与自助群体之间的联盟。普拉哈拉德(2004:129)为这些做法叫好，毕竟为穷人提供银行服务“不再被视为仅仅出自社会义务，它在财务上也是切实可行的”。

“金字塔底层”这一框架对小额金融具有重要意义。它显而易见地导向了“面向大众-最低限度”的小额信贷，由“具有成本意识的创新型”出借人提供，这些出借人利用“规模经济”来供应“简单的、批量生产的金融产品”，并且关心的是“业务成功和金融纪律，而不是帮助他人”(Reinke 1998:553)。但是，这些模式同样必须对穷人有利，不仅关心财务价值，也看重社会价值。如此一来，在千禧年对小额金融的重新想象中，最受欢迎的概念之一便是“双重底线”(Tulchin 2003)。这种情感色彩无处不在。迈克尔·朱(2005:14)写道：

> 在商业与社会的这一交汇之处，小额金融就是例证，显示了利用市场来获得双重回报的那种力量。一方面，市场使得创造经济价值成为可能：卓越的回报(资产回报和股本回报)属于这样的先行者，他们知道如何在一个新兴的巨大行业中正确行事。另一方面，市场也允许创造社会价值，使穷人的可支配收入最大化。

存在一种可能性，即把千禧年发展解读成一场激烈的观念之争，解读成一种不可调和的分歧，一边是那些关注市场如何使穷人失败的人，一边是那些倡导扶贫市场的人。CGAP对金融的那些市场策略的依赖，位于这个光谱靠后的一端。然而，仔细观察可以发现，这种分歧可能不那么泾渭分明，而一种基础更为广泛的“贫困共识”（实际上延伸到华盛顿以外）可能正在发挥作用。原因在于，扶贫市场的语言不仅是伊斯特利、普拉哈拉德、德·索托以及博尔德的专家们的言说方式，也是那些与旧式小额金融范式相关联的人的话题。在关于小额金融的演讲以及访谈中，国际社会援助基金会创始人约翰·哈奇同时既摈弃又肯定CGAP的框架：一方面表达了对格莱珉模式及其重视社会绩效的做法的支持，同时又声称他“对政府持怀疑态度”。哈奇对“贫困企业家”的依赖，不仅呼应了德·索托（2000：4）的想象，即一个“满是企业家”的世界，也呼应了尤努斯（2009）带有挑衅的话语，即“我们生活在金钱的海洋中”（http://knowledge.wharton.upenn.edu/article.cfm? articleid=2243，2009年5月30日访问）。同样，穆罕默德·尤努斯尽管对以自由市场为中心的资本主义表示怀疑，却并非呼吁由国家来解决市场失灵，而是呼唤着新的、创造性的资本主义形式，将利润最大化和社会价值最大化结合起来。他的混合型“社会事业”听起来很像“双重底线”，或者说渗透于千禧年发展中的扶贫市场。实际上，“双重底线”这个观念本身来自格莱珉基金会（美国）的工作，并得到该组织和其他似乎反对CGAP模式的盟友们的广泛推动。尤努斯的态度提出了这样一个论点：贫困的原因是缺乏资本，而通过解决这一亏空，小额金融可以使穷人充分融入一种更加人性化的资本主义（Fernando 2006）。

各种观念如此怪异地融合在一起，并不能说明华盛顿贫困共识被强加给了国际社会援助基金会和格莱珉之类的组织。相反，它预示着人们对资本民主化的普遍乐观，以及对国家作用的普遍怀疑。如事实所证明的，斯蒂格利茨怀着雄心对达成后华盛顿共识的执著，以及对发展型国家的呼唤，标示出的是千禧年发展的边缘而不是核心。斯蒂格利茨对“后”这个前缀的使用，要么为时过早，要么寄望太多，毕竟千禧年发展维持着他开始摈弃的市场原教旨主义的品性。现在，自由市场正在被重新包装为扶贫市场，华盛顿贫困共识实际上可能是全球共识。

资本的可兑换性

把自由市场转变为扶贫市场，需要付出努力。在这里，千禧年发展的观念和实践，在很大程度上依赖于社会资本这一概念。如果说国际发展的初期强调实物资本（对基础设施的投资），麦克纳马拉时代侧重于人力资本（对教育和其他基本需求的投资），那么千禧年发展则将社会资本放在突出位置。世界银行对社会资本的定义是：“社会内部的社会一致性和文化一致性，支配着人与其所归属的机构之间互动的那些规范和价值观。”该行认为：“社会资本是将社会凝聚在一起的黏合剂。没有它，就不会有经济增长，也不会有人类福祉。”（http://web.worldbank.org/WBSITE/EXTERNAL/TOPICS/EXTSOCIALDEVELOPMENT/EXTTSOCIALCAPITAL/0,contentMDK:20185164～menuPK:418217～pagePK:148956～piPK:216618～theSitePK:401015,00.html，2008 年 7 月 14 日访问）

对社会资本的广泛兴趣，部分源于对一种特定类型的市场失灵，即信息问题的关注。在约瑟夫·斯蒂格利茨那部获得了诺贝尔奖的作品中,“不完整的信息”与“不完整的契约”和“不完整的市场”一道,占据了核心位置(Fine 2001:8)。在那篇冗长的诺贝尔奖获奖演说中,斯蒂格利茨(2001:473)追忆了自己对发展中国家的首次访问以及在肯尼亚的逗留,这些经历给他留下了“难以磨灭的印象”。斯蒂格利茨回忆说,他震惊于“信息不完善、市场缺位以及看起来功能失调的制度在那里普遍存在,顽疾难消”。在斯蒂格利茨倡导的“信息范式”中,制度至关重要。按斯蒂格利茨(Stiglitz 2000b:59)的定义,社会资本“包括默认的知识、一系列网络、声誉的集合以及组织资本”,此类资本就是这样一种制度性的解决方案,“一种应对道德风险和激励问题的社会手段”。对他来说,“同伴监督”(例如在格莱珉银行的小额金融模式中)是为信息不对称提供有效解决方法的一个制度方面的例子。换句话说,社会资本不是市场的替代品,而是减轻市场失灵和提高市场效率的非经济手段。不过,斯蒂格利茨(2000b:68)也表达了对社会资本的矛盾态度,指出尽管“强化社会资本具有重要的公共职能”,如何最好地贯彻这种职能仍然处于模糊状态。

在一份题为《分币与社交活动》(*Cents and Sociability*)(Narayan and Pritchett 1997:1)的贫困评估报告中,世界银行对社会资本做出了更为确切的表述。该表述强调,社会资本在增加收入方面不可或缺,远远超过了对教育活动等人力资本的投资所发挥的作用。在发展的各个圈子中,基于团体的小额信贷以及本地的循环储蓄与信贷协会(RoSCAs)被视为“社会资本硕果累累”的例证(Woolcock 1998:183)。情况似乎是,“第三世界文化的各种传统”不再是“货币化和现代化”的障碍,而是具有了新的价值——“对于那些经济体来说”,成了“社会资本的潜在来源”(Bergeron 2003a:165)。但是,并非所有的传统和规范都被认为具有价值。罗伯特·普特南(2000)的权威分析,在“好”和“坏”的社会资本之间划出了界线。这些观念在伍尔科克的一个说法中都得到了呼应,即并非所有类型的社会资本都能促进发展。以群体为基础、以女性为对象的小额金融,被认为能够激活和动员“好”的社会资本。

在人们的概念中,社会资本可以成为市场失灵的一种补救措施,成为一种将社会凝聚在一起的非经济“胶水”。正因为如此,联合国开发计划署2003年的一份报告,关于“埃及的主观贫困与社会资本”,就着眼于“非正式的制度安排”……包括习俗、规范、价值观念、宗教信仰以及社会网络和一体化网络”,它们“构成了穷人通向就业、商品市场、住房、服务、人身安全和保障,以及更广泛的社会支持的入口”。但是,社会资本,特别是“好”的社会资本,也可以转化为经济资本(Fine 2000:62)。千禧年发展的对话者,例如弗朗西斯·福山,由此求助于“文化”和“前现代”的传统和规范(Fine 2000)。这些传统和规范作为社会资本捆绑在一起,以无与伦比的能力履行着“双重职责”——“既作为对市场那不受约束的个人主义的平衡,又作为在市场上获得优势的一种途径”(Portes and Landolt 2000)。因此,作为孟加拉国最大的发展非政府组织之一,BRAC强调“过程资本”:“小额金融的最大力量,就存在于供给小额金融的过程中。”(Abed and Matin 2007:4)此类观点对CGAP的最低限度市场的主张提出了挑战,因为它们表明,制度创新与金融创新一样重要,“发展金融同样必须被界定为创建社会资本”(Capital Plus 2004:5)。

经济资本、社会资本和文化资本之间的转换,由阶级力量和优势的各种过程所塑造并加强着这些过程。换句话说,社会资本中的“资本”并不是纯真无害的(Rankin 2002:99)。世界银行对社会资本产生兴趣，可以被看成“发展的非政治化”，其目的是“将根源于权力差异和阶级关系的问题，呈现为可以在政治领域之外解决的纯技术问题”（Harriss 2001：2）。千禧年发展将传统、规范和关联作为社会资本捆绑在一起，结果形成了一个等级分明、层级分化且充满权力的世界。伊斯特利（2006：79）把社会资本定义为“信任”，“即人们在多大程度上不受任何胁迫地遵守规则”。但是，信任本身就是“能够加强的信任”——“在这些情形下之所以存在信任，恰恰是因为信任可以通过共同体的力量来加强”（Portes and Landolt 2000：534）。在小额金融中，从使得南亚贫困女性的财务规训成为可能的明显而又微妙的父权制，到中东那种规定处罚的小额金融回款机制，这种形式的支配和加强无疑都很容易看出来。如此一来，社会资本向经济资本，以及最终向全球金融资本的转化，便从规训和惩戒这类做法中得到了巩固。这是千禧年发展的时代中贫困资本的关键。

以她之名

千禧年发展这一全球秩序，包括对扶贫市场和资本可兑换性的想象在内，也是一种性别秩序。在很大程度上，新的贫困议程取决于“第三世界女性”。从健康和人口计划到环境管理倡议，女性已经摇身成为发展的主要推动者或“工具”（Jackson 1996：489）。正如女权主义学者钱德拉·塔尔帕德·莫汉蒂（1991）曾经指出的，如果说西方人在看待发展问题时，首先把第三世界的女性想象成受害者，那么现在，这些女性已经成为效率和利他的顽固的象征。对贫困女性的这种兴趣，部分地关联着“贫困的女性化”这一常识性认知，即认为世界上的贫困人口绝大多数为女性。按性别分类的统计数字很难得出，经常引用的一个数字是，世界上极端贫困的人口中，70%是女性(Chant 2008:166)。正因为如此，学者们把处于贫困中的女性称为“全球下层阶级”——不仅收入低下，而且受缚于一系列不利处境，这些不利处境在以女性为户主的家庭中尤为严重(Buvinic 1997)。千禧年发展已使性别问题成为探讨贫困时的关键主题。八个“千禧年发展目标”中，有两个明确涉及性别不平等。目标三旨在“促进性别平等并向女性赋权”，将小学教育中的性别差异和女性的政治参与等目标中必须完成的工作付诸实施。目标五把母性健康突出出来，作为人类发展的一个关键指标。在联合国的一系列文件中，都强化了这些必做之事。联合国的各种报告都信心满满地坚称，“性别不平等是阻碍‘千禧年发展目标’实现的主要因素”(UNIFEM 2008:14)。

为了使女性贫困成为新的贫困议程中可见而紧迫的一部分而展开的斗争，是“全球女权主义”的重要组成部分(Molyneux 2006:432)。在贫困议程本身出现之前，就有过一段长期的努力，被称为“发展中的女性”。在20世纪90年代，联合国的各种峰会，例如开罗人口大会和北京世界妇女大会，成了数千个非政府组织、倡议行动团体以及与该领域有联系的激进主义者积极活动的场所。但是，性别与贫困之间的勾连颇为微妙。一方面，千禧年发展使人们注意到性别不平等的系统性和结构性模式。另一方面，千禧年发展又把性别套到贫困问题上，想要使贫困女性融入发展计划。为了实现融合而采取的这些具有工具意味的做法，有可能强化而不是消除性别不平等。正因为如此，各种贫困计划，例如墨西哥极受好评的资金转移项目“机会”(Oportunidades)，把为人之母确定为成功的关键(Molyneux 2006:432)。“机会”项目的核心思想是“共同承担责任”，使母亲们“在确保实现该项目的成果方面负主要责任”。这就是“为国家服务的女性利他主义吗?”(Molyneux 2006:

434，437）

我把这种工具行为称为“政策的女性化”，从而指出了通过侧重于女性的政策来推动发展的途径，而这些途径反过来又有助于维持社会再生产的传统性别角色，并为女性创造了自愿、无偿劳动的第三次转变。换句话说，诸如此类的政策可以深化为被称作“责任和义务归于女性”的东西（Chant 2006：206）。最近的研究表明，“在低收入家庭中，妇女所承担的过多的‘利他的负担’似乎在增加，而不是在下降”。事实就是如此，在南方国家，越来越多的女性成为劳动力，使贫困女性承担起“范围不断扩大的母性义务”（Chant and Brickell 2010：2）。这种“利他的负担”不仅发生在家庭内部，而且发生在社会中。它们是千禧年发展的标志性人物，即千禧一代女性的责任。

当然，性别与贫困之间的勾连相当复杂。正如一些女权主义理论家曾批评过工具性方法，其他人也曾提出，这种方法可能确实会对人类发展产生重大影响。他们为“致力于性别平等提出了一种工具性理由”，并指出这种付出可能会改善“社会通道，经由这些通道，女性对资源的获取能够发挥效用，并改善自身和子女的福祉”（Kabeer 2005：2）。正如下一章将要讨论的，此类工具性项目也是竞争和协商的地带。例如，对尼泊尔的小额金融项目进行的一项研究表明，贫困女性如何进行着“贷款交换”，“通过从多个贷方获得贷款来维持长期债务融资”。这类做法可以被称为“用债务偿还信贷”，但也可以理解为贫困女性为了维持“生存和社会投资活动”而“熟练地运用着发展技术”（Rankin 2008：1971）。

尽管存在这样的争执，有必要指出的是，千禧年发展已经以一种极为确切的方式，围绕着贫困女性展开。外界所认为的女性作为企业家所固有的天赋和能力，使她们有可能被纳入其中（Rankin

2001)。这种创业精神,主要是在经济的小规模和非正式领域,或者说是在"小微非正式经济"中自然而然地表现出来的(Elyachar 2002)。在为格莱珉银行所做的叙述,即有些自传意味的《穷人的银行家》(*Banker to the Poor*)里,尤努斯(1999)在课堂上那优雅的经济理论与大学外面的贫困现实之间的脱节中,找到了替代式发展的源头。对他而言,解决方案不是自上而下的发展,而是向被他视为企业家的穷人发放信贷。在他的叙述中,乡村的贫困女性扮演着主要角色。在每一篇书面文字、访谈和演讲中,尤努斯都把源头的故事讲述成乔布拉村女性的故事,这个村子就位于他在 20 世纪 70 年代末讲授经济学的那所大学的围墙外面。他描述了如何目睹村里的女性把结实的竹条费力编织成凳子和篮子,那是这些破败的贫困村庄中寄予着希望的象征,棕色的小手创造着美丽而光亮的物件。这些物件,连同村里的女人,被捆绑在一种剥削性的放贷体系中,尤努斯想要终结的正是这一体系。农村贫困女性的解放,来自金融的变革力量:

> 那一天终于来了,她开口想得到第一笔贷款,数额通常是 25 美元左右。她感觉如何?吓坏了。她夜里无法入眠……最终拿到那 25 美元时,她在发抖。钱灼伤了她的手指,泪水顺着脸颊滑落。她生平从未见过这么多钱……自出生以来,别人一直说她一无是处,给家人带来的只有痛苦……生下来后就不该让她活下去……但是今天,生平第一次,一家机构相信她,把一大笔钱交给她。她保证,绝不会让这家机构或她自己失望。她会不辞辛劳,确保还清每一分钱。
>
> (Yunus 1999:64—65)

杰弗里·萨克斯(2005:14)称赞孟加拉国在人类发展方面取得的成就,尤其强调了“一种新的精神,即女性的权利、独立和赋权”。在这里,尤努斯所赞扬的贫困女性的创业精神,转化成了赋权,并最终转化为人类发展,甚至是转化为经济资本。

可以说,CGAP 模式已不再以这种方式专注于女性,尤其是,它试图通过使用透明度和可见度等新技术,把穷人(一度是小额金融的“不良资产”)纳入信贷市场。事实上,发展的金融化可以部分地解释为政策女性化的消亡。随着人们越来越重视非政府组织在财务上的可持续性,重视服务提供方面的最低限度,对家庭的支出和消费方式、母亲的角色以及社会再生产领域的担忧可能正在淡化。然而,在外界形象和文字中,第三世界的女性一直令人不安,挥之不去。2004 年发展金融论坛的报告《资本+》(*Capital Plus*),就以女性为封面,CGAP 的年度报告则在每一节中都放置了女性的形象。2003 年报告首页上的女性,是一名当地农村妇女,拍照时同时拿着“原始”算盘和“现代”计算器,给人一种超越原始主义、拥抱现代计算技术的印象。她是一个崇拜对象,一件神奇之物。发展的金融化“以她之名”展开。

金钱,而非工作

在论述现代世界的权威作品《词与物》(*The Order of Things*)中,法国哲学家米歇尔·福柯追溯了一种转变,即从古典的财富观念转向对政治经济学的现代分析。福柯(1966:190)指出,在重商主义的古典时代,金钱是“用来表征和分析财富的工具”,相反,财富则是“金钱所表征的内容”。在这种流通和交换体系中,价值是通过等价建立起来的——既是通过纯虚构的金钱这种等价,也是通过必需品这种等价。福柯(1966:241)指出:“实际上，只要特定的任务一直在持续，一个人的劳动就等价于维持他和家人生计所必需的营养量的价值。因此，最终说来，需求，包括对食物、衣服、住房的需求，决定着市场价格的绝对标准。”在19世纪，人们对经济将逐渐拥有新的认识，“其对象不再是财富的交换（以及作为其基础的各种表征的相互作用），而是财富的实际生产：劳动和资本的形式”（Foucault 1966：245）。在这种政治经济学框架中，价值“不再成为一种标志”，而是变成一种由“工人的体力、劳作和时间”生产的“产品”（Foucault 1966：276）。

关于千禧年发展的伟大文字和声音，在生产这一问题上沉默不语，把劳动者的形象转换成了英雄企业家的形象。无疑可以说，在千禧年时代，生产本身是纯粹的虚构，仅在金融资本动荡的流通路径实现，而不是在19世纪和20世纪的田野和工厂中。实际上，德·索托（2000：6—7）没有把资本描述为生产关系，而是呈现为一种“表征过程”。对他来说，穷人不是劳动者，而是拥有资产的未来企业家，即便是那些由于错误的表征而变得无能为力的人。德·索托（2000：216）写道：“马克思可能会惊讶地发现，在发展中国家，随处可见的大众大部分不是由受压迫的法律意义上的无产阶级，而是由受压迫的具有可观资产的法外小企业主构成的。”把这样的“死资本”转化为经济资本，便是德·索托的使命。他的工作明确表明，千禧年发展对“劳动者的体力、劳作和时间”沉默不语。这一点标志着政治经济学的终结。

然而，千禧年发展时常会发现，自己直接面对着劳动者。斯蒂格利茨近来与他人合写了一篇关于小额金融的文章，关注了劳动和生存的性别特征。此文阐释的是，为了加入正式的劳动力市场，发展中国家的贫困乡村女性如何面对社会和经济障碍。两位作者认为，小额金融使女性劳动变得“富有成效”，即能够赚取经济收益

(Shahe，Morshed，Mahbub，and Stiglitz 2007)。文章用微观经济决策的语言，表达了在家庭内部和劳动力市场中被千禧年发展所掩盖的残酷的政治经济学：劳动者的辛劳，以及对无地者的剥夺。

只有同时直面政治经济学的真相，底层十亿人口的持续贫困问题才能得到解决。关于小额金融的探讨，尤其涉及三个问题：市场如何使穷人失败；社会资本如何通过权力和支配的各种过程来运作；贫困干预措施如何为世界上最贫困的女性带来利他的负担。在千禧年发展的种种探讨和挣扎中，有时能瞥见上述真相，但在大多数情况下，它们仍然被人们对普惠金融和资本民主化的极大乐观所遮蔽。

更友善、更温和的世界银行

千禧年发展是一个独特的历史关头，是观念和实践相当独特的集合，但其渊源可以追溯到 20 世纪发展的档案中。作为一般情形的千禧年发展，以及作为特定例子的沃尔芬森时期的世界银行，都复述并重申了早期发展时代的许多关键原则，即基本需求和“随着增长重新分配”的原则，由此也是早期的世界银行，即罗伯特·麦克纳马拉 1968 年至 1981 年掌舵的世界银行的原则。简要回顾一下这个历史先例，回顾它对贫困问题的介入，它对事实的传播路径的精心培育，这些都在千禧年发展中再次逐渐展开。这样一段历史也揭示了一系列惊人的挑战和矛盾，它们阻碍了世界银行在消除贫困的努力中发挥领导作用。作为一个行动领域，千禧年发展比世界银行这个单一机构要广泛得多，但我在本书中仍然将目光聚焦于该单一行为体上。原因在于，经由 CGAP，世界银行在确定小额金融议程，从而在确立华盛顿贫困共识方面占有主导地位。

世界银行中的全球自由主义者

CGAP由伊斯梅尔·塞拉格尔丁于1995年创立，塞拉格尔丁同时还是世界银行环境与社会可持续发展部的第一任副部长。在一次访谈中（2005年12月），塞拉格尔丁详细谈论了如何受到尤努斯文章的吸引，开始相信现在是时候在一个发展的时代把小额金融“纳入主流”了。后来，CGAP就成了这一载体，由尤努斯担任其政策顾问委员会的第一任主席，塞拉格尔丁则担任CGAP的第一任主席。塞拉格尔丁对CGAP早期岁月的详尽叙述，揭示了小额金融领域仍然明显存在的那种紧张局面：CGAP的议程旨在中和“欧洲捐资人向受到补贴的政府计划注入资金的不良习惯”，它未来重点关注的是可持续发展。这是有可能的，毕竟世界银行的工作人员有一种“自然倾向，即充当金融部门的保管人”。不过，它的首要目标同样是减少贫困，这样的目标是从格莱珉银行那里获得的灵感。换句话说，在早期那几年，CGAP在某种程度上是一个反对现存秩序的机构。

但是，塞拉格尔丁的描述中最引人注目的方面或许在于，他把自己在创立CGAP过程中的领导能力，与他身为麦克纳马拉时期世界银行的一名年轻专业人员的经历联系在了一起：

> 我留在世界银行，完全是因为麦克纳马拉。我带着疑虑来到世行，热衷于在国际劳工组织开展有关人的教育的工作。对于那些衷情于教育的人来说，世行似乎是一个可怕的地方，毕竟世行的教育项目没有为扫盲或女童教育，以及我关心的所有事项提供资金。后来，麦克纳马拉出现了。我还记得内罗毕演讲，内容关注的是穷人。麦克纳马拉创立了一个530

俱乐部——我们中的100个人，都是年轻人，下午5:30在530会议室碰头。麦克纳马拉告诉大家，必须改变这个地方。我们做到了，通过农村发展项目、贫民窟改造、卫生、教育、女性以及发展。

塞拉格尔丁的叙述所揭示的，不仅是麦克纳马拉时期世界银行的一个独特时刻，还有关于世界银行本身的感觉：在各种历史关头受到激烈改造的感觉，以及终结和启始的感觉、中心性和多重性的感觉。对于塞拉格尔丁而言，一个重要的启始之际，是从围绕着讷尔马达河大坝产生的抗议以及世界银行从该项目的退出而来的：

在名为“五十年足矣”的集会上，我们被大加挞伐。那时，是该回望我们的安置政策了。在此之前，世界银行一直在数钱，而不是算人。“讷尔马达河大坝五十年”（Narmada，50 Years）系列抗议活动，使得像我这样的人有可能在世界银行内部进行战斗。这是我职业生涯中的巅峰时刻。

罗伯特·麦克纳马拉本人，就是一个更为宏大的历史时刻的产物。他对贫困问题的介入，可以看成是美国反贫困战争的全球化（Finnemore 1997:206）。在约翰·肯尼迪的启发下，麦克纳马拉成了一名“全球自由主义者”（Milobsky and Galamabos 1995）。他是越南战争的推手，坚信“通过减轻其他国家的贫困，富裕国家可以为自己创造一个更加稳定、更为安全的世界”（Finnemore 1997:211）。安全这一主题举足轻重，毕竟在各种演讲和总体态度中，麦克纳马拉反复强调着安全与发展之间的关系（Kraske et al. 1996）。

外界所谓的麦克纳马拉的“宣教式热忱”(Caulfield 1996),也能在沃尔芬森身上,在他重塑20世纪90年代的世界银行、致力于减轻贫困的努力中找到。就任行长的第一天,沃尔芬森召开了新闻发布会,在发布会上宣布“减轻贫困是唯一的头等大事”,世界银行必须成为维护“社会正义”的力量(Mallaby 2004:88)。和塞拉格尔丁一样,沃尔芬森受到麦克纳马拉时代的直接影响。不过,正如塞拉格尔丁所强调的,那时,重新关注贫困的时机已经成熟。一个由非政府组织和社会运动组织构成的新兴全球公民社会,正在世界银行的各个门口吵嚷不已,呼吁优先考虑减轻贫困。就内部来说,世行的文化本身也需要加以改革,世行的员工怨愤很大。到20世纪90年代的时候,世界银行正面临着一场“重大危机”(Rich 2002:28)。

沃尔芬森着手推动的变化,与麦克纳马拉二十年前发起的变革有着非同寻常的相似之处。在麦克纳马拉治下,各个新的部门,比如农业和乡村发展部,城市项目部以及人口、健康和营养部等,都开辟了新的行动空间(Ayres 1983)。沃尔芬森的各项倡议,包括“人类发展”倡议、“减贫与经济管理”倡议、“环境”倡议、“乡村”倡议以及社会发展倡议,也是如此(Rich 2002:37)。不论是对麦克纳马拉的世界银行还是对沃尔芬森的世界银行而言,同等重要的是要实现发展知识的转化。麦克纳马拉时期的签名报告是1974年的世界银行报告,即《以增长实现再分配》(*Redistribution with Growth*)。这份报告,代表了专注于贫困问题的批评家们提出的那些观念的顶点。沃尔芬森的世界银行一直便是如此,正是在这里,约瑟夫·斯蒂格利茨摈弃了20世纪80年代的“市场原教旨主义”,呼吁对发展采取一种新的态度。

麦克纳马拉时代还预示了一些矛盾,这些矛盾是千禧年发展在当前时刻的主要特征。现在，与那时的情况一样，讨论“绝对贫困”比“相对贫困”要容易得多。前者被视为人类生活水平的下降，因此要求所有人都做出紧急的应对。相对贫困则是不平等的结构逻辑，要缓解相对贫困，就需要采取更为激进的手段(Ayres 1983:77)。那是一只广口漏斗，顶部东西很多，底部东西很少，几乎没有什么能经由这只漏斗滴淌到底部。在麦克纳马拉时期编写的报告《以增长实现再分配》中，相对贫困的意义超出了原有的范畴："相对贫困'不过是指……特定国家的一些国民的个人财富比邻居要少。情况一直如此，并且考虑到个体……之间的差异，在未来数十年中仍会如此'。"(Ayres 1983:77)在1977年向理事会发表的年度演说中，麦克纳马拉如此陈述论点："首先，弥合差距从来都不是现实的目标……在今天同样不是。"(Ayres 1983:81)

然而，还有另一重矛盾，即如何减轻绝对贫困。麦克纳马拉和沃尔芬森时期的世界银行都拒绝采用经济增长这一简单的解决方案，但两个时期的世行仍然牢固地关联着一种市场范式，这种范式试图通过提高收入、生产力和产出来减少贫困。在麦克纳马拉时期，世界银行把“首要重心不是放在收入和财富的再分配……而是放在提高穷人的生产力上”(Caulfield 1996:100)。

于是，意料之中地，在随后的克劳森行长任期内，这种专注于绝对贫困的全球自由主义遭到迅速清除。在谈到“穷人的生产力”时，或许，全球自由主义甚至为它准备好了舞台。克劳森曾任世界上最大的商业银行美国银行的行长，他推动世界银行从“以增长实现再分配”转身，朝向一种新自由主义的供给侧经济学思想体系。多年以后，在加州大学伯克利分校的克劳森国际商业和政策中心举行的2004年小额金融会议上，汤姆·克劳森推介了穆罕默德·尤努斯，称许小额金融在贫困世界中发挥的作用。以这种方式，克劳森追溯了一个有趣的渊源，认为美国银行在成立之初与小额金融机构不无相似之处，也是扎根于社区并发放小额贷款。他在叙述中把金融资本称为人民的经济，从而宣扬了在千禧年发展中具有核心地位的创业精神和扶贫市场。现在，这一点成了世界银行的新全球自由主义。

知识银行

在沃尔芬森以及时间更早的麦克纳马拉治下，世界银行既是作为“扶贫银行”，又是作为“知识银行”来运行的。在麦克纳马拉时代，一系列政策文件勾勒出了各个部门，包括农村发展、基础教育、基本医疗、廉价住房等在贫困问题上的关切（Ayres 1983）。和千禧年发展的情形一样，那个时候，贫困地图、人数统计以及贫困事实本身也是关注的焦点。麦克纳马拉本人也承认这种困扰：

> 因为我们的成果是人的进步。人的社会进步和经济进步，不是一个人，而是很多人……我们从事的是与数量相关的工作——人的数量，美元的数量，生产出的成吨食品的数量。如果不从那些方面来考虑，到底该如何让这个地方运转起来？
>
> （Kraske et al. 1996：173）

在麦克纳马拉治下，世界银行的研究能力大大扩展，运营评估部于 1975 年成立则标志着“一种努力，即进行自我批评和自我评估”（Ayres 1983：6）。麦克纳马拉治下的世行还创建了自身的跨国“知识产生机制”，例如国际农业研究咨询小组，该小组与美国大学，最重要的是与世行的贷款议程合作，在南方国家合作创立了研究和政策中心（Goldman 2005：85—87）。在沃尔芬森时代，类似的努力再次展开。沃尔芬森殷切地想重振他所谓的世界银行的“棉花糖中层”，于是开设了新的培训课程，这些课程能使工作人员接触贫困，在现场实地待上更长的时间，并把他们组织成知识共享网络和技术小组（Mallaby 2004：165）。在这种制度背景下解释 CGAP 发挥的作用，是很有必要的。

约瑟夫·斯蒂格利茨最为热切地提出了支持“知识银行”的主张。斯蒂格里茨（1999：588）遵循他对市场失灵的一般描述，认为“使发达国家与不发达国家拉开距离的，不仅是资本的稀缺，还有知识上的悬殊”。斯蒂格利茨强调，世界银行等机构是“公共机构，其职能是在全球范围内促进集体行动”。弥合知识鸿沟就是这种集体行动的一种重要形式，“知识是核心的国际公共物品之一”（Stiglitz 999：578，590）。斯蒂格利茨（1999：590）由此得出结论：“为缩小知识鸿沟而更广泛地开展工作，是世界银行的特殊责任。”

但是，这种知识生产也充斥着重要的矛盾。当世界银行也在努力确保发展中国家获得发展的“所有权”时，世界银行对包括贫困知识在内的知识承担“特殊责任”又意味着什么？沃尔芬森的标志性举措，即于 1999 年发起的“全面发展框架”，其指导思想在于，发展目标和战略应以“当地利益相关者的参与”为基础，而“在准备和实施发展战略以塑造本国未来时，政府应一马当先”（http://web.worldbank. org/WBSITE/EXTERNAL/PROJECTS/STRATEGIES/CDF/0，pagePK：60447～theSitePK：140576，00.html，2008 年 6 月 20 日访问）。对于低收入国家来说，这种所有权在《减贫战略文件》（the Poverty Reduction Strategy Papers）中得到了实质性的体现。对于世界银行而言，它采取的形式是“聆听穷人”这种不太明确的观念，沃尔芬森的世界银行则对此主题钟爱有加。为了促成甚至是强制要求这种聆听，沃尔芬森试图改变世界银行的内部文化。沃尔芬森把更多的职员（包括各国家局局长）调往现场实地，希望能创造一种“新的充满希望的气氛”，如他在1996年的演讲中所说的，在此气氛中，“可以告诉孩子们我们有所作为……我们能够为贫困问题鼓与呼……能够拥抱客户，和他们感同身受”（Mallaby 2004：167）。

不过，关于国家所有权和聆听穷人的想法，也提出了紧迫的问题：这种民主化了的知识生产，如何能与知识银行的观念调和起来？实际上，庶几能够断言，《全面发展框架》（the Comprehensive Development Framework）只会加深世界银行对发展知识的垄断。看起来，此类问题也困扰着麦克纳马拉的世行。有一种说法，称麦克纳马拉是“一位认真的牧者……看顾着他的羊群，即全世界的穷人”；但是，“和大多数传教士一样，麦克纳马拉认为自己在那里是要给人教诲，而不是师从他人”（Caulfield 1996：97）。如果说世界银行专心致志于教而不是学，那就必须问它一个问题：世界银行能不能接受并容纳各种观念，包括那些可能与自身的思想意识背道而驰的观念。如果它做不到——如果它“在没有同行评议的情况下开展研究，评估自身的项目并在世界各地建立智库”（Pincus and Winters 2002：22），那么这样一个机构所产生的又是什么知识？无疑，这不是斯蒂格利茨脑海中独特的公共物品，也不是CGAP首席执行官伊丽莎白·利特菲尔德所大力肯定的世界银行的贡献之一。事实上，世界银行的批评者们认为，“知识银行”这一概念体现了国际发展中不平等的权力关系。“走进银行时，那里的职员不会告知，你存在知识空白，他们会填补这一空白。你会认为这是无礼的做法。”（Standing 2000）

转移资金

世界银行的必做之事与小额金融领域之间，存在着一种惊人的对称。世界银行必须转移资金，小额金融同样必须如此。麦克纳马拉试图把世界银行改造为“发展银行”，沃尔芬森随后又想把世界银行变成“知识银行”，但两个时代都揭示了一些特定的要求，与这些要求相伴随的一个纯粹事实是，世界银行毕竟是一家银行。

于布雷顿森林镇宣布成立的世界银行，在初创年代首先是作为一家保守的金融机构来运作，在华尔街筹集资金，并向信誉良好的发展中国家提供市场利率贷款，用于那些能够明确评估风险的项目。世界银行的债券获得了 AAA 的评级，并且成功地维持着这一评级。麦克纳马拉在多次演说中一再指出，世界银行的贷款绕过了“最贫困的 40％人口”，现在是时候重新考虑“投资银行业务的发展模式”了（Goldman 2005：68）。随着国际开发协会的成立，世界银行得以通过接受捐资国政府的捐款，并以软性条款将这种软性资金按软性标准——或者换句话说，按社会标准——导向贫困国家，完成了新的扶贫任务。这样的处理方式增加了世界银行转移的资金量，使得该行发放的贷款从 1969 年的 20 亿美元，增加到 1981 年的 120 亿美元（Miller-Adams 1999）。发展资本要实现扩张，还需要有新的知识生产形式。麦克纳马拉必须确立下来的新事实是，“投资于穷人”是在南方国家以公平方式实现增长的最为有效的途径（Goldman 2005：77）。

把世界银行改造成发展和知识银行，也有其自身的问题。贫困议程本身是缺乏明确性的。世界银行扩张后的投资组合中，有多少资金真正进入了最贫穷的 40％人手中？贫困受到的真正影响是什么？在对麦克纳马拉时代的一次严厉批评中，迈克尔·戈

德曼(2005:87)指出:

> 世行贷款组合的迅速增长……最终对南方国家造成了严重损害:外债高企,粮食生产不再多样,粮食生产以美元计价,以美国为中心,以及由于全球农产品供过于求而导致的粮食价格暴跌。

戈德曼的结论是,麦克纳马拉“终结贫困”的十年是“以南方国家负债累累和农业体系高度分层而告终……贫困变成了世界银行的发展产业的结果”。同样,在沃尔芬森时期,世界银行自己的业务评估部在2001年得出结论:“尽管世界银行实施了减贫任务,但在预算分配中,贫困一直只是相对次要的显见考虑因素。”(Rich 2002:36)

世界银行对资金的转移,把人们的目光引向千禧年发展的某些困境,尤其是投资银行业务模式与发展银行业务模式之间的紧张关系。当今的华盛顿贫困共识,连同其实现发展金融化的任务,要追溯到由华尔街评级造成的世界银行的保守态度。在此情形下,财务绩效重于所有其他的绩效指标。向穷人提供贷款所面临的高风险,与此框架是不相容的。这些矛盾位于世界银行贷款业务的核心,在该行开始致力于减少贫困的两个时代中也是如此。在纽约向邦德俱乐部发表的致辞中,麦克纳马拉指出:

> 世界银行不仅是金融机构,还是发展机构……不过,话说回来,我必须同样明确地指出,世界银行是一家发展投资机构,不是慈善组织,也不是社会福利机构。我们的贷款政策基于两个基本原则:项目必须稳健,借款人必须信誉良好。
>
> (Kraske et al. 1996: 182)

在试图改造世界银行的“文化”时，沃尔芬森提出了一个想法，即世界银行的工作是否有效，应该通过贫困儿童脸上的笑容，而不仅仅是由世界银行的债券评级来判定。这就是发展银行业务的本质，沃尔芬森以类似于麦克纳马拉的方式，将之与投资银行业务区分开来。然而，正如麾下的工作人员经常提醒他的那样，世界银行并未直接贷款给穷人，甚至没有直接向与穷人合作的非政府组织提供贷款。正因为如此，一位高级经理在 1995 年的一次会议上与沃尔芬森对质，要求世界银行作为一家以政府为客户的商业银行，“不能再把环境、把女性参与发展，以及把减轻贫困等作为优先事项来谈论”(Rich 2002:52)。

诸如此类的矛盾困扰着小额金融。CGAP 试图从小额金融中剥离人类发展的那些方面，坚持最低限度的银行业务模式。正如我已经指出的，其立论的基础在于效率，但同样也在于自由、力量和主权——声称贫困的条件限制不仅妨碍小额金融机构的自由，而且把贫困专家的意愿强加于穷人。应该如何评价这类模式的发展银行业务？在转移资金或减轻贫困时，小额金融是否有效？

在更广泛的规模上，处于危急关头的与其说是资本的民主化，不如说是发展的民主化。就组织的密实度和多样性来说，千禧年发展是一个非同寻常的时刻。诸如“同一场运动”之类的全球贫困运动，把“日常的”人们纳入对贫困的抗击和对发展的改革中。更激进的组织和运动，例如“全球交流”“世界社会论坛”或“聚焦南方国家”，也对人的全球化提出了类似的论点，这种论点与企业主导的全球化和新帝国主义式的发展恰成对照。对发展的这种分散的所有权，有望终结对发展的垄断控制。

然而，第三世界各国政府认为，新的贫困议程代表着新的霸权，阻碍了他们的经济发展权。这是新的各种条件限制的“过载”——从法治、参与到女性在发展中的角色以及环境方面的考量，无所不包(Kapur 2002：69)。减贫是新的“全球发展架构”中的“首要条件限制”(Weber 2002：538)。由此，沃尔芬森的首席顾问之一、后来的联合国开发计划署署长马克·马洛赫·布朗，把这一议程定性为某种程度上的新殖民主义。他将贫困问题非政府组织对世界银行的影响，与英国东印度公司允许基督教传教士进入其领地的时期相比拟。那段时期之后，这些19世纪的宣教团开始消灭在他们看来粗鲁野蛮、不够文明的当地习俗。“近两个世纪后，非政府组织运动的现代传教士们想把世界银行变成十字军战士。”(Mallaby 2004：264)一些人认为，这些条件限制威胁着世界银行的生存能力。马洛赫·布朗带有告诫意味的强调，预示着所谓的“中国式反抗”，即借款人能够借到不受贫困条件限制的私人资本，从而抛弃世界银行。由于私人资金流量远远超过官方发展援助，世界银行面临着资金转移和发展资本功能创新方面的新挑战。

道德资本主义

本章以卢考特山圣约学院的故事开篇。在那里，劝人改宗的传教士们一方面肩负着拯救全世界穷人的使命，另一方面也对小额金融等主流的扶贫观念从存在的角度抱有怀疑。以这种方式，他们提出了道德发展的关键问题：在他们所处的情形下，基督教价值观能否与教会作为贷款回收者的角色相协调？

在更友善、更温和的世界银行，发展的伦理同样是一个重要主题。在面向世行员工发表的演说中，沃尔芬森呼吁的不仅是改变，而且要改变类似世界银行这样的机构那“官僚主义、冷眼旁观、缺乏信任的”内里(Mallaby 2004：146)。这种呼吁中遍布着满怀希望的说教，期待着素质更好、更为投入的发展专业人员，他们能创造出更好的一类发展。但是，正如本章所表明的，这样的一种任务可能会与其他发展目标（例如转移资金）关系紧张。存在着道德资本主义之类的东西吗？

在小额金融领域，这些都是激烈的探讨。随着CGAP致力于推动扶贫市场，人们对此类市场的运行提出了疑问。其中一个例子，便是关于墨西哥小额金融机构康帕图银行的争议。康帕图银行曾经是天主教性质的非政府组织，现在是一家营利性金融机构。在墨西哥股市首次公开发行时，康帕图银行募集了4.58亿美元。墨西哥私人投资者，包括该行高管在内，从此次交易中获利1.5亿美元。公开募集获得的收入，一半以上返还给了某些发展机构，在2000年由非营利组织变身为商业企业时，康帕图银行从这些发展机构获得了投资。其中就包括安信永国际，一家位于波士顿的非营利组织，向小额金融机构提供着技术援助和资金。2000年，安信永向康帕图银行投资了100万美元，并在公开发行时以1.35亿美元的价格出售了其所占的18%股份的一半。每年向康帕图银行借款的人有将近100万，主要是贫穷女性，其投资组合约为4亿美元，年利润为8 000万美元。或许最重要的是，康帕图银行定义了资本积累的一个新领域。一家小额金融基金的经理说："这引起了华尔街、伦敦和日内瓦的注意，可以说，如果所有的点都连在一起，盈利将会极为丰厚。"（Malkin 2008）2009年金融危机期间，《华尔街日报》（2009年4月21日）报道称，康帕图银行的净利润增长了近25%。尤努斯所声称的，即我们生活在金钱的海洋中，看起来确非虚言。

康帕图银行的创始人声称，小额金融与金融资本和股票市场的整合对穷人会有所帮助。格莱珉基金会主席亚历克斯·康茨不赞同这种看法，他认为康帕图银行的贫困客户“虽然在创造利润，却被排斥在利润之外”(Malkin 2008)。令人惊讶的是，CGAP的一项研究在为首次公开募股辩护的同时，也同意康茨的观点，并指出既然“对借款人的更高收费与投资者(包括私人投资者在内)获得的更高利润直接相关……那么，客户的利益与投资者的利益之间就存在直接而明显的冲突”(Rosenberg 2007:10)。这种探讨的核心在于一个事实，即康帕图银行收取的年利率接近100%，并不一定比拉丁美洲的利率高很多，却远高于最初充当着小额金融公众形象的南亚扶贫机构。正因为如此，尤努斯把康帕图银行斥为一家“放债”企业。不过，类似乔纳森·莫杜奇这样的小额金融经济学家则认为，只要这类营利机构在为贫困客户提供服务，他们就是在做善事(Harford 2008)。

围绕康帕图银行的争议，呼应了小额金融中的一个关于“使命漂移”的长期话题。“女性世界银行体系”(Women's World Banking)，一个由小额金融机构和银行组成的全球网络，曾经热切地欢迎小额金融的商业化，最近则在发表的一份报告中担忧“面对着越来越大的营利压力，私人资本向着小额金融行业的涌入可能会……冲淡经过改造的小额金融机构对减贫的专注”。该研究发现，商业化的小额金融机构所服务的女性客户比例出现了显著下降，因而呼吁小额金融行业找到途径来避免这种趋势(Frank 2008)。正因为如此，《时代》周刊刊登的一篇关于该报告的文章，把标题定为“小额金融:女性正在受骗吗?”(Kiviat,2008)。

面对这样的批评，CGAP现在正在讨论制订一项《道德准则》。CGAP与德意志银行和博尔德短训班一道，于2008年5月在纽约召集了一次会议，力图“确立一种共同的基础和一套原则，来帮助小额金融在商业化及其社会使命之间找到航向”。CGAP首席执行官伊丽莎白·利特菲尔德给出了如下观点:“没有牢固的商业基础,小额金融就不可能成为维持生存所需的那种营利业务。但是,如果没有坚定的道德原则,以及首先使穷人的生活受益这个志向,它就不再是小额金融。”(http://www.cgap.org/p/site/c/template.rc/1.26.1881/,2008年8月28日访问)对于类似康帕图银行这类表面成功的案例,利特菲尔德已经表示了担忧,认为小额金融不能仅仅是把资金从北方国家转移到南方国家或创立一种新的资产类别,它还必须围绕着“拓展为自己的公民服务的地方金融市场”来展开(Alexander 2007)。该准则被称为《波坎蒂科宣言》(Pocantico Declaration),旨在“将小额金融与其他金融服务提供商区分开来,后者缺乏推动小额金融行业发展的社会动力”。德意志银行社会投资基金总经理阿萨德·马哈茂德指出,这样的做法是必要的,毕竟小额金融行业存在着“潜在的声誉风险”(http://www.cgap.org/p/site/c/template.rc/1.26.1881/,2008年8月28日访问)。

一直以来,“道德资本主义”这个词被用来表示企业对道德关切的强调,我们应该如何理解这种形式的“道德资本主义”(Barry 2004:195)?CGAP唱响了资本民主化的口号,承诺要把全世界的贫困人口纳入金融的怀抱。但是,康帕图银行之类机构的运行表明,这些扶贫市场是资本积累的新的次贷领域。CGAP的《道德准则》,目的就是要规范此类形式的贫困资本。它也承认,在一个同时追求——如普拉哈拉德(2004)著作封面上的最后一行所写的——“使穷人享有尊严和选择”的世界上,很难从底层十亿人身上获取利润。说到底,飞越“金钱海洋”可能并没有那么容易。

CGAP的《道德准则》,可以被解释为世界银行内部正在进行的讨论的一种象征。或许,这便是发展的民主化的一个例子。事实上，沃尔芬森的世界银行可能“在围绕着容纳和社会正义的意义所产生的争执中，为重新定义发展创造了基础”(Finnemore 1997：165)。毕竟，类似约瑟夫·斯蒂格利茨这样的华盛顿内部人士曾一再表示异议，对发展的话语和实践提出了质疑。这些自我反省，常常对与世界银行和国际货币基金组织唱反调的抗议运动表示同情。它们经常力图提出更为人道和更具包容性的发展议程，并且，它们通常致力于突显贫困和不平等问题。换句话说，千禧年发展有可能既得到“双面人”的工作的推动，又反过来推动着他们的工作。这种自我批评的力量本身，就来自这些双面人的“内部人士”身份：他们是在从发展项目的内部发声。

然而，正是这种政治立场，同时重申了华盛顿贫困共识的合法性和权威性。所以说，斯蒂格利茨的自我批评挑战了“市场原教旨主义”关于发展的各种观念形态，同时也巩固了世界银行作为千禧年发展的“知识银行”的角色。秉承以公共方式提供集体物品的观念，斯蒂格利茨将世界银行定位为可以主张这种公共目的的全球机构。世界银行职员们对乔治·布什任命的保罗·沃尔福威茨的反抗，具有类似的特征。意见上的如此分歧，最终迫使这位世界银行行长辞去职务，从而也破坏了美国总统对此类任命施加的权力。但是，这种“起义”再次标示出了“政治”的边界。世界银行职员们之所以不承认沃尔福威茨的合法性，并不是因为他是在伊拉克开打的那场非法战争的推手。沃尔福威茨是出于腐败的原因被扫地出门的，罪名是对他的女友进行了不当的监督，给予了不当的补偿。这种裙带关系与他身为世界银行行长所推行的反腐运动之间的分裂显而易见，世行董事和职员足以据此要求他辞职(见 Wolfowitz 2007)。该事件表明，世界银行的职员远不是被动和顺从的技术官僚。不过，其讨论所用的措辞加深了世界银行的一种形象，即世行是一个独立于意识形态和政治的机构，不会妄议战争和占领。它还巩固了世界银行的另一重形象，即作为诚实的经纪人，一个致力于反腐的机构，能够充当全球规范和准则的守卫者。这就是此类异议的“双重性”，它们既挑战又更新了世界银行作为发展的仲裁者的角色。

以类似的方式，CGAP的《道德准则》可能是异议和争论的标志，但也可能表明华盛顿贫困共识得到了更新和修订。由此，作为评估的一部分而对CGAP成员进行的一项调查表明，人们普遍担心CGAP将“接管”新的观念（Forster, Maurer, and Mithika 2007:iv）。事实上，仔细研究CGAP提出的一些扶贫创新便可发现，它们都植根于其他机构，例如孟加拉国的BRAC。CGAP能否对这些观念的提出者们给予应有的赞誉，还是会以道德资本主义的名义把这些创新据为己有？CGAP是否会出于其《道德准则》的原因，而向自身的“利益相关者”强加新的共识以及新的任务体系和基准？这些问题所涉及的，远不止是小额金融。作为全球自由主义的新秩序，它们处于千禧年发展的核心，让人回想起世界银行的悠久历史及其各个转型时期。它们提示了发展得以实现的过程——通过资金的转移，通过知识的生产。

第三章　边缘地带的异议：发展与孟加拉国悖论

贫困就像色情——一望便知。

（国际社会援助基金会创始人约翰·哈奇，2006①）

失宠？

2006年，穆罕默德·尤努斯和格莱珉银行被授予诺贝尔和平奖，格莱珉银行作为小额金融先驱的角色再次受到关注。即使是那些反对格莱珉小额金融模式的人，也不得不承认它对发展的贡献。CGAP是设立在世界银行内部的一个捐资人论坛，倡导对发展采取以市场为基础的态度，其首席执行官伊丽莎白·利特菲尔德声称："尤努斯是在早期便具有远见卓识的人之一，认为穷人是

① 约翰·哈奇（John Hatch）在小额信贷峰会上的演讲，2006年11月11日，加拿大哈利法克斯。

有可行性、有价值且有吸引力的贷款客户。”而且，“这个简单的概念已经激发了范围极广的模仿者和创新者，他们接受了这一观念并加以实践、改进、扩展”(Dugger 2006)。一度，以CGAP等机构为锚的华盛顿贫困共识似乎摇摇欲坠。

2006年11月，于加拿大哈利法克斯召开的小额信贷峰会上，举行了最为精心的庆祝活动。从言辞到意象，峰会力图推广格莱珉银行的小额金融模式，显示出对人类发展、对小额金融在实现这些目标的过程中所扮演角色的坚定关注。每一场会议一开始都会放一段视频剪辑作品，即“小额信贷的面孔”(Faces of Microcredit)，通常表现的是一名贫困女性，以及小额金融如何改变了她的生活。在开幕式上，小额信贷峰会运动负责人萨姆·戴利-哈里斯宣布：“为了女性，我们来到这里。”在他身后，国际乐队“青葱少年”(The Green Children)演唱了歌曲《此刻聆听我》(*Hear Me Now*)，视频中的主角则是尤努斯和格莱珉银行的一位借款人。主唱米拉·桑德赞颂这位贫困女性的命运变迁：“一张笑脸讲述着一段故事，一个地方，日新月异……她嗓音中的声调，挥洒着自主的力量。”西班牙王后索菲亚身着招牌式格莱珉披巾，即“皇家披肩”，站在舞台上，正如尤努斯所说，把这条贫困女性制作的价值20美分、布料简朴的披肩，作为“出身高贵和进取精神的象征”。现已担任加拿大内阁大臣的彼得·麦凯，称赞“小额信贷是贫困这种流行病的疫苗”，它可以解决“人权、自由、民主和私人部门发展”等重要问题。麦凯指出，即使在阿富汗，小额金融也有可能把“金融权力交到贫穷女性的手中”。

诺贝尔奖获得者尤努斯上台时，来自100个国家的近2 000名代表起身鼓掌。尤努斯以措辞锋利的演讲，宣布了所获得的胜利：

我们不再是世界金融体系的一个脚注。那些曾经怀疑我们的人，希望他们现在会成为我们的同道……展示利润的时代已经结束，对最贫困人群的关注回归视野……我们不会根据投资回报率，而是根据摆脱贫困的人数，来衡量取得的成功。

正因为如此，国际社会援助基金会创始人约翰·哈奇才坚持认为，小额金融是一种“运动，不是一个产业”，而本次峰会是“历史上规模最大的自助事件”。“我们自下而上地创造了全球化，其声势比自上而下的全球化更大。”

华盛顿贫困共识的代表，也出席了哈利法克斯峰会。他们言辞谨慎，大致归纳了小额金融的局限性，努力想缓和与会代表那急切的热情。凯特·麦基曾任美国国际开发署小企业部负责人，现在是 CGAP 的高级顾问。他敦请峰会反思小额信贷峰会那些目标在本质上的“大胆”，认为我们需要更多地了解小额金融如何影响贫困。不过，那次峰会对此几乎没有关注。在一份大胆的声明中，孟加拉国驻联合国大使伊夫蒂哈尔·乔杜里援引世界银行的一份报告，指出孟加拉国的人类发展取得了巨大进步，并将这些成就归功于小额金融组织。乔杜里还更进一步，认为这种形式的发展也带来了和平，小额金融由此“抽干了恐怖主义的沼泽”。看起来，诺贝尔奖强化了“小额金融的福音传播”，即对一种由“赤贫女性”唱主角的“反贫困方案”的“强行推销”(Rogaly 1996)。哈里法克斯峰会正是由这种修辞和意象主导的。

但是，诺贝尔奖的授予并不令人意外。在 2005 年的博尔德短训班上，CGAP 巡回会议上的各路要人都在谈论，如果小额金融能获得诺贝尔奖，那么此奖应该授予 BRAC。世界银行顾问玛格丽特·罗宾逊宣称:“如果诺贝尔奖归我来发,我会颁给法兹尔·阿贝德及其领导的非凡机构BRAC。”这些公开声明预示着一种必然:尤努斯和格莱珉银行是全球小额金融的公众形象,毫无疑问诺贝尔奖会授予他们。BRAC虽然备受华盛顿共识的青睐,却并未获得同等程度的全球认可。正如博尔德的一名意大利学员委婉声称的,在意大利,BRAC并不像欧芹那样人见人爱,无人不知。就连CGAP的关键人物罗伯特·克里斯滕,在主持博尔德短训班的一次全体会议时也不得不承认,他的母亲直到观看了一部关于尤努斯和格莱珉银行的美国公共电视网(PBS)纪录片后,才开始理解小额金融这一概念和他所做的工作。

然而,随诺贝尔和平奖接踵而来的,不仅是庆祝和恭维,还有对小额金融的尖锐批评。例如,《纽约客》杂志上的一篇文章认为:“小额贷款能改善贫困的借款人的境况……却往往并不会付出多少努力来使穷国变得富裕。”作者不同意尤努斯的主张,即穷人都是企业家,强调小额贷款更多地被用于平滑消费,很少会为他人创造新的工作。被视为“宏观魔法之真正引擎”的,是一个“缺失的中间层”(中小型企业)(Surowiecki 2008)。在诺贝尔奖授予尤努斯和格莱珉银行的那一周,《纽约时报》专栏作家约翰·蒂尔尼大胆地表述了这一立场,声称“格莱珉银行既带来了启发,也提供着教训”。根据蒂尔尼的说法,在“减轻第三世界贫困”方面,沃尔玛比任何其他组织都做得更多,因为它为贫困的村民提供了工厂的工作岗位;这些工作场所看似“血汗工厂”,却使工人们找到路子摆脱了贫困。类似地,《华尔街日报》上有一篇文章,把尤努斯的观念描述为“改善型”而非“变革型”的创业精神。两位作者在文末写道:“把更多的乞丐变成织篮子的人,就能使孟加拉国变得不那么像一个经济困顿的国家吗?”“像孟加拉国这样的国家,其贫困的根源在于全面的落后。”(Bhide and Schramm 2007)诸如此类的批评，把格莱珉银行框定为一种过时的本土经济，一种原始的生活形式，很快就会被更有利于全球资本主义的经济组织形式所取代。

小额金融出现失宠已经有一段时间了，远早于向尤努斯和格莱珉银行授予诺贝尔和平奖的时间。随着华盛顿贫困共识试图将小额金融改造为一个新的金融行业，专注于贫困的旧式小额金融受到了批评。在2004年5月发表的一系列社论和文章中，《纽约时报》警告称："任何人都不应被这种小额金融热潮迷惑，认为它是解决全球贫困的灵丹妙药。"(《纽约时报》,2004年5月5日)然而，大约十年前，正是同一个社论版面，还称赞小额信贷是起实质作用的"灵丹妙药"，"是反贫困诸项目中迫切需要的革命"(《纽约时报》,1997年2月16日)。2003年，该社论版面还重申信心，声称"小额信贷是一种行之有效的发展战略"。

这种态度上的转变，标志着拥戴的对象从孟加拉国的小额金融模式(以格莱珉银行的工作为代表)转移到了华盛顿贫困共识上。1997年的社论明确支持小额信贷峰会的立场及其努力目标，即在2005年之前使1亿人受益，并在世界的发展和援助预算中增加小额金融的份额。社论承认尤努斯是"小额信贷运动"的创始人，认为小额信贷峰会定下的目标"令人称许"，"会得到美国支持"。2003年，社论表示支持小额信贷峰会的目标，即扩大所触及的范围，但也呼应了CGAP的措辞——"一场真正的小额金融革命"，即金融服务的革命，以及一个由"大型全球银行"主导的金融行业，甚至可以进一步"为全世界穷人赋权"(《纽约时报》,2003年11月19日)。2004年的社论意思明确，与小额信贷峰会、与峰会努力在美国国会中推动专注于贫困的小额金融立法的做法都一刀两断。关于这场争论，我会在本章稍后详加讨论。排在社论前面的，是来自孟加拉国的一篇文章，此文声称："几乎没有什么严格的证据表明，极端贫困人群是否受益于小额金融。"(Dugger 2004)这篇文章引发了许多来信，支持和抗议的都有。穆罕默德·尤努斯和法兹勒·阿贝德(2004)合写了一封题为"贫困诸问题"的信件，《纽约时报》从未发表，而是贴在了小额金融门户网站上。尤努斯和阿贝德提请留意孟加拉国的"三十年创新"，这三十年使小额金融成为助力极度贫困者的"强大工具"，却被那篇文章忽视了。在一次接受采访时(2005 年 12 月)，尤努斯愤慨地说，《纽约时报》从未发表这封信。在尤努斯看来，这是他的思想受到 CGAP 产生的权威知识排挤和取代的证据。

不过，这场观念之争不能被理解为孟加拉国的发展观与以华盛顿为中心的发展机构之间的斗争。毕竟，在孟加拉国国内，尤努斯也面临着严厉的批评。获得诺贝尔奖为尤努斯带来了潮水般的支持，但他随后决定竞选政治职务又引起了争议。在尤努斯领导的公民权力党(*Nagarik Shakti*)于 2007 年 2 月成立后不久，一群孟加拉国学者就对尤努斯发出了公开质疑，认为小额金融是"保护和扩张资本主义的工具"。他们强调，小额金融贷款不过是"让人债务加身"，而不是让他们摆脱贫困(《每日星报》，2007 年 2 月 22 日，25 日)。具有讽刺意味又令人感到痛苦的是，现在，尤努斯的思想被等同于世界银行和国际货币基金组织等华盛顿机构的市场原教旨主义。在孟加拉国，对小额金融的批评由来已久。孟加拉国的新闻界和学术圈，经常极力揭露小额金融组织在收回贷款时运用的权力。看起来，这也是孟加拉国模式的重要组成部分：对发展及其工具的激烈的自我批评。但是这一次，批评指向的显然是尤努斯，一个直到现在在道德上仍然享有绝对合法性的国家公众人物。到 2007 年 5 月，尤努斯已经撤回了他的政治候选人资格，重返小额金融领域。在本章中，我会仔细研究孟加拉国的小额金融模式，研究其争论和贡献。

孟加拉国共识

把孟加拉国带到华盛顿

在孟加拉国，对小额金融的福音传播由于使穷人陷入债务循环而遭到批评，但小额信贷峰会还是在华盛顿大力推广孟加拉国的小额金融模式。作为总部位于美国的草根倡议组织“结果教育基金会”(Results Educational Fund，以下简称“结果”)的一个项目，第一届小额信贷峰会于1997年举行，旨在促进专注于贫困问题的小额金融模式，目标是到2005年使1亿家庭受益。自那时起，由萨姆·戴利-哈里斯领导的小额信贷峰会运动，大力突出了公民在获得教育和参与全球贫困斗争中的角色。在戴利-哈里斯看来，小额信贷峰会是对联合国各种峰会的模仿，只不过它是“一个属于公民的进程”。从这个意义上讲，正如他在2006年小额信贷峰会上所说的，该峰会可以被看成一项“集体社会运动”。或许，还是把小额信贷峰会理解为一个平台更好，一个在定期举行的区域峰会上重申特定的小额金融方案的平台，以2006年在哈利法克斯举行的“全球小额信贷峰会”上的重申最为大胆。那一年，峰会提出了两个新的目标：到2015年，让全球1.75亿最贫困的家庭，尤其是其中的女性成员，获得信贷；到2015年，让全世界1亿最贫困的家庭日均生活费用超过1美元的贫困线(http://www.microcreditsummit.org/，2005年12月9日访问)。

这样的目标显然挑战着华盛顿贫困共识，从而将重点从金融基准转移到人类发展上。小额信贷峰会运动扎根于华盛顿，从战略上运用了这一权力节点的各种工具，包括游说和公民倡议，来侵蚀 CGAP 的霸权。以这种方式，它在华盛顿的心脏地带复苏了孟加拉国的小额金融模式。小额信贷峰会运动的这些努力，在过去十年美国国会通过的小额金融立法中表现得最为明显，并且经常遭到美国国际开发署、CGAP 及其同盟的强烈反对。

2000 年，美国国会通过了《小微企业自力更生法案》(The Microenterprise for Self-Reliance Act，HR 1143，PL 106—309)。该法案为小额金融项目确保了稳定的资金来源，并将其中一半的资金用于最贫困的穷人，同时强调，许多极端贫困的人都是女性。跨越两党的法案联合发起者，把小额金融称为来自孟加拉国的一种“简单美妙的方法”，并且是“周围最好的投资之一”(《西雅图时报》，1997 年 4 月 9 日)。身为众议院国际关系委员会主席，共和党人本杰明·吉尔曼如此称颂法案“自力更生”的部分：“小微企业机构不仅减少了贫困，而且减少了依赖性，增强了自我价值……这是投资，而不是施舍，意义非凡。”(http://www.gpo.gov/fdsys/pkg/CREC-2000 - 10 - 05/pdf/CREC - 2000 - 10 - 05 - pt1 - PgH8893.pdf，2005 年 6 月 5 日访问)法案的制定历经多年，自 20 世纪 80 年代中期以来，“结果”基金会便一直在努力实现此项立法。关于小额金融的报纸头条和社论比比皆是：“孟加拉国无地人群证明小额信贷令人称许”“孟加拉国试水向穷人提供银行贷款”“赤脚式资金管理”“为人民提供的银行业务”“扭转银行业务的局面”(Bornstein 1996：230)。1987 年，时任总统罗纳德·里根签署了一项法案，授权为小额金融提供资金。2000 年法案是此类努力的高潮，而不是迈出的第一步。

但是在 2004 年，美国国会在小额信贷峰会运动的压力下着手准备修订2000年法案。这项名为《小微企业结果和问责法案》(Microenterprise Results and Accountability Act, HR 3818, PL 108—484)的倡议,在美国国际开发署内重新设立了一个小微企业发展的集中办事机构,指令美国国际开发署提出并确认至少两种贫困评估方法,供与其合作的组织运用。此外,该法案还努力想确保"更多的钱直接流向贫困客户,而不是流向收费昂贵的顾问"。法案由国际关系委员会副主席、生命权核心小组共同主席克里斯托弗·史密斯众议员提出,具有"小额金融福音传播"的所有特征。在一次接受采访时(2005年6月),史密斯众议员的助手乔治·菲利普斯指出,小额金融已经成为基督教与贩卖妇女行为作斗争的重要工具——这一主题理所当然地进入了该法案的委员会声明(http://chrissmith.house.gov/lawsandresolutions/microresultsandacctact.htm,2005年6月5日访问)。

但是,除了对小额金融的福音传播之外,该法案还有更多意义。正如"自力更生"是2000年法案的核心思想宗旨,问责制则是2004年法案的主要特征。后一项法案关注的主要对象,是美国国际开发署的运作。在众议院国际关系委员会主席亨利·海德提交的一份报告中(众议院报告108—459,2004年4月2日),美国国际开发署被指"不恰当地"将项目的大部分内容承包给咨询公司和其他营利性承包商。

> 美国国际开发署自身最近所做的评估显示,2002财政年度期间,在直接向小微企业组织提供的1.65亿美元中,有近3 000万美元流向了顾问……当该署使用"任务订单"来反对与营利性企业的"不确定数量的合同"时,无数有价值、受认可的组织,虽然拥有业务能力和专业知识来直接向贫困客户提

供服务，却被拒之门外。

（http://www.congress.gov/cgi-bin/cpquery/R?cp108:FLD010:@1(hr459)，2005年3月19日访问）

为此，法案将美国国际开发署的合同重新导向全球小额金融网络以及其他非营利性私人志愿组织，包括国际社会援助基金会、“免于饥饿”组织、格莱珉基金会和世界宣明会（World Vision）等。来自亚利桑那州的众议员杰夫·弗雷克持不同意见，他指出：“具有讽刺意味的是……一个意在发展市场和自由市场培养创业精神和营利性企业的项目”，却限制了“这类企业参与该项目的执行本身。”（http://www.congress.gov/cgi-bin/cpquery/R? cp108:FLD010:@1(hr459)，accessed March 19，2005，2005年3月19日访问）

在一次接受采访时（2005年6月），史密斯众议员的助手菲利普斯说：“对美国国际开发署来说，手套已经脱下：问责的时候到了。”关于问责的这种口风，与右翼的共和党，包括许多支持2004年法案的国会众议员秉持的理念一致。对于有责任实施援助并确保福利有效性的政府来说，它促进了一种“精简高效”的预期；它坚持要求，不仅在双边组织，而且在联合国等多边组织中促进美国的利益——“我们应该在联合国有更多话语权”；它具有一种强烈的弦外之音，即输出美国自由主义倾向的帝国主义，去使全世界的穷人摆脱贫困、恐怖主义和缺乏信仰的命运。从克里斯托弗·史密斯到鲍勃·贝内特，在2004年法案的起草者和支持者们看来，通过小额金融等手段开展的反抗贫困的斗争，与他们那正统的宗教和道德立场完全一致，甚至是其重要组成部分。正是和这些神圣的社会运动斗士一起，“结果”基金会结成了一个务实的联盟，以推广孟加拉国的小额金融模式，遏制 CGAP 共识的传播，并使美国国际开发署为其对发展资本所做的分配负起责任。

各式各样的立法行为，都试图通过一种方式，即要求美国国际开发署找出并运用贫困工具，来确立问责制，这种贫困工具能监督小微企业项目所触及的贫困人群。接踵而来的，是一场关于如何评估贫困程度的激烈讨论。在 2006 年于国际关系委员会面前作证时，副署长指出，美国国际开发署无法在两种国际上通行的贫困工具中做出选择，而是选择了“国家层面的工具”，后者能够“大大地提高准确性”，并由“通过竞争遴选的从业者组织”进行实地测试（http://www.usaid.gov/press/speeches/2006/ty060727.html，2008 年 5 月 19 日访问）。不过，讨论针对的不仅是贫困程度的有效评估，对于专注于贫困的小额金融的有效性，也有同等的关注。

此项立法的批评者们，包括 CGAP 和美国国际开发署的许多职员在内，认为贫困配额会限制和扭曲全球小额金融行业的增长。用 CGAP 的话来说，这些是“位于底层的私人部门倡议，为的是开发私人部门的活动……强化所触及人群的深度，是无法通过立法的”（http://www.microfinancegateway.org/p/site/m//template.rc/1.9.24201，2005 年 12 月 1 日访问）。在 2005 年的博尔德短训班上，克里斯滕抨击了小额信贷峰会的工作，称峰会“通过把小额金融置于公共领域而具有了政治意味”。他认为，小额金融现在将受到压制性的监管，比如定出利率上限，而这样做会使新的从业者望而却步。“如果赚不到钱，银行就不会进入，那结果就惨了。我们需要保持警惕。”

这项立法的支持者指出，美国国际开发署的小微企业资金毕竟是公共资金。在一封未发表的致《纽约时报》的信中，“免于饥饿”组织主席克里斯·邓福德（2004）声称：“以立法确保重点向服务于赤贫者的小额信贷提供资金，是比公共资金的大多数用途都更好的做法。”或者，用格莱珉基金会（美国）主席亚历克斯·康茨（2004）的话来说：“我们的观点是，私人投资通常最适合以境况较好的穷人和非穷人为对象的项目；对于那些拓展小额信贷在最贫困人群中的触及范围和影响程度的人来说，罕有政府和慈善补贴是适合的。”支持者们还认为，全球金融市场和发展银行有负于穷人；这样的配额——以及对该配额的监督——对于确保穷人获得信贷是必要的。正因为如此，尤努斯和阿贝德（2004）写道：“没有激励措施，自由市场就无法服务于世界上最贫困的那些人。相反，这些人会首当其冲成为掉队者。”两人的论点再现了千禧年发展的那些熟悉主题：市场失灵，作为市场失灵的一种严重形式的持续贫困，以及发展干预措施在缓解市场失灵方面的作用。但是，这一论点也再现了一种地理上的想象，挑战着华盛顿贫困共识：

> 如果纽约和华盛顿的专家生活在孟加拉国，就像我们在孟加拉国生活了五十多年那样，并且面临着只有经验才能提供的同样的赤裸现实和隐秘知识，他们或许就能看出，赤贫者可能过着什么样的生活，怀有什么样的需求。
>
> （Yunus and Abed 2004）

小额金融立法标志着小额信贷峰会取得的一系列胜利，同时也指明了格莱珉银行通过哪些方式在华盛顿的中心地带扎下根基：不仅是通过创立格莱珉基金会（美国），也通过与总部设在美国的倡议组织（例如“结果”基金会）结成强大的联盟。随着尤努斯对他所认为的小额金融的“使命漂移”感到沮丧，进而退出 CGAP 及其议程设定工作，该联盟的目标也变成了国会山。凭借代议制民主的策略，在格莱珉模式于 CGAP 精心设计的事实流通路径中被指为落后和原始很久之后，格莱珉-“结果”联盟使美国立法者相信，该模式仍然意义非凡，举足轻重。这种立法不可避免地由两党合作完成，承载着广泛的吁求，从向贫困女性赋权到促进自由创业，再到遏制恐怖主义，都涵盖于其中。它也是用“问责”的语言系统阐述的，一种锻造于里根式新自由主义的坩埚中，但是在克林顿福利改革的年代极具魅力的语言。这些吁求所诉诸的立法者，涵盖的范围从基督教基要主义者延伸到社会民主主义者。通过运用国会权力，他们共同复兴了孟加拉国模式，所创造出的不仅是新的发展资本流通路径，还有新的事实流通路径。因此，在 2004 年立法通过后不久，萨姆·戴利-哈里斯在接受采访时(2004 年 10 月)指出，必须接触和革新捐资机构，毕竟它们“提供了融资并控制着知识”。“若把目光投向这些机构的软肋，你会意识到尤努斯的观念已经遭到丢弃……如果不是为了立法，我会感到沮丧……没有小额信贷峰会运动，我想尤努斯应该已经在观念之战中落败了。”

有必要一问的是，这是否只是一次有限的胜利。小额信贷峰会运动是否打赢了战役却输掉了战争？毕竟，立法策略只能直接聚焦于美国国际开发署及其小微企业基金(根据美国国际开发署 2006 年的证词，在 2005 财政年度为 2.11 亿美元)，而发展资金仅占全球小额金融行业的一小部分。正如 CGAP 一名前工作人员在一次采访中(2006 年 5 月)声称的，美国国际开发署的资金在小额金融行业中所占的份额，正在不断减少。她强调，如此一来，该立法的影响将是最低限度的。出于对这一点的敏锐认识，小额信贷峰会继续与美国以及其他地方的立法者合作，向其他发展机构，包括开发计划署和世界银行，施加压力。不过，这些多边机构不一定要对美国立法者及其选民负责。

2007年，在小额信贷峰会组织的一次会议上，美国的一些议员与世界银行行长罗伯特·佐利克会晤，意图使世界银行在小额金融方面的支出增加一倍(从1%增至2%)，将其中一半资金投入生活水平低于1美元一天的人群身上，并用贫困评估工具来确保合规。但是，正如“结果”基金会本身所述：“佐利克先生所能保证的，仅仅是举行更多的会晤。”(Results 2008)佐利克对“结果”基金会的回应是，穷人需要的是拨款和安全网，而不是小额信贷。此番回应，呼应了CGAP和博尔德之间的流通路径中根深蒂固的贫困事实。这样的事实看起来无法质疑，它由玛格丽特·罗宾逊勾勒，处于罗宾逊所划出的那道难以消除的界线上，界线的一边是经济活跃、具有创业精神的穷人，另一边则是经济上不活跃的穷人。它索绕在围绕着立法展开的辩论中，以至于在写给《纽约时报》、后来公开发表的一封信中，时任MIX执行董事迪迪埃·蒂斯(2004)以非同寻常的方式带着几分愠怒问道：

> 为什么在印度，一个被贴上“贱民”标签的贫困女性，就比雇用她的土地所有者更不值得投资？我们能不能把投在小额金融上的钱，从每1美元中拿出50美分来帮助她和她的邻居？难道非要把所有钱都投给土地所有者吗？我认为，我们能做的不止这些。

本土机构

孟加拉国的小额金融格局由几家大型机构主导，尤其是格莱珉银行、BRAC和社会发展联合会(ASA)，它们各自拥有辽阔的客户腹地，同时业务又遍及全球。最近在小额金融行业，正是ASA这家机构频频被誉为孟加拉国的成功典范。由此，ASA跻身

"MIX 全球 100 强"榜单和《福布斯》排行榜榜首，鉴于其"效率"和"多产"，亚洲开发银行誉之为小额金融领域的"福特"(Fernando and Meyer 2002)。2008 年，国际金融公司和英国《金融时报》授予 ASA"金字塔底层银行业务奖"。在这些全球排名中，格莱珉银行受到的认可主要来自其"触及范围"，换句话说，即来自它所服务的数以百万计的借款人，但该银行很少被视为小额金融创新的典范。

相反，这种赞誉为 BRAC 所独享，BRAC 所做的创新已由 CGAP 及其专家传播开来。BRAC 创始人法兹勒·阿贝德得到了全球广泛的认可，从康拉德·希尔顿基金会人道主义奖到克林顿全球倡议的首个全球公民奖，都授给了他。在向 BRAC 颁发盖茨全球健康奖时，比尔·盖茨指出："BRAC 所做的事罕有先例——他们所获的成功关乎大量的人群，把拯救生命的健康项目带给了全球数百万最贫困的人们。"(Covington 2009)最近有一本关于 BRAC 的书，记录了它的"非凡成就"，千禧年发展的大佬们，从比尔·克林顿到乔治·索罗斯，再到詹姆斯·沃尔芬森，纷纷为其背书(Smillie 2009)。

自 1972 年作为一个小型的救济复兴项目低调成立以来，BRAC 至今已发展成为全球最大的非营利组织之一，拥有 4 万多名全职员工和 16 万多名辅助专职人员，其中 72%为女性。BRAC 的年度预算超过 4.3 亿美元，其中 78%为自筹。BRAC 的小额金融项目有 600 万借款人，已累计发放 40 亿美元。目前，有超过 150 万名儿童在 5.2 万所 BRAC 学校就读，已经毕业的则超过 300 万人。BRAC 的健康项目覆盖了孟加拉国的 1 亿多人口，提供了针对结核病、疟疾和艾滋病的基本医疗服务和计划(http://www.brac.net/，2008 年 8 月 3 日访问)。ASA 的规模也很庞大，通过其小额金融项目服务着 570 万借款人(http://www.asa.org.bd /，

2008 年 8 月 3 日访问)。

至于上述机构如何运作,它们又如何一起构成“孟加拉国贫困共识”,这些全球排名和统计数据却说明不了什么。作为发展组织,格莱珉银行、BRAC 和 ASA 服务着数百万个家庭,单纯从人数和规模来看的确令人惊叹。孟加拉国争取民族独立的斗争甫一结束,这些民间社会机构便于 20 世纪 70 年代成立,它们代表着一种发展机制,在速度和范围上都远远超过了国家的能力边界。在达卡的天际线中,格莱珉和 BRAC 的建筑物隐约可见,似乎像阿贝德那样在宣称:“要想做重要的工作,必须规模庞大。否则,就只能在外围小打小闹。”(Armstrong 2008)

人数和规模,只是关于发展的各种思想和实践这一独特集合的两个要素。这些机构“生长于本土”(Bornstein 1996:249),掌舵人都是魅力型领导,尽管在方法论上有所不同,在减贫和机构实践的理念上却是统一的。我称这种理念为“孟加拉国贫困共识”,其标志是向穷人提供非营利性的各种服务,包括小额金融。这项共识明确反对 CGAP 共识及其对市场基础设施的强调,斥之为扭曲“价值”和“治理结构”的“商业化”。类似的批评不仅来自格莱珉银行,也来自 ASA。在一系列采访中(2004 年 7 月),ASA 项目主管坚持认为,ASA 是为穷人服务的“草根”组织,无法接受 CGAP 自上而下强加的那些类型的商业化。他认为,这种做法关注的点在“利润”而不是贫困上。这是一种“银行”模式,而不是“非政府组织”模式。

最令人惊讶的是,世界银行驻达卡办事处的工作,在想法和实践上更接近于格莱珉银行和 BRAC,而不是 CGAP。在一次接受采访时(2004 年 8 月),世界银行的一位高层官员为贫困人口的不同部分绘制了一份草图,与玛格丽特·罗宾逊把可纳入银行业务的穷人与不可纳入银行业务的穷人区分开的那幅图相呼应。然而，与主流的CGAP智慧相反，他所画的箭头越过了超级贫困线，这条线显示的是世界银行在孟加拉国的项目如何以超级贫困者为对象，力图发挥他们的“创业技能”。他所谈到的，即有必要为最底层的10%贫困人口确立“灵活的信贷提供机制”，与格莱珉贷款的第二化身(即格莱珉二代)几乎完全相同。类似地，认为超级贫困人口需要的不只是信贷，可能还需要拨款和培训相结合这一论点，再次与BRAC著名的超级贫困项目遥遥呼应。这些相似之处并不一定意味着世界银行驻达卡办事处正忙于照搬格莱珉或BRAC的项目。相反，它表明，以某种关于减贫的“常识”为标志的孟加拉国共识得到了巩固。

我特意使用了“共识”一词，目的是想唤起所谓的“隐伏的南方共识”，这种共识“不存在于政治现实中”，并且不是“以分析的方式表达出来的”(Gore 2000：795)。在上一章中，我记述了华盛顿贫困共识，而在本章中，我认为，存在着一种在孟加拉国产生并传播于全球的对立共识。这是一种南方共识，可行且重要，并不是隐伏的。的确，孟加拉国贫困共识的一个显著特征是，其主要机构敏锐而又自觉地意识到，存在着一种统一的孟加拉国小额金融模式。

当我与来自这些机构的对话者使用“孟加拉国共识”一词时，他们立即就能明白我的意思，往往还会详细说明他们所认为的该共识的主要特征。这样一种叙述确认了此种模式的本土特质，确认了它在密集和极端的贫困这口坩埚中正在走向成熟，确认了一段独特的发展历史，在其中以贫困为中心的机构的出现嵌入在更有雄心的国家建设事业中。在此背景下，CGAP的那些原则和任务显得无关紧要，而且莫名其妙地不合时宜。BRAC研究与评估部部长伊姆兰·马丁曾短暂任职于CGAP，他在一次接受采访时

(2004年7月)指出,在孟加拉国,

> 小额金融是由我们自己的分析推动的。华盛顿的一些人有权宣称什么是适当的,什么是不适当的。他们坚持认为,必须先创立金融机构,然后再着手于社会发展。我们的历史不是这样的。我们在起步时不是金融机构,而是发展机构,在完成这项发展工作时不会有丝毫躲避。

孟加拉国对贫困的关注,不是源于捐资人的授权或全球最佳实践,用马丁的话来说,是源于一种直接和切实的"道德紧迫性"。

孟加拉国共识不仅仅是华盛顿贫困共识的替代方案,而且是对后者的窄化,因为它把CGAP的观念视为拉丁美洲经验的衍生品,因此与地处"亚洲"的小额金融的广阔地带无关。例如,时任PKSF(Palli Karma-Sahayak Foundation)基金会(由世界银行创立的顶尖小额金融机构)董事萨拉赫丁·艾哈迈德在一次接受采访时(2004年8月)就认为,CGAP的观念不可避免地具有局限性:

> 它们突显了拉丁美洲模式,但该模式是高级金融的衍生产品,始于财务规范和标准。它主要的成功故事,即玻利维亚阳光银行,实际上是一场灾难。在孟加拉国,我们的模式寓于草根;我们从实践开始,由此产生新的规范……现在是时候忘却博尔德所教授的有关小额金融最佳实践的所有内容了。

因此,孟加拉国共识将全球化的边缘地带转变成了强大的中心地区。对于孟加拉国一些推动发展的主要力量而言,控制小额金融的斗争表明了世界体系本身的等级制度。正如格莱珉银行的一位高级官员在接受采访时(2005 年 12 月)所说：

> 你必须从地缘政治角度考虑这一点。世界上有大量资源被白人占领和控制。我们棕色皮肤的人,则受困于世界一隅。资本可以流动,我们却不能。那么,我们该如何改造自己的国家?如何在领导人糟糕的情况下改造自己的国家?

孟加拉国共识并不意味着就孟加拉国小额金融的价值达成了共识。实际上,孟加拉国共识的一个关键要素是,它受到一系列对小额金融的尖锐批评的影响,这些批评往往是公开发出的。孟加拉国的媒体一次次地把小额金融机构描述为掠夺性的放款人,即使面对自然灾害,也要收取高额利息并强行要求还款。在孟加拉国,每次洪水或飓风之后,头条新闻一半是灾害造成的毁灭和破坏,另一半则是小额金融工作人员奔走于贫困家庭,坚持收回贷款。孟加拉国的政治人物(从财政部长到总理)提出了类似的批评,认定小额金融是一个剥削穷人而不是帮助穷人的领域。因此,在孟加拉国,小额金融机构的共同标签是卡布利瓦拉(*kabuliwallah*),一个来自阿富汗的专业的巡回放债人的传统形象,通过提供信贷额度为社区服务,同时在人们看来又收取过高的利息。正是这个传统形象,在一篇孟加拉文学经典中有了具体体现。那是拉宾德拉纳特·泰戈尔的一篇短篇小说,讲的是卡布利瓦拉与一名年轻女孩之间的友谊。传统形象是关于流动的商业,关于放债人和小摊贩,以及那些无法让人相信的人。但是,这种形象也关乎异国风俗,关乎来自喀布尔神秘地带的惯例和规范。这种污名具有讽刺意味,毕竟,且不论其他,孟加拉国的小额金融机构至少是本土生长起来的。作为一种奇怪的逆转,正是孟加拉国首屈一指的小额金融机构 BRAC,即所谓的卡布利瓦拉,现在在阿富汗的喀布尔开设了商店。

孟加拉国共识的存在,也不应被理解为意味着孟加拉国的小额金融领域高度集中且充分协调。实际上,用一位孟加拉国对话者的话来说,这一领域的特点是“多重主权”。尽管在贫困的理念上达成了惊人的共识,在实践方法论上却并不总是能达成共识。例如,有一场讨论揭露了孟加拉国小额金融领域的派系和分裂,讨论的主题是提议中的 12.5%这个利率上限。作为世界银行创立的大宗小额金融机构 PKSF 的一个项目,该利率上限得到了尤努斯和格莱珉银行的大力支持。在一次接受采访时(2004 年 8 月),尤努斯主张,为了确保“一些不良的非政府组织”不会“破坏贷款环境”和小额金融的“公共形象”,这样一个上限是必要的。BRAC 和 ASA 不支持该提议,认为小额金融机构应该能够自主确定利率,使自身运行能维持下去。

利率上限最终还是取消了,但它标志着 PKSF 作为顶尖金融中介机构,为回应卡布利瓦拉的传统形象所做的努力。同时,该上限还标志着 PKSF 采取了一项大胆行动,即主张独立于创立它的机构世界银行。PKSF 由世界银行的贷款支持,是大宗小额金融中介机构,向小额金融非政府组织提供贷款(Khandker 2005)。PKSF 深知,世界银行,尤其是 CGAP,强烈反对利率上限,却还是在孟加拉国奋力争取这样的上限。在接受我的访谈(2004 年 8 月)时,PKSF 主管萨拉赫丁·艾哈迈德(后来成为孟加拉国中央银行行长)认为,利率上限并不像世界银行主张的那样,是对市场的扭曲;相反,它是对以无力的借款人和强势的出借人为特征的市场的修正,是一种“典范价格”。正是通过这种方式,PKSF 可以宣称,从渊源上来讲自己是一家“本土”机构。事实上,在怒而回应

《华尔街日报》一篇批评格莱珉银行的文章时，尤努斯(2002b)坚称，创立 PKSF 的目的不是要分配“外国资金”，而是“意在抵制捐资人的钱”。对于孟加拉国共识来说，类似的主张具有核心意义。

孟加拉国悖论

长期以来，孟加拉国一直被诬蔑为“在国际上失常的国家”(基辛格声名狼藉的说法)，被视为政治动荡和严重的贫困交加，没有出路。于是，孟加拉国式的小额金融也被视为一系列微观干预，对解决这些欠发达的宏观结构几乎无济于事。然而，最近，至少在低收入国家中，孟加拉国被誉为人类发展和经济发展的先驱。尤其是世界银行，已经在提请人们注意所谓的“孟加拉国悖论”。

2007 年 11 月，世界银行行长罗伯特·佐利克访问孟加拉国，会见了尤努斯。他在访问期间承认：“自 20 世纪 90 年代以来，孟加拉国取得了巨大的经济和社会成就，在人类发展方面实现了多项千禧年发展目标，成就斐然。”世界银行的统计数据显示出，该国贫困率大幅下降(从 1971 年的 70%下降到 2005 年的 40%)，中学入学率、儿童免疫接种、粮食安全得到显著改善，婴儿、儿童死亡率和生育率则有所下降。世界银行的报告现在预测，孟加拉国将在十年内跻身“中等收入”国家之列(http://www.worldbank.org.bd/WBSITE/EXTERNAL/COUNTRIES/SOUTHASIAEXT/BANGLADESHEXTN/0,,contentMDK:20195502~menuPK:295767~pageP K:141137~piPK:141127~theSitePK:295760,00.html,2008 年 5 月 17 日访问)。

这种对人类发展的影响，令孟加拉国致力于发展的圈子感到自豪。在 2004 年 12 月一次受访时，法兹勒·阿贝德指出，产妇死亡率的下降是近年来孟加拉国最重要的成就之一。正如科温顿

(2009)所述,阿贝德对这个问题感同身受,1981年,他的第一任妻子就是在分娩时去世的:"当时我想,'天呐,既然我的妻子在达卡的医院都会去世,对于在农村地区艰难分娩,没有任何医院、没有任何保障的赤贫妇女来说,风险肯定要大得多'。"不过,这件事也与机构相关:BRAC降低孕产妇死亡率的项目目前覆盖了3000万人,并且会"扩大规模,覆盖整个国家"(Covington 2009)。对这些指标的关注,也标志着孟加拉国共识与华盛顿贫困共识不可避免地有所不同。对后者来说,财务指标占有重要地位,前者则重点关注人类发展以及贫困的代际传递。

这些成就应该归功于谁?世界银行的一份关于性别角色转换的报告,将人类发展成就与孟加拉国的小额金融机构所做的工作直接联系起来。该报告题为《从私语到发声:孟加拉国的性别与社会转型》(*Whispers to Voices: Gender and Social Transformation in Bangladesh*),"得出的结论是,孟加拉国的性别规范发生了深远的变化",这是"建设性政策和项目"的结果(Das 2008:3)。这种孟加拉国悖论,即在"普遍被认为压制女性的文化背景下"阔步迈向性别平等,需要加以说明。报告提请人们注意各种独特的全球和国家层面的力量和事态,包括孟加拉国在女性劳动力的推动下加入全球服装业,以及与非政府组织为争取性别平等而联合组织的强大的妇女运动。不过,报告也称许了两个"明确以改善妇女地位为目标的项目或政策",即国家的教育政策和"非政府组织推动的小额信贷项目"。"不仅女性学会了储蓄和获得信贷机会,信贷组织也创造出了一种团结感,使得其他服务如家庭规划等,也能够通过他们来提供。"(Das 2008:5)

然而,世界银行的另一份题为《孟加拉国:可持续增长战略》(*Bangladesh: Strategy for Sustained Growth*)的报告,在把"收入增长”归为“提高生活水平和减少贫困最强有力的引擎”的同时，也对“创新的社会项目”，尤其是格莱珉银行和 BRAC，给予了认可(Mahajan 2007：xv)。世界银行倾向于把这样的人类发展成果描述为经济增长的“滴定”效应，但本报告承认，在孟加拉国，“社会领域的许多进步是在国家尚未独立的前二十年启动的，远远早于经济增长的加速”(Mahajan 2007：4，强调为笔者所加)。实际上，报告认为，这种“社会发展”以及“妇女进步方面的良好进展”，是“维持较高增长”的“重要”因素(Mahajan 2007：12)。

世界银行报告中满怀希望和赞美的语气，在孟加拉国政府编写的 2005 年减贫战略文件《释放潜力：加速减贫国家战略》(*Unlocking the Potential*：*National Strategies for Accelerated Poverty Reduction*)中便有预示。从“在国际上失常的国家”到发展成功的故事，其间的转变被称为“希望的征途”。这些机构文件结合在一起，看起来终结了关于小额金融的价值及其对宏观经济的影响这一长期争论。但是，在孟加拉国的村庄层面所做的研究，呈现出更为复杂的图景：既有贫困的减轻，又有女性赋权。我不会详细复述这些研究的论点，但有两个争论要点值得仔细研究。

世界银行研究所减贫与经济管理部、世界银行发展研究小组首席经济学家沙希德·孔达卡尔，最为有力地提出了支持小额金融对贫困问题有所影响的论据。发表于 1998 年至 2005 年期间，在世界银行和孟加拉国发展研究所之间合作展开的一系列研究中(Khandker 1998；Pitt and Khandker 1998；Khandker 2003；Khandker 2005)，孔达卡尔(2003：4)发现，小额金融项目“通过平滑消费和资产建设来帮助穷人”，“促进对人力资本(如学校教育)的投资，并提高贫困家庭对生殖健康问题(如使用避孕药具)的认识”，“帮助妇女获得属于自己的资产并在家庭决策中运用权力”。

这些发现得到了其他学者的支持，他们认为，“格莱珉和 BRAC 为核心贫困人口提供了信贷”，因此能够“改善贫困人口的收入，甚至把他们拉到贫困线以上”(Hulme and Mosley 1996：115，109)。在最近的一项研究中，孔达卡尔(2005：23)使用了 20 世纪 90 年代的面板数据，得出的结论认为“结果令人震惊”：“在项目领域，中度贫困人口的净减少比率约为 18 个百分点，在非项目领域，该比率约为 13 个百分点，在 1991/1992 至 1998/1999 年间总体减少了 17 个百分点。”

但是，所有贫困借款人都能获得这种好处吗？对孔达卡尔早期发现的批评表明，贫困程度较低的家庭，即那些不一定是小额金融目标群体的家庭，可能会使结果产生偏差(Morduch 1998)。为此，孔达卡尔(2005：4)“通过排除被错误列入目标的家庭”来重新进行评估，指出结果仍然成立。但是，其他问题仍然存在。尤其重要的是，贫困家庭面临着“信贷引发的危机”这个挥之不去的幽灵，在此危机下，小额金融贷款增加了债务，并最终降低了资产水平。至少有一项研究要求我们更多地去探究，为什么借款人抛弃了类似的金融机构——据估计，格莱珉每年大约流失 15％的客户，BRAC 每年流失 10％—15％的客户)(Hulme and Mosley 1996：122)。

第二项讨论则质疑一个既定的看法，即小额金融贷款能向女性赋权。研究人员认为，女性借款人虽然承担着还款的重担，却对小额金融的贷款缺乏“管理方面的控制”，这类贷款通常归男性亲属使用(Goetz and Sengupta 1996：53)。如果女性确实保留着管理方面的控制权，信贷则通常“投资于传统的女性活动”，即那些不挑战“性别角色归属”并且可能不会带来家庭收入“有益增长”的活动(Goetz and Sengupta 1996：53)。研究得出的结论是，小额金融机构的成功，取决于它们对女性实行父权式控制的力量，这是一种“新的支配形式”（Rahman 1999：67）。他们指出，女性，

> 远不像男性那样有能力暂时离开某个地方以避开现场工作者，因而容易找到；相比于总是以暴力相威胁的男性，她们也更容易在恐吓之下还款。实际上，家庭正在内化向男性发放贷款的高昂交易成本……这些成本主要发生于监督男性的贷款使用，以及强制实现定期还款。通过利用家庭内部的责任或劝说的性别关系来恢复每周的贷款偿还，女性实际上抵消了这些成本。
>
> （Goetz and Sengupta 1996：55）

这种批评，即认为小额金融成了一种父权制理念，把女性变成了发展的“工具”，很重要。它揭露了千禧年发展的性别逻辑，即“以她之名”进行的扶贫发展的逻辑。批评者们正确地驳斥了“对信贷绩效的执念”，驳斥了女性的高还款率逐渐被视为“控制和赋权的一种代理指标”（Goetz and Sengupta 1996：45）。尽管摈弃小额金融行业成功与否的主要判断指标（贷款偿还率）很重要，但对似乎已成为女权主义批评者考察赋权的主要指标，即对贷款从管理方面施加的控制权保持怀疑，同样很重要。在对女权主义批评所做的感知分析中，社会经济学家奈拉·卡比尔（Naila Kabeer 2000）质疑了各种“赋权”观念，正是有这些观念的支撑，从管理方面施加控制才成为焦点。她指出，各种研究（例如 Hashemi，Schuler，and Riley 1996 的研究）表明，女性获得小额金融贷款的能力，大大增强了她们在家庭中的决策权。BRAC 自身的研究和评估部进行的研究证实了这些发现，表明经过几年的小额金融贷

款实践，女性不仅在家庭内部，而且在当地劳动力市场都能拥有更多权力(Mahbub et al. 2001)。

在一项重要的干预措施中，凯瑟琳·兰金(2008)着重指出了尼泊尔小额金融项目中的一系列矛盾。她表明，高还款率是由“贷款置换”，或者说受到诟病的贫困家庭的债务负担增加来维持的。不过兰金(2008:1968)强调，这种做法尽管不一定会产生小额金融项目所称许的创业精神，却指向“女性对发展技术的熟练运用，这种运用维持着生计和社会投资活动的债务融资”。最令人惊讶的发现是，贫困女性“表面上的服从”可能具有“欺骗性”。尼泊尔的一名小额金融借款人声称：“我们念念不忘的是，我们会一直说实话，会受到纪律的约束。但是关于这些事，这里没有人在说实话。连我也是这样。”(Shakya and Rankin 2008:1223)确实，在这种情形下，带有复杂条件的小额金融项目的父权制设计，似乎引发了贫困女性的激烈批评，包括针对乡村富人的，在她们看来那些富人不受上述强制条件的约束。

奈拉·卡比尔的研究(2000)还揭示了一些含混之处，关联着往往与女性赋权相关的一项评估标准，即身体流动性。参与小额金融项目可能会增加女性在“某些地方”的流动性，“比如在非政府组织办公室和健康中心”，但不一定是在“男性主导的公共领域”(Mahmud 2004:183—184)。实际上，卡比尔指出，随着女性经济状况的改善，她们通常选择减少而不是增加身体流动，以“藏于深闺”(purdah)或者说与世隔绝，作为社会经济地位的象征。卡比尔(2000:70—71)突出了这种悖论：

> 如果赋权需要扩大选择能力，那么……悖论在于，在许多情形下，它会导致女性在经济上承受得起的情况下青睐某种

形式的与世隔绝，既是要表明自己在社会中的地位，也是要使自己与没有选择权的女性区分开来。

类似的探讨使人们对小额金融是否成功的最为明显的评估标准，即还贷，产生了怀疑。它们显明了还贷的“隐性记录”（Rahman 1999：69），从女性丧失对贷款在管理方面的控制权，到为了确保收回贷款所规定的父权式约束，都在其中。不过，上述探讨也指出了一种方式，小额金融贷款可以通过这种方式成为权力和等级谈判的平台，不仅在家庭内部，也在家庭以外。最重要的是，此类探讨使人们看出，关于减轻贫困和女性赋权的那些踌躇满志的主张，伴随着悖论。小额金融能够服务于最贫困的家庭，也有可能使他们陷入不断扩大的债务之中。小额金融能使女性获得选择的权力，但反过来又可能会导致女性把贷款转移给丈夫，自己则隔绝于公共领域。这些同样是孟加拉国悖论的要素。

贫困事实

如华盛顿贫困共识所定义的最佳实践小额金融，是想比孟加拉国模式既有所加增又有所削减。一方面，“小额金融”这一术语，用现在的话来说即“为穷人提供的金融服务”，提出了一系列超出信贷之外的投入，包括储蓄和保险等服务。另一方面，CGAP 的诸原则要求的是最低限度的小额金融，在社会发展与金融之间以及非政府组织与金融机构之间，这种小额金融划出了清晰的界线。孟加拉国共识摈弃了最低限度小额金融的观念，张扬以贫困为中心的发展所具有的各种规范和价值。尽管固执地坚持使用“小额信贷”一词，尽管格莱珉银行把“信贷作为一项人权”展现出来，孟加拉国模式实际上提供了一系列金融服务，信贷只是其中之一。这些小额金融（microfinance）——而不是小额信贷（microcredit）——的创新，值得仔细加以考察。

格莱珉银行通常关联着一种借贷正统：借贷小组、每周会议、严格的还款时间表，以及连带责任。然而，近十年前，格莱珉银行实施了一项贷款制度，打破了这种正统的许多要素。对格莱珉银行的这一重新调整被称为格莱珉通用系统，即格莱珉二代，它使借款人能够通过重新安排贷款、定制贷款甚至是“弹性贷款改道”（一种在还款困难的情况下“退出贷款高速公路”，几个月后再返回的方式），在还款方面获得相当大的灵活性（Yunus 2002a：8）。尽管保留了群体贷款，格莱珉二代却废除了“群体基金”以及其他连带责任工具。取而代之的是，它依靠“强制性储蓄”，即等于贷款价值2.5％的存款。此存款从贷款中扣除，存入特设的储蓄账户，三年内不得提取。贷款价值的另外2.5％，则存放在个人储蓄账户中。对于数额8 000塔卡以上的贷款，还有强制性的养老金存款。尽管格莱珉银行继续声明，它“没有、不能也不会接受任何形式的有形担保物”，强制性储蓄计划实际上充当着一种贷款担保形式。于是顺理成章的是，道拉和巴鲁亚（2006）在描述格莱珉二代时，所取的标题是一句关于小额金融的陈词滥调：“穷人总是会还钱。”

格莱珉二代标志着格莱珉银行内部进行自我批评和反思的重要时刻。虽然1998年毁灭性的洪灾往往被归咎于孟加拉国的高违约率，并因此制定了灵活的还款计划，尤努斯（2002a：3）本人还是指出，洪灾仅显示了长期存在的还款方面的结构性问题：

> 1995年，我们的许多借款人都远离核心会议，不再支付分期贷款。在当地政客的鼓舞和支持下，借款人的丈夫们组

> 织了这一活动，要求改变格莱珉银行的规则，允许在离开银行时撤销“群体基金”中的“群体税”部分……最后，我们通过在规则中开一些口子解决了这个问题，但与此同时格莱珉的还款率就下降了……当还款情况没有如预期那般得到改善时，我们认为契机来了，可以大胆尝试，为格莱珉谋划一种新方法。

还款和违约问题的解决，都可以归功于格莱珉二代。但是，这些问题已经为格莱珉银行在国际上招致了一定程度的恶名。2001年，《华尔街日报》刊登了一篇文章，把小额信贷称为“有问题的好想法”(Pearl and Phillips 2001)。问题就在于格莱珉银行，它违约率高，借款人越来越难控制，并且财务不够透明。文章中写道：

> 根据格莱珉提供的月度数据，在孟加拉国北部的两个地区，曾经是格莱珉获得成功的典型代表，现在却有一半贷款组合至少逾期了一年。对于整个银行来说，有19%的贷款逾期一年。

这篇文章并不赞同格莱珉二代的全面革新，认为鉴于“银行打算把许多逾期的贷款转换为新的‘灵活’贷款……形势或许比表面上看到的更为糟糕”。在对这篇文章，尤其是其主要作者、时任《华尔街日报》亚洲局局长丹尼尔·珀尔的回应中，尤努斯(2002b)指出，尽管格莱珉银行经常因不守“行业标准”而受到诟病，但有必要认识到的是，它正在创造“独有的银行反正统文化”。2008年美国贷款市场发生金融危机期间，《华尔街日报》又刊出了一篇关于格莱珉的文章，即对尤努斯的采访，这次称他为“次级贷款人”，并对这种次级贷款品牌获得成功的方式和原因大感惊讶(Parker 2008)。在最后一章,我会回头再写这个主题。

小额金融倍增

《华尔街日报》2001年的那篇文章,在华盛顿共识和孟加拉国共识的观念之战中划出了界线,却也遮蔽了孟加拉国模式的一些创新,这些创新可以从格莱珉二代中窥见。此类创新的核心是储蓄,可以理解为资产建设的一种形式(Dowla and Barua 2006)。这一点,与人们对储蓄价值广泛持有的新认识是一致的。“为穷人提供金融服务,实质上是帮助穷人把储蓄变成大笔款项,足以满足各种商业、消费以及个人的、社会的和资产建设方面的需求。”(Matin, Hulme, and Rutherford 2002:273)如果我们把贫困视为“紧急情形的暴政”(Appadurai 2001:30),储蓄的价值就显而易见了。

除了让穷人能够控制风险,储蓄也被誉为一种商机,因为穷人愿意为储蓄而付出。例如2007年,CGAP的一篇文章便有力地说明了这一点。文章指出,2006年“在发展中国家和转型经济体中,低平均余额存款账户为13亿个,而贷款账户为1.9亿个”。斯图尔特·卢瑟福(Rutherford et al. 2004: 38)是富于创新且备受推崇的“安全储蓄”(SafeSave)的创始人,他由此得出结论,认为孟加拉国模式已从小额信贷转变为小额金融:“孟加拉国的小额金融革命,是一场由格莱珉领导的小额信贷革命。令人惊讶又并无不妥的是,正是格莱珉引领着合同储蓄产品(如“格莱珉养老金计划”)的规模化,甚至是引领着这些产品的创生。”

储蓄同样使得小额金融机构能够控制风险。2004年孟加拉国发生洪灾期间,格莱珉二代经受了考验。这次,“借款人用他们的积蓄抵御洪灾,银行则用大量内部储蓄作为缓冲来应对洪灾”(Dowla and Barua 2006: 123)。在小额信贷神话的崇拜对象,即连带责任看似已经破产之际,这种“缓冲”尤其重要。BRAC研究与评估部部长伊姆兰·马丁(1997:261)引用格莱珉银行一位借款人的话说:“他们(指一家集体信用贷款机构)不需要警察来强制还款:我们(核心成员)一直在这样做……已经做不下去了。”正如马丁所说,“解除共同责任”使得有必要转向另一种贷款担保工具,在此情形下便是储蓄。马丁(1997:265)由此总结道:

> 我发现,要理解还款活动,着眼于未来储蓄的预付款这一概念是一面更为切合实际的透镜。在还款中,计入贷方的是一整笔预付款(虽然很昂贵),与家庭小额储蓄(还款的主要构成)的能力有关……每周还款时间表允许借款人利用自己的小额积蓄,核心和集体结构则充当着“强制”家庭持续积蓄所需的“约束机制”。

风险和约束方面的此类创新,为孟加拉国的小额信贷转变为小额金融提供了支撑。孟加拉国模式被华盛顿的那些知识生产机构视为原始、落后的信贷模式,到头来却成为金融的前沿领域。

孟加拉国模式也是社会发展领域的一次试验。华盛顿共识看重的是最低限度的小额金融模式,但是用BRAC创始人法兹勒·阿贝德的话来说,对孟加拉国模式的最好理解是,它是“小额金融的倍增”(Microfinance Gateway 2008)。在众多创新中,容我强调三项:极度贫困者的“机会阶梯”;社会企业和价值链;以及构建经济和政治资产。

正如我前面提到的,在CGAP的新自由主义使命与左派对小额金融的批判之间，存在着不可思议的趋同：两者都警告称，信贷有可能使极度贫困的人身陷债务，而不是为他们提供帮助。尤其是在积极从事经济活动的穷人和消极面对经济活动的穷人之间，CGAP 共识划下了一道不可磨灭的界线，孟加拉国共识的一名对话者把这一区分斥为“种姓制度”。从格莱珉银行的乞丐项目到 ASA 的核心穷人项目，孟加拉国的机构一直坚持扩大信贷范围，覆盖极度贫困人口。

最为复杂的试验是由 BRAC 维持的，首先是通过“处境不利群体发展创收计划”(Income Generation for Vulnerable Group Development，IGVGD)，最近则是通过“挑战减贫前沿/以极度贫困人群为目标”(Challenging the Frontiers of Poverty Reduction/Targeting the Ultra Poor，CFPR / TUP)项目。该项目的目标明确指向穷人中最穷的人，即主要以女性为户主的无地家庭，将安全网(以食品援助、就业保障和医疗保健的形式)与就业和技能培训以及强制性储蓄，并最终与小额金融结合起来，创造出伊姆兰·马丁(2004)所谓的“机会阶梯”。有必要强调的是，该项目是有补贴的，BRAC 并不设法收回其财务成本和行政成本(Hashemi and Rosenberg 2006：5)。补贴合每名妇女 135 美元，这在发展领域是一笔“交易”(Hashemi 2001)。

渐渐地，BRAC 的创新已经得到了 CGAP 的称许(Hashemi 2001；Hashemi and Rosenberg 2006)。在 2005 年的博尔德短训班上，罗伯特·克里斯滕展示了 BRAC 的项目，特别是它那安全网、资产建设、储蓄以及信贷的组合和序列。在所讲授的课程中，玛格丽特·罗宾逊把该项目援引为 BRAC 取得的“非凡成就”的一个例子。她指出：“与其把银行业推向饥肠辘辘的人，还不如让 BRAC 这样的机构来扶助他们。”事实上，BRAC 的极度贫困者项目已成为一件贫困事实，一个罕见的事实案例，从孟加拉国模式中浮现出来，并已得到华盛顿共识的接纳。然而，在 BRAC 内部，对此项目还是有不断的考察和批评。承担这项工作的就是它的研究与评估部，一个令人赞叹的知识生产兼自我批评的机构。在这里，研究人员常常表达出明显的“不满”，不满于第一轮极度贫困者项目，不满于这些项目往往无法为“最贫困、处境最不利的群体”服务（Matin 2004：6），最贫困的参与者无法轻易地“毕业”，经常需要安全网项目的持续支持（Hashemi 2001：7；Halder and Mosley 2002）。在这些批评中，最为激列的自我批评也许是伊姆兰·马丁在一次接受采访时（2004 年 7 月）所承认的，即“并非所有穷人都能得到发展”，就算是设计得最好的项目也排除了处境最不利的人群。在 BRAC 中，类似的有关项目设计的内部争论，推动了不断的试验和创新。

BRAC 针对极度贫困者的“机会阶梯”概念，嵌入在发展这一更为广泛的背景中，BRAC 在此背景下积极地发起和管理着“价值链计划”。这些计划提供着卫生所和学校等人类发展的基础设施，从而寻求“在乡村一级创建运转良好、有利于穷人的医疗体系”。其数量令人震惊，据估算，BRAC“用小额金融、卫生、教育、社会发展、人权和法律援助以及小微企业支持等方面的服务”，覆盖了“1.1 亿人”（Microfinance Gateway 2008）。其他价值链计划都与经济发展有所关联。从家禽孵化场到奶牛场，再到丝绸生产，这些 BRAC 计划将穷人的小微企业与全国和全球市场链接起来。他们想做的，是把生存经济转变为可以产生经济价值的经济。这些价值链计划与小额金融项目是分离的，但它们对小额金融客户的生计产生着直接的，甚至可能是巨大的影响。据估计，BRAC 的商业企业每年收入达 9 000 万美元（Armstrong 2008），与它们相抗衡的是格莱珉庞大的企业帝国，其中既有“格莱珉电话”(Grameenphone)等营利企业，又有“格莱珉电信”(Grameen Telecom)以及新近创立的“格莱珉-丹农”(Grameen-Danone)食品公司等“社会企业”。

同样抱负远大的想法，是让穷人“拥有资产”(Matin and Begum 2002)，确保小额金融的借款人不仅能够平滑消费，控制风险，还能积累资产。在这里，特别值得注意的是格莱珉的住房项目。作为阿卡汗建筑奖(1989)和世界人居奖(1998)获得者，该项目提供住房贷款，把这些贷款视为“投资而非消费”(Diacon 1988)。那项获奖的房屋设计，看重的是简单却坚固的结构部件，包括砖基、钢筋混凝土柱、竹制系梁、木椽以及瓦楞铁制屋顶板材。

不过，该项目的关键在于，它要求以小额金融借款人，换句话说即以女性的名义注册宅基地。在一次接受采访时(2004 年 8 月)，格莱珉的二代领袖人物迪帕尔·巴鲁阿承认，这种做法是“革命性的”，在父权制的背景下为女性提供了极大的保护。在格莱珉银行，只有极少数项目能经受住一系列女权主义批评，这是其中之一，毕竟注册方面的要求确保了女性继续控制着住房资源(Goetz and Sengupta 1996:50)。

BRAC 将资产范围扩大到包括社会和政治权力。法兹勒·阿贝德和伊姆兰·马丁(2007:4)认为，“小额金融的最大力量寓于提供小额金融的过程”，以及它如何通过“社会中介”创造“新形式的参与、关系和能力”。他们称之为“过程资本”。BRAC 的乡村组织，每个都有 30 至 40 名女性成员，这些组织是上述过程资本得到创建和流通的重要机构平台。由 BRAC 创立的这些乡村组织，是贫困人群的联盟，实现了自治并管理着发展的各个方面，从贷款、还款到马丁在一次接受采访时(2005 年 12 月)所说的“地方层面对资源的迫切主张”。

乡村组织既是促进“世界上最大的非政府金融中介项目之一”的机构，又是通过觉悟启蒙（conscientization）的做法来组织穷人的方式。（Lovell 1992：1）与极度贫困者项目的情形一样，BRAC对它的乡村组织也极具反思精神。在一次受访时（2005 年 12 月），就这些组织是否充当着贫困女性进入乡村公共生活乃至其他政治生活的途径，马丁进行了思考。BRAC 中的其他人则想要弄清，是否可以依靠这样的乡村组织来确保发展的收益惠及极度贫困者，从而抵制这种收益为“精英”所“猎取”（Hossain and Matin 2004：7）。这些都是根本性的考虑，直接切入权力的结构。有没有可能，正是被指在孟加拉国“煽动革命”的行动本身，即小额金融，能够引发革命性的变化？

保护的条件

孟加拉国模式的批评者认为，其减轻贫困和女性赋权的“公开记录”有悖于一种“隐性记录”，即父权制对贫穷女性的剥削（Rahman 1999）。我想提出的是，正在发挥作用的是一种完全不同的“隐性记录”。孟加拉国小额金融的“公开记录”，尤其是格莱珉银行所提出的，推崇的是信贷，坚称信贷是一项人权。它还推崇穷人，尤其是贫困女性在创业方面的天赋和能力。但是，对格莱珉银行以及 BRAC 和 ASA 的详细考察揭示出一种发展逻辑，信贷和创业精神都不是其中的关键。我的论点是，孟加拉国共识所确认的贫困事实，更为契合于项目和政策中的“社会保护”家庭，而不是“小微企业”家庭。这些机构所创建的人类发展基础设施和价值链，极大地增强和深化了此类形式的社会保护。

位于英国的长期贫困研究中心（Chronic Poverty Research Centre），最近发布了《2008—2009 年长期贫困报告》（2008：39），将

社会保护定义为“一个宽泛的概念，描述的是着眼于控制和克服不利处境，为向社区、家庭和个人提供支持所采取的所有干预措施”。近年来，社会保护这一主题吸引了相当多的目光。尤其受欢迎的，是被设计成最低收入补助或有条件现金转移的社会保护项目，例如巴西的“家庭补助金”（Bolsa Familia）和墨西哥的“机会”项目。“机会”项目早期被称为 Progresa，它向贫困家庭支付小笔款项，以女性为主要对象，不过附加的条件要求实现各种人类发展成果，例如送孩子入学和去卫生所看病。在确定贫困对象时，该项目同时运用地域和收入两个指标，但不允许任何地方酌情权，现金转移支付的分配都集中处理，以绕开有可能让精英阶层得利的资助制度。这种附带条件的现金转移项目，因“提高受益家庭的消费、就学和健康状况”而受到称赞（Chronic Poverty Research Center 2008：44）。全球发展中心总裁南希·伯德索尔曾宣称，这些项目是“极为接近于发展领域的灵丹妙药”。尽管可能并非如此，这些项目也可以被看作一种保护穷人的新的社会契约（de Janvry and Sadoulet 2004：9）。

减轻贫困的各项研究，对“保护性”策略和“推动性”策略（Hulme and Mosley 1996：107）进行了区分。后者以小微企业项目为特色，主要服务于能够控制更多风险的富足的借款人（Hulme and Mosley 1996：103，113）。保护性策略针对的是贫困家庭，提供自愿储蓄和紧急消费贷款等服务（Hulme and Mosley 1996：107）。尽管发出过信贷和创业精神方面的言论，孟加拉国的机构似乎从事着各种形式的社会保护。在发展的谱系上，这一点使它们更接近于有条件的现金转移项目，比如“机会”，而不是商业性的小额金融家族，比如为不那么贫困的借款人提供大量服务的印尼国民银行（Bank Rakyat Indonesia，BRI）或玻利维亚阳光银行。格莱珉银行式的小额金融，经常被自由市场的拥趸，例如前美国参议员汤姆·坎贝尔（在2004年克劳森中心举行的小额金融会议上），誉为某种发展干预的例证，这种干预“简单”，“不同于慈善”，并且“不附带条件就创造了机会”。实际上，这是一个复杂的社会保护项目，采用了附带条件的框架。

对借款人和现场工作人员来说，孟加拉国模式是一项包含激励、制裁和附带条件的复杂制度。尽管宣称具有灵活性，格莱珉二代仍然显著地抑制借款人使用灵活贷款：“从退出基本贷款高速公路的那一刻起，她多年积累的贷款上限就清零了。”（Yunus 2002a：8）实际上，格莱珉为格莱珉员工提供了新的约束工具，以确保将此类灵活贷款降至最少：

> 主要手段是施加所谓的“会面日连带责任”：拒绝结束会面并允许成员返回家中，以及拒绝开展其他银行业务，例如处理贷款申请或授权提取存款，直到收回了所有的到期还款，或者至少直到获得了在当天停业前还款的明确承诺。这给会员施加了有效压力，使他们互相借贷以支付当日的款项。
>
> （Rutherford et al. 2004：30）

同样地，《ASA手册》（ASA 2001：39）规定了有关员工如何最大程度地降低违约风险的详细程序，包括尝试“在当地精英的帮助下追回贷款”，建立“警戒小组”或“整夜待命，直到收回违约贷款”，或者向警察局提交申诉。这样的机制构成了富格莱桑和钱德勒（1988：95）所称的“务实约束”。批评者认为，这是变相的“统治和暴力”（Rahman 1999：151）。与俄亥俄学派的正统思想相呼应，其他批评家则认为，务实约束的贯彻是由穷人承担的代价：

通过一体化的群体来借贷，成本很高。群体不是进行契约交易的广场，而是立基于社会资本之上的昂贵机构。群体的组建和互助的成本，超过了与群体控制相关联的高还款率带来的好处……小额贷款项目的借款人是低利润客户，个人服务本质上是他们支付不起的奢侈品。

(Reinke 1998:553)

CGAP的观点也是如此，认为有必要“像我们一样”对待穷人，有必要摆脱各种形式的小额金融，这些小额金融使穷人不得不参加每周一次的会议，接受社会条件，并遵循发展的其他仪式。

实现人类发展目标，同样要求施加条件和控制。BRAC的极度贫困者项目如舞蹈般的精心编排，以及格莱珉银行关于种种附带条件的形式框架，即“16项决定”，都确保并执行着纪律约束。对格莱珉银行员工的评价，不仅看他们在取得高还款率方面的业绩，还看他们在实现人类发展目标（如小学入学率）方面的表现。

然而我要提出的是，孟加拉国模式是独一无二的，毕竟它涉及的不仅仅是纪律、条件和社会保护。社会保护项目，尤其是那些施加条件的项目要想取得成功，依赖于存在着可供使用的人类发展基础设施。如果某个地区没有运转良好的学校，那么要求穷人将孩子送入学校又有什么好处？正因为如此，《长期贫困报告》(Chronic Poverty Research Center 2008:x)不仅坚持要求实施社会保护项目，而且坚持要求提供基础设施，“尤其是交通基础设施、教育以及信息”。如前文所概述的，孟加拉国模式的核心是价值链和人类发展基础设施的创立。正是这一点，从法兹勒·阿贝德那里获得了“小额金融的倍增”(Microfinance Gateway 2008)这一标题。

有可能,这类形式的基础设施所实现的不仅仅是提交服务。奈拉·卡比尔(2003:107—108)认为,小额金融解决了"制度性排斥",从而强化了"能力"和"能动作用"。BRAC自己所做的研究(通常是批判性和反思性的)提出了一种变革,并称之为"社会中介"——"一种在建设人力资源和机构资本时进行投资的过程,目的是强化边缘群体的自力更生,为他们涉身于正式的金融中介业务作准备。"(Zohir and Matin 2002:202)在一篇深刻的分析文章中,奈拉·卡比尔和伊姆兰·马丁(2005:3)没有把放贷群体描述为金融纪律和社会条件的执行者,而是作为一种新"形式的结社,以横向关系为基础"。他们认为,这些群体有可能为穷人在"支配关系"之外提供另一种选择,"往往是以明示或暗示的方式,垂直组织为主顾与客户之间的关系"。

对孟加拉国模式的这种解释表明,可能起着作用的不仅仅是社会保护。在最近接受的一次采访中,法兹勒·阿贝德指出,"BRAC关于发展的态度,核心是把穷人组织起来"(Microfinance Gateway 2008)。如此一来,小额金融,乃至机构包容的整个基础设施,都成为一种努力,即"以组建无地群体的方式在基层积累权力,从而制止乡村地区的贫困化和边缘化"(Zafar 1988)。我却认为,这项努力需要的,不仅仅是民间社会机构所做的工作。正如BRAC的一些工作人员所认为的,在孟加拉国,扶贫性非政府组织的存在具有示范效应,通过"概念验证"向国家施压,敦促其提供基础设施并为穷人服务。

孟加拉国模式的"隐性记录",与小额金融的神话相去甚远。它所讲述的,是一种独一无二又踌躇满志的发展模式,这种模式还有很多需要我们去了解的地方。然而,正是孟加拉国模式的"公开记录”渐渐遍布于全球，那是对“小额金融福音”的“强行推销”(Rogaly 1996)。《金融时报》最近刊登了一篇文章，试图揭露小额金融；文章表明，“只有不到一半的小额信贷借款人把钱投资于旨在抚育草根企业这样的贷款”，“小额信贷的贷款被用于购买食物”(Chazan 2009)。这种批评是在无的放矢，因为事实上它证明了小额金融的社会保护作用：穷人使用小额金融贷款来缓解消费下降并应对不利处境。这是一种有效的反贫困战略，而不是发展的失败。不过，孟加拉国声誉卓著的小额金融机构 ASA，并没有主张这种社会保护的成功，而是对此提出了强有力的质疑。用小微创业和小微奇迹的语言，ASA 再次推广了小额金融的“公开记录”。

孟加拉国共识的全球化

尽管 CGAP 试图主导有关小额金融的全球话语，小额金融的全球化却既早于也超越了华盛顿贫困共识。成立仅几年后，格莱珉银行便引起了国际关注。事实上，正如前面某章所概述的，CGAP 的组建恰好证明了格莱珉小额金融理念的全球影响力。随着 CGAP 专注于金融化，格莱珉银行也开始转而建立自己的全球网络。如今，直接或松散地隶属于格莱珉银行的各种机构，都努力在世界不同地区效仿格莱珉的模式。总部位于孟加拉国的格莱珉信托基金，发挥着全球大宗基金的作用，为各种复制项目播下种子，实施监督。截至 2008 年 9 月，格莱珉信托基金已在 38 个国家/地区支持了 144 个项目，惠及 618 万借款人，其中 94%是女性，她们以 96%的还款率自豪(http://www.grameentrust.org/，2008 年 10 月 14 日访问)。

格莱珉信托的大多数项目是与地方非政府组织合作开展的，

这些非政府组织想要创建以格莱珉银行为蓝本的小额金融项目。在极少数情况下，格莱珉信托也会通过“创建-运营-转让”或“创建-运营-持有”的模式来直接实施项目。运用“美国国际开发署和美国通用会计准则的绩效指标以及对借款人生活影响程度的项目评估”(Latifee 2004:26)，格莱珉信托密切监管着所有复制项目。实际上，格莱珉信托是以充满趣味的方式辗转进入华盛顿的发展圈子的，从世界银行、美国国际开发署和花旗集团基金会那里都获得了认可。

格莱珉基金会总部位于华盛顿，成立于1997年，同样努力效仿着格莱珉的模式。基金会掌控着一个全球网络，覆盖着28个国家的55个小额金融合作伙伴，服务于680万借款人(http://www.grameenfoundation.org/，2008年10月14日访问)。在本书的最后一章，我会讨论格莱珉基金会如何参与和重塑着资本与事实的全球流通。全球格莱珉家族的最新成员是格莱珉(美国)(Grameen America)。格莱珉(美国)紧随格莱珉获得诺贝尔奖之后成立，为美国穷人提供小额金融贷款，试图在“发薪日贷款公司、当铺和支票兑现公司等高利率掠夺性放款人”之外，为美国那些“没有银行账户的”穷人提供另一种选择。格莱珉(美国)严格遵循格莱珉模式，依托格莱珉银行的员工创建了向贫困女性群体提供贷款的项目(http://www.grameenamerica.com/About-Us/Grameen-America.html，2009年3月30日访问)。经由这种方式，孟加拉国模式努力扎根于权力的心脏地带。

近来，ASA和BRAC都试图构建自己的全球网络。ASA已经摇身成为重要的小额金融“顾问”，为其他小额金融项目提供技术援助。BRAC采取的方略则完全不同。BRAC认为，自己是无法复制的，机构与环境之间的独特关系无法被化约为一份蓝图。

秉持此信念，BRAC力图在不同的环境下创立和管理小额金融项目。其中最著名的是BRAC（阿富汗），截至2008年4月，该公司在当地拥有3 600名员工，服务的借款人达141 698人。与其孟加拉国项目相呼应，BRAC（阿富汗）目前运营着由女性教师任教的学校，以及由社区卫生工作者管理的医疗中心（http://www.bracafg.org/，2008年6月19日访问）。

BRAC在国际上取得的成功，提出了一些有关小额金融全球化的有趣问题。以看起来严格的方式，格莱珉信托的复制遵循着一种惯例（首先是格莱珉银行模式，现在是格莱珉二代），与之不同的是，BRAC的国际项目似乎更加灵活。因此，法兹勒·阿贝德指出，在阿富汗，BRAC必须从社区基础设施工程，而不是从小额金融起步："把女性组织进小额金融群体，一开始是以制衣中心的后续服务的面目出现的，随后迅速获得接受。"类似地，在非洲，BRAC也调整了贷款方式："交易活动在我们的非洲客户中更为普遍，于是我们回应了他们对短期贷款的需求。"（Microfinance Gateway 2008）在一次接受采访时（2004年6月），伊姆兰·马丁明确发问：BRAC是否会持守一种哲学，即虽然有可能从自身在孟加拉国的业务中学到一些东西，却不可能以任何墨守成规的方式来复制这种业务？发展资本（盖茨基金会提供的1500万美元，用于在坦桑尼亚复制BRAC的小额金融、农业和健康项目，以及耐克提供的100万美元，用于在坦桑尼亚为少女们创立冠名的活动中心）的流入，是否会将BRAC转变为一个"最佳实践"机构？

最近，BRAC创建了"非营利性资源动员组织"，一个在伦敦，一个在纽约，用以"支持BRAC的全球扩张"。和格莱珉基金会一样，两个组织寻求促成"北方的一体化，以支持南方的领导层"，并促进"南南合作"（http://www.brac.net/usa/about_us.php，2009

年 2 月 16 日访问)。对于 BRAC 来说,这种有计划的全球化似乎是一种背离,直到最近,那里的工作人员都坚称 BRAC 无意影响或控制全球话语。在他们看来,这是格莱珉的事:“我们不办峰会。”BRAC 员工经常会强调:“如果事实证明有用,我们会接受来自任何组织的国际专业知识、想法和协助。我们的目标是务实的、实用的,而不是理念上的。”然而不可避免地,BRAC(美国)和 BRAC(英国)还是为 BRAC 的全球化描述了一份蓝图,“白手起家,自力更生”以及一系列基本原则,包括以下这一项,即“对于社会来说,对妇女和女孩的投资能带来超常的回报”。这份蓝图似乎再一次地成为孟加拉国模式的“公开记录”,只是如今有了全球化的化身。

孟加拉国共识的全球化要求描述和传播一种最佳实践的惯例,但它有可能对华盛顿贫困共识发出重大挑战。孟加拉国的那些机构,一致认识到了知识政治学及其在这场观念之战中的边缘化。毫不奇怪,它们的全球复制和网络战略都试图在小额金融之外创造一种替代话语。“这是一个由北方顾问主导的知识产业。”格莱珉信托的拉米娅·穆尔希德如是说(2004 年 8 月)。在接受一次采访时(2005 年 12 月),伊姆兰·马丁说:

> CGAP 遍布全球,极具影响,尤其是通过它的各种指标和监控工具。为了从捐资人那里获得资金,就连我们格莱珉信托的合作伙伴也往往不得不遵循 CGAP 的指标。我们如何创造出一种替代方案……看起来,我们就像“信不信由你奇趣馆”中的一件展品……在孟加拉国,我们已经通过这些观念显示了成功,但是在全球舞台,没有人愿意相信这件事能够实现。真是令人沮丧。

马丁和其他孟加拉国对话者认为，赢得观念之战的关键是在孟加拉国孕育出发展方面的知识。为此，BRAC 于 2001 年创立了 BRAC 大学，开设了广泛的从公共卫生到发展研究的课程。BRAC 大学申明的使命是，通过培养“具有创造力的领导者”，以及“知识的创造”，来推动一种“国家发展进程”（http://www.bracuniversity.ac.bd/about/，2008 年 12 月 18 日访问）。

不过，事关紧要的问题并不单纯是知识机构的创立，还在于由此产生的知识的合法性和权威性。在一次接受采访时（2004 年 7 月），孟加拉国著名学者、权力与参与研究中心创始人侯赛因・齐勒・拉赫曼指出，在全球体系中存在一种根本性的“知识不对称”：“我们被全球范围内对小额信贷的最初接纳解除了武装，因此看不到这种情形的出现。我们成立了 CGAP，却失去了这家机构。现在，它甚至拒绝承认尤努斯是小额信贷领域的先驱。”他认为，华盛顿贫困共识必须直面“实践”。“实践就是我们的方式，由此我们使讨论专注于证据，并使讨论专注于贫困。实践是我们将知识转化为知识资本的方式。我们必须通过实践直面华盛顿。”

这样的知识生产实例之一就是“格莱珉对话”，格莱珉银行每年在孟加拉国都会举办几场。格莱珉信托的员工为这些对话赋予一个概念，即“银行理念和知识的倒转”，相当于格莱珉的博尔德短训班。孟加拉国共识中的多位关键人物，例如伊姆兰・马丁和赛义德・哈西米，都曾担任格莱珉对话的报告人。在这里，参与者（其中许多人来自格莱珉复制项目）接受了格莱珉模式以及更宽泛的小额金融和发展理念方面的培训。最重要的是，银行业知识的倒转是通过穆尔希德所谓的“现场考察”展开的。考察在乡村进行，为期 10 天，节奏紧张，以格莱珉借款人的生活状况为对象。回顾格莱珉对话产生的“数据”很有意思，毕竟针对贫困女性所做的案例研究，很好地揭示了小额金融在女性生活中促成的转变，一如它们揭示了对话经验在小额金融从业者身上所促成的转变。格莱珉信托经理正确地指出，只有那些坚决致力于减轻贫困的人，才能生存下来并从斯巴达式的生活条件中有所收获："它使我们格莱珉信托的人了解到，谁在认真对待贫困，谁又不认真，这对我们的合作伙伴来说是有用的知识。"穆尔希德如是说（2006年1月）。

在格莱珉信托的档案里，满是关于转型的叙述。这些叙述表明，孟加拉国共识坚持将人类发展（而不只是贷款偿还或创造收入）置于优先地位。它们还强化了孟加拉国的诸机构反复重申的论点，即最重要的不是为小额金融借款人在收入方面减贫，而是对其子女的影响。正如法兹勒·阿贝德在接受一次采访时（2004年12月）指出的：

> 在BRAC，我们不断地发问，如何才能对下一代，尤其是对女童产生最大的影响……一直以来，孟加拉国的婴儿死亡率和其他人类发展指标获得了很大的改善。我从没想过，在有生之年能看到这些改善。格莱珉和BRAC为这些成就做出了直接贡献。

但是，格莱珉对话所讲述的有关此类成就的故事，是否能与博尔德短训班提出的权威统计数字相对应？这些财务绩效的最低限度标准，得自从"风险贷款比例"到"财务自给自足"等商业银行的实践，它们把关于贫困与社会变革的复杂叙述和详尽故事排挤在外。它们的主导地位表明了后殖民批评家加亚特里·查克拉沃蒂·斯皮瓦克（1999：388）指出的一个趋势，即南方国家的经验仅被视为"一种基于人种的文化差异的集聚"，视为一系列分散的故事，并不能累积成全面的知识体系。以格莱珉信托的形式，全球金融指标辗转进入格莱珉对话，向全球规范俯首，提醒自身成员这些基准的盛行和威力。因此毫不奇怪的是，在 2003 年举行的第 45 届格莱珉对话闭幕式上，尤努斯说出如下一番话："这一过程是如此发挥作用的：我们的本土理念必须先得到西方的认可，然后我们自己才能接受它们。我们不知道该如何推销自己的想法。"(Grameen Trust 2003)

独特的历史

如果不注意孟加拉国独特的发展历史，就不可能理解"孟加拉国悖论"或"孟加拉国共识"。尽管存在实际层面的差异，孟加拉国三大著名的小额金融机构，即格莱珉、BRAC 和 ASA，却有着共同的历史。1972 年，孟加拉国从巴基斯坦手中获得了独立。此前，英国殖民统治者在 1947 年离开印度次大陆时，把孟加拉国置于了这种地缘政治格局中。争取独立的战争造成了沉重的死亡、痛苦和牺牲。正是在此背景下，作为由法兹勒·阿贝德领导的救济组织，BRAC 成长起来，其核心创始成员是一小群"年轻的民族主义青年"，致力于在孟加拉国东北部的偏远地区安置难民。

不久之后，阿贝德和他的团队"逐渐意识到，重建只是一种权宜之计，需要有新的方法来长期帮助贫困村民"(Lovell 1992：23；另见 Chen 1983)。阿贝德将转型视为应对贫困问题的必要条件："穷人之所以穷，是因为他们无能为力。"他感到，救济工作并未解决这种无力状况或对财富分配形成挑战(Armstrong 2008)。于是，BRAC 从"几乎完全由捐资人资助的小型救济和复兴项目"，发展为"可持续人类发展中一种独立的、实际上自负盈亏的范例……

成为南方国家最大的发展组织之一”(http://www.brac.net/,2008年7月10日访问)。ASA的转型甚至更不寻常。1978年,ASA由沙菲克·哈克·乔杜里等七名年轻人创立,旨在“使贫困乡村居民学会争取政治和社会权利”。在成立之初,对ASA最恰当的理解是,它是“与乡村贫困作斗争的兄弟会”(Rutherford 1995: 1, 4)。到20世纪90年代,ASA已从“乡村革命者”组织演变为“村庄发展银行家”(Rutherford 1995:1)。

这种机构渊源具有许多显著的特征,例如围绕着小额金融出现的趋同性。孟加拉国各机构之间的小额金融实践存在相当大的差异,而且正如我提出的,“小额金融倍增”模式的作用远远超过小额金融,但是,这些机构的“公开记录”仍然突出了信贷在缓解贫困方面的关键作用。这一点,可能与南亚的合作社试验方面的历史有关(Woolcock 1999)。一方面,1904年,英国殖民地管理者通过了印度第一部《合作社法》(Cooperative Societies Act),为“乡村层面用户自我管理社团”创立了法律框架。与该法令相伴的,是“促进改善”这一殖民使命,因为这种观念是要教会农民“节俭与合作”:“信贷一定要相当容易获取,唯其如此,获得信贷的行动和努力才能够教育、约束和指导借款人。”(Rutherford 1995:26)另一方面,为争取独立而展开的斗争,尤其是甘地所擘划的,试图阐明在经济上实现自力更生的目标和手段。合作社是这种项目的核心,在南亚新成立的民族国家的经济政策中发挥了重要作用。不过,它们仍然受到由精英所占据这一困扰,通常“贷款是由少数精英垄断的”(Rutherford 1995:31)。1947年印度独立和分裂之后,在当时的东巴基斯坦,即现在的孟加拉国,发起了一项新的发展试验。试验被称为科米拉(Comilla)项目,专注于乡村合作社。一般认为,它为“像阿贝德和尤努斯这样的先驱者奠定了基础,通过清除政治上的附属关系，限制成员为极度贫困者并聚焦于女性，他们努力纠正合作社的根本缺陷”(Woolcock 1999:35)。科米拉试验的关键要素可能仍然存在，例如强调强制储蓄以及强行规定社会目标的“十诫”(Rutherford 1995:29—30)。

ASA 的历史，让我们更深入地理解了小额金融作为一种占主导地位的机构策略的出现。如卢瑟福所说，在成立初期，ASA 积极反对小额金融。乔杜里等人急于“为穷人做好冲突准备”，于是没有采用 BRAC 和格莱珉的略策，而是考虑为 ASA 组织和动员的贫困人群展开“武装斗争”：“我们那时不懂信贷，反而批评格莱珉银行，批评所有银行业务，批评世界银行……我们说，这些人在剥削我们，破坏我们的经济。”这些努力得到了国际上捐资人的支持，例如“免于饥饿”组织，它们热衷于资助“一家草根非政府组织”并推动“发展成为斗争”(Rutherford 1995:66)。随着 BRAC 从救济工作转向减轻贫困，ASA 也从作为武装斗争的发展转向“作为金融的发展”(Rutherford 1995:84)。这种转变是由一系列自我批评促发的，其中包括 1984 年的一份内部报告，题为：“团结一致和社会行动是否足以使穷人获得发展?”该报告指出，ASA 成员更关注经济匮乏而不是政治上的无力状态，他们正在大量流向格莱珉，并且渴望获得小额金融贷款(Rutherford 1995:67)。ASA 的创始人兼总裁沙菲克·哈克·乔杜里说道：

> 基本目标是把穷人组织起来，让他们能够讨价还价，争取更多权利……以这种方式，我们解决了很多问题，但是我们没有在经济上直接向他们赋权。从那时起，从 1986 年开始，人们开始询问如何谋生。这个问题，是由就站在我们面前的穷人提出的。
>
> (*Microcapital* 2008)

乔杜里继续说:"我们告诉他们,来吧,与放债人或地主斗争。他们会说,不,不,为什么?他们至少在以某种方式帮助我们,你却没有提供帮助,只是在布道或演讲。"(Rutherford 1995:61)

到1992年,ASA完成了自我改造,不仅大量借鉴格莱珉的模板,把成员资格修改为主要由女性组成的群体,而且把"自力更生"作为成员和自身的新座右铭。到1994年,人们谈起ASA的群体,即合作社时,仅视之为收回贷款的权宜手段。但是,信贷是不可能简单地归结为发展和赋权手段的。孟加拉国共识的对话者,例如赛义德·哈西米(Khandker 2005)认为,"信贷市场是对穷人剥削最残酷的场所","也是最容易采取干预措施、帮助穷人摆脱困境的舞台"。的确,孔达卡尔(2005:83)指出,格莱珉的贷款"对项目所覆盖村庄的男性和儿童的工资,产生了显著的积极影响",引发了乡村精英的抱怨。

孟加拉国故事的另一个显著特征,是领导层的社会构成。孟加拉国发展领域的两个标志性人物,即尤努斯和阿贝德,有着截然不同的社会经济出身,前者来自中间阶级家庭,后者来自富裕的大地主家庭。两人都放弃了国外的生活,回到孟加拉国参与国家建设。一开始,两人的道路完全不同,尤努斯担任吉大港大学教授,阿贝德在壳牌公司以企业事务为职业。随着他们在孟加拉国亲身遭遇苦难和贫困,两条道路汇到了一起。一场致命的飓风于1970年袭击孟加拉国,造成50万人丧生。阿贝德深感震惊,从事起救援工作:"这场飓风,确实改变了我看待事物的方式。"孟加拉国独立战争及其余波,让他更为坚定地投入其中。1972年,阿贝德卖掉了伦敦的公寓,用所得款项创立了BRAC(Armstrong 2008)。同样地,尤努斯也在吉大港大学周围的村庄中看到了贫困。他在教室里讲授的那些优雅的经济理论,与这种可怕的贫困之间持续脱节，这让他震惊不已。如果不能应对孟加拉国国情下赤裸裸的现实，知识和教学的益处又从何谈起？他带着几个学生，再加上从福特基金会获得的一笔资助，研究了各种扶贫干预措施，最终以信贷和格莱珉银行这一机构形式作为解决方案(Bornstein 1996：33)。

尤努斯和阿贝德是一种独特局面的象征：一个受过教育、具有民族意识的阶级开始成型，积极致力于创建和管理规模庞大、提供扶贫服务的组织。这个阶级的成员，已经能够既与国内又与全球力量建立战略关系。在国家管辖范围之外工作时，这些领袖人物及其组织并非必然会挑战或削弱国家的权力。伊姆兰·马丁(2005 年 12 月)由此指出，在孟加拉国，这些机构已经能够“创造出相对自治的空间”。这样的发展政治可以如是理解：

> 他［尤努斯］经过商谈，把［格莱珉］银行确定为专制统治下的法定组织。这样一来，该行就有了一定的自由，不必作为赞助系统的一部分进行放贷，能够设定自己的利率，在接受官方的监管时机构本身不受约束。随后，经过精心管理，格莱珉银行得以避免来自孟加拉国各种民主政权，包括民族主义党、人民联盟和同盟党的挑战。这样一个过程，免不了要密切关注政治，打理各路精英关系并塑造公众形象，使该行成为一家地位卓越却不涉争议的机构，并且树立了一种非政治的形象。
>
> (Hulme and Moore 2006：20—21)

尤努斯(2002b)多次宣布，从 1995 年开始，格莱珉银行“决定不再接受任何捐资人的资金”。但是，此类支持是孟加拉国发展的“联合力量”的关键要素(Wood and Sharif 1997：27)。格莱珉的早期扩张，是由国际农业发展基金会、福特基金会、挪威国际开发署和瑞典国际开发署提供经济支持的(Bornstein 1996:178)。在尤努斯看来，世界银行给小额金融项目分配的资源太少，他对此一直持批评态度。不过，在1993年，格莱珉银行从世界银行获得了200万美元的补助(Bornstein 1996:239)。尤努斯后来也成为CGAP的创始成员，担任其政策咨询小组组长。捐赠资金仍然是BRAC每年收入的重要来源(约占20%)，提供着“创新资金”(Smillie 2009:252)。孟加拉国模式的重要特征是，尽管有捐资人的这种支持，它却不是由捐资人所委托的任务推动的。这些机构所创造的相当独特的“相对自治空间”，确保了一种发展模式的成型，这种模式几乎完全独立于捐资人心血来潮的古怪念头。如此一来，孟加拉国共识便逐渐与华盛顿贫困共识形成了对比。

在捐资人的支持这一问题上，同样濒临险境的还有孟加拉国模式的财务惯例。格莱珉银行一再表明，其自上而下直至单个分支机构的各项业务都是自给自足的，并不依赖于捐资人的资金，但仔细考察会发现，情况并非如此。正如经济学家乔纳森·莫杜奇(1999a:1591)所指出的，在1985年至1996年间，以3.7%的借入资本优惠利率，格莱珉银行获得了8050万美元的低息贷款。他计算得出，“1985年至1996年间，为了实现完全的经济可持续，格莱珉必须将平均利率提高约65%，即达到每年26%”(Morduch 1999b:245)。多年来，这种廉价资本的来源已经发生了变化，从捐资机构的补助和低息贷款，到20世纪90年代中期开始转向以打折的利率从孟加拉国银行获得资本，最后则通过孟加拉国政府担保的债券销售来筹集资金(Morduch 1999b:240)。计算得出，这些补贴合每人每年15美元(Morduch 1999b:243)。BRAC公开承认依赖于捐资人的资金，承认这些资金使自己能够试行新的项目，并为现有项目提供资金。ASA 的数据显示，其资金的 30%以上来自 PKSF，后者是大宗小额金融零售商，以优惠价格提供着资本(Ahmed 2002)。

这样的计算，为华盛顿贫困共识提供了可观的素材。一直以来，都有人指责格莱珉银行的财务不够透明。“补贴依赖”已经成为“金融可持续性的新标准”，揆诸这些基准，“格莱珉则不及印度尼西亚的人民银行(BRI)项目那么成功”(Woolcock 1999)。但是，解释这种数据的另一种方式是承认补贴是孟加拉国模式的核心，这种补贴使孟加拉国的机构能够触及穷人。乔纳森·莫杜奇(1999b:230)声称：“针对最贫困借款人的小额金融项目所产生的收入，足以覆盖全部成本的 70%。”莫杜奇的声明听起来像是哀叹，试图驳斥格莱珉关于自给自足的主张。这种哀叹也是一个至关重要的结论，是对扶贫小额金融运行方式的深刻见解。它可能不是高级融资，却是作为发展的金融。

在扶贫的、有补贴的小额金融与商业化的、市场驱动的小额金融之间，华盛顿贫困共识所做的区分显然是错误的。正如 2008 年金融危机以及随后的救助计划所明确显示的，高级金融本身就是受到大量补贴的领域，是政治经济学家罗伯特·赖克(2008a)所说的“社会化资本主义”的一个例子。如果说格莱珉银行所获得的补贴是数以百万计，那么花旗集团所获得的则是数以十亿计。但是，这不是格莱珉或 ASA 所主张的，即发展金融做得正确，补贴和国家担保实际上是必不可少的要素。而且，孟加拉国模式的“公开记录”有悖于“隐性记录”。在谈到自给自足的话题时，遗憾的是格莱珉恰恰模仿了高级金融和商业银行的话语，这种话语它本来是不赞同的。

那么，我们应该如何看待孟加拉国模式，看待其战略、转型和妥协呢？把ASA等机构转变为发展银行业务，是不是一种背叛？ASA总裁沙菲克·乔杜里如是说：

> 1971年的斗争之后，我们大多数人都准备采取社会主义态度。我现在发现自己对这些问题感到困惑：我是叛徒吗？我别无选择。事实证明，金融服务很容易成为帮助穷人的最佳途径。也就是说，是以真正大规模的方式提供服务的最便利、最便宜的途径。
>
> (Rutherford 1995：166)

孟加拉国的其他人赞同此说，一位地方领导人表示："通过向少数人提供信贷，穷人正在分化。他们同时也无所事事。但是，没有生气的人不会带来任何革命。至少，格莱珉银行使乡村贫困人口得以生存。"(Fuglesang and Chandler 1988：188)

孟加拉国模式还力图使发展变得专业化。在一次接受采访时(2004年6月)，伊姆兰·马丁指出，孟加拉国小额金融的"先驱们"的意图，是想创立一个"自我调节"和"高度专业化"的部门，而专业化造成了各种矛盾冲突的激化。例如，在专业化过程中，ASA"用非本地男性代替本地女性"作为职员，对一个想要服务贫困女性的组织来说，这是一种讽刺(Goetz 2001：104)。为了遏制该趋势，BRAC便强调其女性员工的"社会先锋角色"(Goetz 2001：200)。关于发展专业化的探讨，也是关于非政府组织的角色的探讨。从专业上讲，"非政府组织"这个称谓不适用于格莱珉银行的法律结构，但仍暗示其非政府身份。非政府组织，尤其是孟加拉国的非政府组织，不一定是人民的组织或公民的协会。它们是发展的管理者和受托人。"从村民的角度来看，它们可能像是国家或市场的混合体……是新加入‘长官阶级’的成员，或者……是一种特别有利可图的业务。”(White 1999：321)正因为如此，孟加拉国的小额金融非政府组织承受着“抛弃激进政治立场”的指责(Haque 2002:427—428)。

上述讨论也在这些机构中展开。来自BRAC内部的批评，由宣传部负责人阿夫桑·乔杜里富有雄辩地大声发出。2004年12月，在接受一次采访时，乔杜里痛批BRAC的官僚作风，呼吁启动启蒙和动员过程，使穷人能够拥有BRAC所创立的团体的所有权，成为政治行动者而非客户。对于乔杜里而言，提供信贷不是一种发展模式，而是一种“应对机制”，一种由官僚机构做出的“交易选择”，实际上是“一个附属政府”。他认为，有组织地提供服务会消耗社会能量。用乔杜里的话来说，他的愿景是，通过赋予乡村协会权力来扭转这种非政治化和剥夺公民权的现象。

不过他指出，这种赋权可能意味着BRAC不仅必须放弃部分权力，而且可能最终变得无关紧要。这样的论点，应该是BRAC的“宣传”部门提出的。然而，乔杜里的愿景却出现了意想不到的转折。他摈弃了尤努斯和阿贝德所采纳的“社会创业精神”框架及其“理性的人本主义市场观”，坚称只有宏观经济增长，而不是小额贷款，才能最终减轻孟加拉国的贫困。乔杜里承认，小额金融机构曾经对赤贫产生了影响，但他认为，宏观经济力量(从通货膨胀到贸易条件)有可能推翻这种成就。乔杜里相信，能够使政治变得激进的是市场，因为它迫使穷人“摆脱”提供服务和小额金融的官僚机构，这些机构本意良好却具有“半封建”特征。如此一来，这位激进的宣传者便把我们带回千禧年发展的一个关键主题，即经济自由。

异议的表现

在加拿大哈利法克斯举行的2006年小额信贷峰会，是对孟加拉国共识的一次赞颂活动。受尤努斯和格莱珉银行荣膺诺贝尔和平奖的鼓舞，峰会上的发言者们对CGAP的最佳实践一再表示怀疑。这些表现中，最引人注目的来自ASA创始人兼总裁沙菲克·哈克·乔杜里。2006年11月14日举行的关于机构行动计划的全体会议上，在英格丽德·芒罗发表关于肯尼亚小额金融扶贫组织佳美博拉银行(Jamii Bora)的精彩演讲之后，乔杜里做了发言。乔杜里夸耀ASA的快速发展，声称他的组织在12年内实现了BRAC用了24年才取得的成就。他坚持认为："我们是世界上成本最低的小额金融提供商，是小额金融界的麦当劳。我们通过标准化和分散化来运作。麦当劳提供了价格便宜、负担得起的模式。我们提供小额金融。"

最初，这条信息似乎与以小额金融为最佳实践的全球话语保持着一致，对于小额金融，ASA长期以来一直是低成本的宠儿。ASA曾多次被MIX评为全球十大小额金融机构之一，在格莱珉失宠之后，ASA似乎继承了其伟大之处。乔杜里的麦当劳类比曾经被誉为"福特汽车小额金融模式"(Fernando and Meyer 2002)，现在看起来与其把ASA看作生产小额贷款的高效流水线，不如看作敏捷的特许经营网络，迅速地建立了标准化的常规。在哈利法克斯，乔杜里自豪地宣布，根据CGAP确立的全球标准，从生产力到财务上的自给自足，ASA都取得了成功。不过，乔杜里的叙述要比CGAP认可的成功宣言更为复杂。在短短的几分钟内，他就转而对"西方"顾问及其对发展知识流通路径的控制发出愤怒的咆哮：

> 我们运行自己的项目，不是从哈佛拿来的，是我们自己设计的……我们不需要在美国受过教育的人员来告诉我们如何管理账户，计算财务状况。什么是账户？借方和贷方。右侧和左侧。我们无须参加欧美国家冗长且昂贵的课程来学习如何做小额金融，或者如何做饭或开车……顾问们来自西方，每天收费800欧元，住着五星级酒店，研究着贫困问题。

谈到"结果"基金会的创始人兼总裁萨姆·戴利-哈里斯时，他继续说道："对你来说，萨姆，一美元不过是一枚硬币。对于一个孟加拉国人来说，却是两公斤大米。""我们做这项工作是为贫困家庭服务。我们知道哪些人是穷人，什么是贫困。但是，如果不聘用几个有博士学位的学者，他们就不相信我们已经完成了这项工作。"乔杜里的演讲，收获了小额信贷峰会听众们的热烈掌声。与会者们（其中有许多来自南方国家）一下子跳起来，为他赞叹不已。乔杜里成为峰会上的民间英雄，把自己包裹在孟加拉国共识的光环中。

乔杜里在哈利法克斯表现的异议，并不令我感到惊讶。2004年8月在孟加拉国进行研究访问时，我第一次见到了他。在孟加拉国接受的一次漫长采访中，乔杜里明确肯定孟加拉国小额金融模式的优势，摈弃了"CGAP推动的拉丁美洲式商业化"。身为CGAP政策顾问委员会的前委员，他还是认为，CGAP的理念和任务对孟加拉国正在开展的工作来说无关紧要：

> CGAP的问题，以及类似玛格丽特·罗宾逊所写的那本

书的问题，在于用自己的目光而不是用当地人的视角来打量孟加拉国。在这种目光中，孟加拉国似乎是落后的……抱歉，举一个粗俗的例子：在美国，在公共场合接吻是没问题的。但在孟加拉国，在公开场合，我甚至不会坐得离妻子太近。并非在美国产生的所有观念，都能在孟加拉国强加给我们。

实际上，乔杜里对知识霸权的批评，比尤努斯和阿贝德公开表达的批评更为明确和激烈：

> 我们需要研究，为什么小额金融在孟加拉国如此成功。尤努斯和阿贝德在那里做了开拓性的工作，这是需要承认的。在孟加拉国，我们实地展开工作。以这种方式，我们能找出问题所在。西方的那些决策者们，想要首先弄清所有问题。哎，要是那样，会一事无成。他们坚持认为，有100%的免疫接种和100%的清洁饮用水是生孩子的先决条件。但那样一来，孟加拉国就没人能生孩子了。

在那次采访中，与在哈利法克斯峰会上一样，乔杜里特别批评了华盛顿贫困共识所产生的知识：

> 博尔德没有从业人员，我在那里当过老师。该短训班的基调是西方式的，那就是学员们在三周里听到的东西。在那个讲坛上，我们应该有同等的时间来表达想法……看看CGAP的出版物，上面看不到异议。人物一成不变，观念反复呈现。我们需要一个与之对立的网络。

尤其让乔杜里恼怒的，是知识行业：

> 我经常跟伊丽莎白·利特菲尔德讲，CGAP 每次董事会会议的花费都抵得上一个贫困国家全国的小额信贷资金了……亚洲开发银行喜欢给 ASA 戴高帽子，内心却并不真正认同我们的方略。他们的方法很奢侈，就那样坐在马尼拉的豪华建筑中，每月拿着 6 000 美元。所为何来？

乔杜里呼应了尤努斯的忧虑，不过措辞更为尖锐。他指出，孟加拉国的小额金融从业者，没有花哪怕一点时间来为自己的工作在全球层面赋予合法性："我们埋头做事，却不去动笔。我们由此受到伤害，被边缘化了。我们不知道该如何用英语说和写，如何使自己的想法广为人知。"2004 年那一天他最刺耳的批评，或许是以下述轶事的形式出现的。那是关于知识政治的一个寓言，自此以后我一直记得：

> 全世界都想知道，小额金融能不能帮到穷人。我们不会把穷人变成营利的企业家，只是帮助他们生存。问题是顾问出现了，每天拿着 1 000 美元，住着五星级酒店。他们出游到一个村庄，问一个贫穷的女人，小额金融贷款有没有帮到她。女人有些踌躇地回答说，生活发生了一些小变化：莎丽服里面现在能衬一件短衫了，以前一直是没有的，另外现在也有肥皂洗澡了。哈佛毕业的顾问们不高兴了，不相信这就是社会变革。

乔杜里让人们看到了孟加拉国模式的激情，向华盛顿贫困共识发出了棘手的挑战。这一挑战既着眼于道德，点出了为穷人服务的责任；又是现实层面的，主张必须通过实地工作来淬炼出真正的知识。针对华盛顿共识喋喋不休地努力找出和划定贫困人群，约翰·哈奇在2006年小额信贷峰会上讥讽道："贫困就像色情，一望便知。"在2004年的采访中，面对我的问题，即ASA如何识别穷人，乔杜里笑了。他笑着说："就像男人和女人能区分开，穷人和非穷人也能区分开……在孟加拉国，每一个作为选择对象的人都是穷人。为什么我们要花那么多钱去弄清这个问题？"

在哈利法克斯，小额信贷峰会承诺"寻找和实施可靠的方法，评估每天生活成本超过1美元门槛的客户所获得的改善，并且每年向小额信贷峰会运动报告这些结果"。凯特·麦基曾任美国国际开发署小微企业部负责人，现在是CGAP的高级顾问，她强调"捐资人和投资者都必须投资于这门知识"。她宣布，CGAP将与格莱珉基金会合作开发此类工具。然而，正如乔杜里的严厉批评所指出的，类似的方法在孟加拉国已经运用了数十年。格莱珉银行的"贫困水平十项评估指标"(Yunus 2006b)，是对人类发展复杂而细微的表述，从能否获得安全用水和住房，到不利处境和物质匮乏的季节性变化，都在其中。但是，在推动小额金融界达成一种以华盛顿为中心的全球共识时，此类形式的实践变得范围狭窄，甚至地位边缘。在新的千年中，这样的方法正在被重新"发现"，往往还是作为古朴又奇异的人工事物。

乔杜里的异议表现，并未揭示孟加拉国贫困共识的"隐性记录"。在峰会上，对于地方和国际的发展金融在制造孟加拉国悖论方面的关键作用，或者对于穷人利用小额金融贷款作为社会保护，乔杜里几乎不置一辞。在这一点上，尤努斯也是如此。与之相反，"公开记录"则无处不在。

同样存在的问题是，孟加拉国模式是否可以中断贫困资本的流通路径，那些资本试图将小额金融转变为积累和利润的前沿领域。毕竟，2006 年的小额信贷峰会这个异议的渊薮，赞助者都是全球小额金融行业的主角，从奥米迪亚网络到花旗集团，都在其中。主办者中最显眼的是著名农资企业孟山都集团，其徽标印在了所有的会议材料上。1998 年，在第一届小额信贷峰会上，格莱珉就宣布与孟山都建立合作关系。这家农资企业希望使用格莱珉的网络“分销种子，回收款项，并约束某些农民，这些农民想要自行储存种子来繁殖，而不是购买孟山都公司改造过基因、会自行毁灭的品种”(Elyachar 2002:498)。在一封致尤努斯的公开信中，南亚生态女性主义者范达娜·希瓦宣布，这种合作关系背叛了贫困女性的利益：“你们为‘终结者’种子或者获得专利的种子提供的小额信贷支持，会不可逆转地奴役她们。”(Shiva 1998)格莱珉银行于是退出合作。然而，在大胆嘲讽华盛顿贫困共识的 2006 年小额信贷峰会上，这种合作关系似乎已经恢复。孟山都公司的徽标显得格外刺眼，对它的存在，沉默占了上风。

第四章　免费资金受到污染：中东的债务、约束和依赖

只有不再需要外人在场时，小额金融才会在阿富汗持续下去，长期存在。

（阿富汗小额金融投资支持中心主任阿姆贾德·阿巴卜，2008[①]）

帝国边疆的小额金融

在阿富汗小额金融投资支持中心（Microfinance Investment Support Facility for Afghanistan，MISFA）的网站上，贴了一张象征希望的图片。那是小额金融客户恩扎尔·古尔的照片。“早在1996年，年仅23岁时”，恩扎尔“由于遭到地雷袭击，失去了双腿、左臂和两根右手手指”。他所代表的，是“真正的幸存者”。作为小额金融的成功故事，古尔在四个月而不是六个月内偿还了贷款，还

① 阿富汗小额金融投资支持中心主任阿姆贾德·阿巴卜（CGAP 2008d）。

图 4.1 恩扎尔·古尔，小额金融客户（MISFA）

当起了园丁，把自己那一小块土地变成了“繁花似锦、赏心悦目的苗圃”。

“他的客户是赫尔曼德邦的富人，包括在该省开展业务的国际非政府组织的工作人员。”照片中，恩扎尔·古尔坐在他那“定制的手动三轮车上”。每天，他都要骑着这辆车赶路，行程“通常花费一个多小时，走完大约四公里的崎岖道路”。在网站上，古尔的经历和照片周围环绕着西方捐资人的徽标，这些捐资人对 MISFA 的创立都有贡献，其中包括世界银行、CGAP 和美国国际开发署（http://www.misfa.org.af/，2009 年 2 月 1 日访问）。

带着残肢，驾驶一辆三轮车，必须穿越基础设施匮乏的道路，用古尔的话来说，“前方的道路总是确定的”。与之相应，MISFA 同样乐观，它想成为新千年之初发展所能取得的成就的象征。2003 年，该机构由阿富汗政府创立，旨在纪念“2001 年 12 月战争的结束”，并将小额金融作为战后重建的工具。MISFA 充斥着最佳实践、透明度和问责制的措辞，力求避开会“严重扭曲金融市场”的“补贴信贷”形式。可以说，MISFA 的宗旨就在于协调捐资人的实践和目标，创造出“可持续小额金融部门”，“为整个阿富汗的穷人，特别是女性服务” CGAP(2008a)。这份勇气十分值得嘉许：“世界银行、CGAP 和随后的捐资人，抓住机会在这片处女地创立堪为典范的小额金融行业，从一开始就着眼于做正确的事。”

乍一看，阿富汗的小额金融似乎处于小额金融“最佳实践”的前沿。然而，那里也是一片复杂的发展地域，其特征是主权四分五裂，充满含糊和矛盾。由 MISFA 资助的许多项目，例如由 BRAC、国际社会援助基金会和阿迦汗发展网络运营的那些，都植根于非政府组织而非商业银行模式。实际上，BRAC(阿富汗)似乎与 BRAC(孟加拉国)同样投入地致力于“小额金融倍增”模式。在这里，它的小额金融业务与其他五个项目，包括基础设施和社会发展项目、社区卫生项目、教育项目、培训和资源中心项目以及农业和禽畜项目，一起运行。它的各种实践，依赖于孟加拉国模式的那些为人熟知的基础元素，比如社区卫生工作者。

作为小额金融的前沿，阿富汗很容易被视为发展的两种范式竞逐的战场：一方面，是华盛顿贫困共识采取先发制人的行动占领该区域，另一方面，则是孟加拉国模式对侵袭的抵制。但是，当地的现实看起来更像是一团乱麻，而不是僵持不下。例如，BRAC 是阿富汗公共卫生部的合作伙伴，在基本卫生服务包(Basic Package of Health Services，BPHS)中负责实施工作，该项目由世界银行、美国国际开发署和欧洲委员会提供支持和资助。如此一来，国家、非政府组织和捐资人看似彼此分离又相互矛盾的种种理念，便是一种单一发展结构的要素。自 2002 年注册为外国非政府组织以来,BRAC(阿富汗)努力提升在当地的业务能力,训练阿富汗人来管理和落实发展事务。为了紧跟 CGAP(2008d)所称的小额金融部门的"阿富汗化"步伐,BRAC(阿富汗)雇用了大量阿富汗人。正是这家外国非政府组织,一直充当着阿富汗国家核心发展项目中负责落实的合作伙伴。它的愿景,即"建立一个公正、开明、健康、民主的阿富汗,摆脱饥饿、贫困、环境恶化以及一切基于年龄、性别、宗教和种族的剥削",是在一体化的基础上提出的,把 BRAC 在阿富汗解放战争后的创立,与战后阿富汗的复兴与发展等同了起来。

不过,这毕竟只是 BRAC 的愿景,一个把"女性的权利及其在阿富汗社会中的地位"置于发展之核心的愿景,也是一个直接得自孟加拉国经验的愿景(http://www.bracafg.org/about1.php,2008 年 11 月 18 日访问)。CGAP 的小额金融高级专员赛义德·哈西米由此指出:

> 对于人们能在阿富汗实现怎样的成就,MISFA 全然违反了所有的期望……他们说:"不能借钱给阿富汗女性"……他们却把钱借给了女性。他们说:"不能在阿富汗雇用女性信贷员"……他们却有女性信贷员。他们又说:"在阿富汗,不能让女性担任管理职务"……现在我们看到,女性成了分公司的经理。
>
> (CGAP 2008d)

不过,哈西米也是孟加拉国共识的对话者,他的小额金融框架植根于他在格莱珉和 BRAC 的工作经历。从 BRAC(阿富汗)到 MISFA,阿富汗的发展提出了有关自治和主权的紧迫问题。

在这里，有必要回头看看古尔的故事。在战争之后，他是希望、重朔和重建的象征。但是，他同时也是阿富汗旷日战事的怪诞象征，嘲笑着美国在2001年关于战争结束的宣告。他以残躯打理着富人和国际非政府组织的花园。当今阿富汗的这些断面，曾经隐藏在关于小额金融和创业精神的欢庆语言中，如今正逐渐显现出来。它们让我们想起的是这样的阿富汗，一个被塔里克·阿里(2008:13)描述为“破碎的国家”的阿富汗，一个“受非政府组织和北约联合掠夺”的国家，在这个国家中，“新的精英聚集在卡尔扎伊周围，占领军……专门从外国援助中捞取油水，来搭建自己的贪污和操控交织的犯罪网络”。阿里(2008:14)声称：“所谓的190亿美元‘援助和重建’资金，最后落到阿富汗民众手中的微乎其微。”非政府组织和一万名非政府组织工作人员，“已经把喀布尔变成了淘金热期间的克朗代克……只接受某个远方机构的指令……随后，同样的情况还出现在……所谓拥有主权的阿富汗政府身上”。这个破碎的国家还容纳了跨国囚犯、在反恐战争的“黑暗地带”暗藏的群体，以及中情局秘设的无名监狱，比如“盐坑”和“暗狱”(Paglen and Thompson 2006: 126)。

于是，不可避免地，阿富汗的小额金融成了帝国边疆的一部分。这种帝国主义的占领和统治，不仅通过战争、军事力量和暴力，也通过人道主义、援助和重建来实施。在这里显而易见的，既有资本主义的扩张，也有地缘政治的主导。美国国际开发署试图在阿富汗重建基础设施和治理体系，以“投资于人民”。同时，它也想要通过“将国有资产迅速转移给私人部门”，使阿富汗经济私有化，从而创造出“透明的市场经济”(http://afghanistan.usaid.gov/，2008年9月29日访问)。因此，阿富汗等地的“反恐战争”，必须被理解为“填补全球化间隙的战争”(Smith 2004:xv)。

但是，在阿富汗发挥作用的并不是其他类型的资本，而是发展资本。在这些资本流通路径中，小额金融是芯片或微处理器，促进着对电信等行业的投资，以及对贫困女性等有价值的事业的投资。还有一些重要的事实流通路径，与这些资本流通路径相关联。美国对阿富汗的占领，不仅是对“9·11事件”的报复，同时也是以民主和法治的名义进行的。占领行动的支持者，比如《华尔街日报》前主编马克斯·布特认为，现在是时候向阿富汗这样的“无政府”国家提供“开明的异国管理了，自信的英国人一度就用马刺和头盔施加过这种管理”(Ferguson 2002: xii)。古尔的残躯必须放到这种历史背景下，这一背景直截了当地表明了现已获得解放的阿富汗的创业前景，并让人想起“开明的异国管理”的种种暴力，正是那些暴力使得解放和创业精神成为可能。

格里什克是阿富汗中部赫尔曼德河畔的一个小镇，1996年，就是在这里，时年23岁的古尔在一次地雷爆炸中失去了手脚。自2002年以来，赫尔曼德省本身既接受了大量外国援助，又是罂粟文化大肆扩展的地方。不过，那里也有更为悠久的历史。格里什克见证了阿富汗悠久的殖民主义和被占领的历史。在1839年至1842年的第一次英阿战争中，格里什克堡垒被英国占领。格里什克位于1号公路上，那是1979年至1989年苏联占领阿富汗期间建立的运输通道。

在这样的时刻，与其他许多时刻一样，种种利益和欲望在边疆之地阿富汗彼此竞逐：19世纪，不断扩大、势力胜过波斯帝国和俄罗斯帝国的大英帝国，宣称拥有阿富汗的主权；20世纪，一方面是苏联共产主义，另一方面是宗教圣战者、美国中央情报局和沙特君主制所结成的联盟，两者以阿富汗为战场展开殊死搏斗。正是后一个背景，催生了本土原教旨主义，塔利班由此成型。“9·11事件”之后，针对塔利班政权，美国国际开发署给出了打击恐怖主义和应对贫困的自由主义议程。也正是后一个背景，伴随着跨国伊斯兰激进主义与美国地缘政治的邪恶结合，才造就了21世纪的基地组织和奥萨马·本·拉登。古尔在格里什克落下的残躯，就站立在这种千禧年历史的十字路口。

“大规模救助性武器”

那一片被命名、想象为“中东”，并由此加以控制的领土，并不是阿富汗所处的地方。殖民地的建设所划定的与其说是地理位置（比如南亚），不如说是地缘政治的逻辑，即与权力和霸权中心之间的距离。有必要问一句：哪里之“中”？什么之“东”？这种地缘政治的核心，便是爱德华·萨义德（1979）在对殖民主义的开创性分析中提出的“东方主义”。在“9·11”袭击之后，随着美国发动针对阿富汗的报复战争，中东的边界似乎再次延伸了，阿富汗与伊拉克一起，成为军事干预的最新地点，由一种与“穆斯林世界”相关的新帝国主义和东方主义联系在一起。在那里，存在着千禧年帝国主义的某些关键特征。正如我已经指出的，它提出了关于无政府的、失常的和落后的社会的主张，认为这种社会必须通过帝国主义占领来征服和教化。文明本身既是从民主，也是从经济全球化的角度来系统阐释的。尼尔·弗格森（2002：xix）是新千年美式和平（Pax Americana）的拥护者，他由此发问：“没有炮舰，能实现全球化吗？”这样的经济全球化，一直是对伊拉克和阿富汗两个经济体进行的赤裸裸的私有化，往往是通过帝国手段以及类似哈里伯顿公司（Halliburton Inc）和黑水公司（Blackwater Inc）这样的战时雇佣机构实现的。激进主义者阿兰达蒂·洛伊（2003）由此声称：“伊拉克不再是一个国家，而是一项资产。”该资产如何使另一项资产，即小额金融的资本化成为可能呢？

“9·11”虽然成为占领伊拉克和阿富汗的机会，却也使经济全球化的商人和帝国主义权力，与人们感觉到的“阿拉伯街”上的愤怒正面遭遇。一次在参议院作证时，美国国际开发署引用布什总统的话，明确指出了减贫战争与反恐战争之间的联系：“我们与贫困作斗争，因为给人希望是对恐怖主义的回应。”（Chamberlin 2003）正是通过这种方式，“9·11”带我们重回减贫事业，重回小额金融，重回恩扎尔·古尔。

恐怖和贫困的话语，并非布什政府以及伊拉克和阿富汗的帝国管理者所独有。在一篇题为“大规模救助性武器”（“Weapons of mass salvation”）的文章中，杰弗里·萨克斯（2002：217）提出一个论点：“人们无法仅凭军事手段来发起对抗大规模杀伤性武器的战争。”正如搜索“大规模杀伤性武器”使得对伊拉克和阿富汗的军事占领师出有名，萨克斯也强调要重视“大规模救助性武器”，即“抗艾滋病药物、抗疟疾蚊帐、安全饮用水泵压水井，等等”。他说这些东西“能挽救数百万人的生命，也是全球安全的堡垒”。看起来，反恐战争无法避免一场对抗贫困的战争。时任世界银行行长詹姆斯·沃尔芬森宣称：“在安全和贫困之间，没有隔离墙。”（Mallaby 2004：12）下面再引用萨克斯的一段话（2005：1）：

> 自 2001 年 9 月 11 日以来，美国发动了一场反恐战争，却忽略了造成全球动荡的深层原因。今年，美国将在军费上支出 4 500 亿美元。如果仍然只花费其数额的三十分之一，即 150 亿美元，来救助世界上最贫困的穷人，上述军费则永远买不来和平。那些穷人的社会由于极端贫困而动荡不安，由此

成为骚乱、暴力甚至全球恐怖主义的避风港。

在世人看来，小额金融是“对抗贫困的战争中最有效、最划算的武器之一”，是“为建立更强大的经济和更稳定的社会而交出的首付”；它是一种方略，既是“良好的发展政策”，又是“良好的安全政策”(Hochberg 2002)。“9·11”之后的几个月，从《休斯顿纪事报》(2002 年 3 月 18 日)到《波士顿环球报》(2002 年 3 月 18 日)，各家报纸都得出结论，认为小额金融可能是“一点一点”与贫困和恐怖主义做斗争的一种方式。《波士顿环球报》认为，“这是合理的外国援助，”“而不是施舍。钱给了人民，而不是政府，好处显而易见……需要花钱更多的地方是阿富汗，那里恐怖主义泛滥成灾，人们被贫困压得喘不过气来”。几年后，热情并没有退却，前国务卿马德琳·奥尔布赖特指出了小额金融的“宏观利益”，认为“事实已经证明”，它是“将痛苦转化为希望的工具，一次施用于一人”(Albright and Doerr 2004)。

小额金融是进行大规模救助的首选武器，于是，中东便成了反恐战争和对抗贫困之战相交织的场所。美国国务院于 2002 年发起的中东伙伴关系计划(Middle East Partnership Initiative, MEPI)，把资源导向了中东，以“在草根层面创造教育机会，促进经济机会，为促进私人部门发展助力，并强化民间社会和整个地区的法治”(http://mepi.state.gov/，2008 年 10 月 13 日访问)。中东伙伴关系计划怀抱着经济改革和民主改革的双重目标，是力图使用小额金融等工具的“更友善、更温和”的帝国主义的一个例子。因此，这里也交织了各种力量和能量，包括千禧年发展及其减贫任务、在中东由反恐战争驱动的帝国扩张，以及小额金融作为创业和赋权工具在全球受到的欢迎。

这种交织，可以从时任总统布什发起的一项倡议，即“美国自由团”中窥见。根据布什总统2002年国情咨文（Bush 2002）中的描述，成立美国自由团的目的是“强化‘9·11’之后无数的服务、牺牲和慷慨行动”。一年后，布什还会宣布美国自由团的一项特别倡议：“缔造繁荣志愿者计划”，旨在“为美国高端专业人士在国外服务提供新的机会”，并“向世界展示美利坚合众国的能量和理想主义”（http://www.volunteersforprosperity.gov/about/，2008年10月13日访问）。MEPI是缔造繁荣志愿者计划的合作伙伴。MEPI还与“非营利性、公私混合”志愿者网络，即“金融服务志愿团”建立了合作伙伴关系，后者“力图创立资本市场”。1990年，“应美国总统要求”，一位美国前国务卿和一位高盛前董事长联手创立了金融服务志愿团，其愿景是“创立强大的金融体系，以实现更高的生活质量”（http://www.fsvc.org/，2008年10月13日访问），听起来像是CGAP的口吻。MEPI的埃及项目中，就包括资助金融服务志愿团的活动。于是，在反贫困战争和反恐战争的交汇处，便是新千年布局的一些关键要素：自由、繁荣和金融服务。

然而，中东和小额金融的布局存在重大矛盾。一个矛盾，是伊斯兰教与高利贷之间表面上的冲突。不过，事实可能会证明，这是所有困境中最简单的矛盾，毕竟在从孟加拉国村庄到贝鲁特南部郊区的许多穆斯林环境中，小额金融都在兴旺发展。事实上，正在出现一种新型的全球化“伊斯兰金融”，它由石油美元支撑，并受到“中东富裕穆斯林对纯粹性的新追求”的推动（Maurer 2005：9）。这个伊斯兰金融的世界，灵活地管理着利息收入的问题。由此，CGAP（2008a）刊物把伊斯兰小额金融列为“新的市场利基”。

但是，一个更为长期的矛盾，也是美国国际开发署工作人员经常讨论的矛盾，涉及小额金融的目标。从孟加拉国的国情中浮出水面时，小额金融是一项向贫困的已婚女性提供贷款的技术，在南亚那些人口稠密的村庄，这些女性深陷父权制家庭中。“9·11”之后，小额金融作为一项发展技术被部署在中东，目标人群是美国最显而易见的穆斯林：阿拉伯街上愤怒的年轻人。美国国际开发署的官僚们强烈地意识到了这一挑战，其中的一位高级官员说（2005年6月）：“我们承受着向年轻人提供贷款的压力。”“有人告诉我们，这些年轻人要么会利用这些贷款，开始自己的炸豆泥生意，要么会成为人肉炸弹。”用美国国际开发署另一位官员的话说（2004年3月），小额金融已成为“一般的穆斯林国家年轻人怒气的安全阀”。

“心怀不满的年轻人”（一种委婉的说法）问题，在该地区相当严重。每一年，《千禧年发展目标报告》都显示，在中东和北非国家中，受教育的青年失业比例最高。这些数字几乎没有什么变化，它们表明的是经济边缘结构的巩固和公共就业的紧缩。这些数字还引发了关于青年和恐怖主义的焦虑话语，就好像中东青年男性（和女性）面临的选择已经受到明确限定：成为创业者、出售炸豆泥，或者成为人肉炸弹。作为向南亚贫困农村女性提供贷款的技术，小额金融能否有效地解决中东城市受过教育的年轻人的失业问题？类似的问题，在本章后面我讨论埃及和黎巴嫩小额金融的话语和实践时，将成为关注重点。不过，它们也有违于MEPI和美国面向中东的其他入侵行动的主要目标：向女性赋权。

由于存在着以年轻男性为目标群体的疯狂努力，所以也存在着一种普遍的说法，即通过“培养女性创业者”（Husseini 1997）来改造中东社会。这项任务符合小额金融的一般主题，也是以第三世界贫困女性的名义展开的一种发展形式的主题。千禧年帝国也是“以她之名”。通过军事占领实现伊拉克和阿富汗的民主化，本

意是想解放女性。在美国对阿富汗的占领初期,这是显而易见的:

> 北方联盟刚从喀布尔逐出最后一波塔利班分子,第一夫人劳拉·布什便接过丈夫的每周广播讲话,对军事行动的成功评论一番。她说:"由于我们最近在阿富汗大部分地区取得的军事成果,女性不再被囚禁于自己的家中。"美国一些报纸拿出头版,登载了女性扔掉罩袍的照片,杂志则刊登了关于女孩重返校园的洋洋得意的文章。在这场胜利后发表的第一份国情咨文中,总统宣布:"今天,女性自由了。"
>
> (Sevcik 2003)

《纽约时报》的一篇社论(2001 年 11 月 24 日)宣称:"阿富汗女性重新获得的自由,是美国人能够为之庆祝的一项附带利益。"以意料之中的口吻,社论称女性小额金融是减轻贫困的最"有效"方式之一。这场军事行动被称为"持久自由行动"(Operation Enduring Freedom),看起来既是为了经济自由,也是为了女性自由。这两种前景,小额金融都有望给出。

自由是《阿拉伯人类发展报告》(Arab Human Development Reports)的一个关键主题,报告中包含一项"自由得分",是专门为阿拉伯世界修改的人类发展指数(Hasso 2009)。2005 年《阿拉伯人类发展报告》的标题为《迈向女性在阿拉伯世界的崛起》(*Towards the Rise of Women in the Arab World*),关注的是阿拉伯世界的"性别平等赤字"(Abu-Lughod 2009)。这篇文字持续受到激烈讨论。按女权主义学者的解读,该报告使"阿拉伯世界变成负面的参照对象,映衬出开明且所谓与文化无涉的现代西方"(Abu-Lughod 2009:86),并把阿拉伯女性描述为"受害女性"

(Hasso 2009:63)。报告的撰写者之一伊斯拉·贾德(2009:61),披露了文字出炉过程中的挣扎。她认为报告是在表达反对帝国主义的立场,"断然"驳斥了"占领该地区的力量(美国人和以色列人)的一种企图,即借助女性权利把自己装扮成'女性解放者'或促进发展的力量"。不过,她也指出,对于影响阿拉伯世界女性生活的许多不同类型的特权和不平等,报告没有发表评论:"这一缺陷与作者中部分人共同持有的'内部'观点有关,这些人受到一种新自由主义和女性自由权观念的强烈驱使,对于自己就哪些东西对妇女'有好处'做出的判断'信心十足'。"(Jad 2009:62)贾德的评论显示了一种重要的紧张关系:对帝国主义的摈弃,可以与对新自由主义及其经济自由主题的采纳同时发生。诸如此类的和解与矛盾,并不是单纯由西方强加给穆斯林和阿拉伯世界的,它们在各种主权场所都在活跃地产生。

约束与债务

2005年冬季,埃及启动了"国家小额金融战略"。活动在万豪酒店的宴会厅举行,我有幸参加。埃及小额金融领域的主角们都现了身,包括美国国际开发署、联合国开发计划署、社会发展基金,以及多家全国和国际商业银行。埃及主要的发展咨询公司EQI,承担了活动组织和策划的大量工作。此次活动中,同时颁发了花旗集团基金会赞助的"全球小微企业奖",设立此奖的目的是"在阿拉伯地区奖掖创业精神并促进小额金融"。大厅中的人群泾渭分明,一边是小额金融行业的"专家",包括银行家、官僚、顾问、发展经纪人和部长阁员,另一边是发展的接受者,即身为小额金融借款人的贫困女性。在万豪酒店的走廊和宴会厅中,很难找到这些身着长袍、裹着头巾的女性。走廊和宴会厅是由19世纪的埃及统治者建造的宫殿式建筑，在苏伊士运河开通仪式上，那些统治者极力想给法国皇后欧仁妮，从而也给整个欧洲，留下深刻印象。对开罗所做的这一奢华而夸张的改造，是为了使埃及破产，并为英国和法国的殖民占领创造条件。一个多世纪后，就在这座宫殿中，一项新的关于发展的展览正在展出。来自开罗的米里亚、杜拉布阿尔阿玛和布拉克等几个贫民区的贫困女性，是展览的重要内容。她们既体现了创业精神，又体现了赋权。花旗集团基金会的一位代表，向被视为最成功的“小微企业家”的女性颁发了奖项。随着发展界人士礼貌性地拍手鼓掌，那些女性激动地嚎叫，使整个宴会厅充斥着“本土”的热情。

奖项本身就是“小微企业家精神”奖不断扩展的通道的一部分，后者随地区、规模和管辖权的不同而存在细微的差别，从沛丰到阿拉伯世界主要的小额金融网络 Sanabel 所评选的奖项，都在其中。这些奖项，使得小额金融所触及的那些人走到台前。比如那个“阿富汗母亲”扎伊纳布·巴拉特·潘达·汗，“生了六个孩子”，以编织地毯为业。起初，她对小额金融满怀踌躇，后来还是接受了，从而“使收入增加了70%”。现在，她鼓励“村里的其他女性都申请贷款”（http://www.chfinternational.org/node/28374，2009年1月17日访问）。还有泽纳布，在格莱珉基金会群发的一封电子邮件中（2009年2月27日），她被誉为“来自阿拉伯世界的福音”。泽纳布成了“本周特别报道”的对象，她用45美元贷款办起一家公司，销售木制厨房用具，所获得的成功大受称许。“随着业务的发展，她能够获得的贷款数量也增加了。今天，她的三个孩子都找到了工作，并与泽纳布一起经营公司。她拥有自己的车间，储备了原材料。她的最后一笔贷款偿还金额为4 000埃及镑（700

美元)。她笑着说:“这比任何一名政府官员两个月的收入还要多。”

很少有人谈论评选和授予此类奖项所涉及的工作——那就是小额金融组织提交申请这类细致入微的工作,申请必须证明小额金融所促成的转变,即由痛苦的生活变成充满希望的生活。这是一项披露事实的工作,也是一项复杂的工作。例如,有些获奖者不能让自己的家人知晓,因为它揭示了女性努力在牢固的父权制下谋求生计独立的秘密行为。雷汉姆·法鲁克,埃及小额金融组织塔达蒙(Al-Tadamun)的负责人,向我讲述了萨那贝尔小微企业家奖一位获奖者的故事(2006 年 1 月)。由于向丈夫隐瞒了自己的小额贷款,她无法前往摩洛哥领奖。这名女性是否象征着在阿拉伯世界通过小额金融向女性赋权的做法失败了? 还是说,她的秘密行为恰好表明了这种赋权?

关于自治和主权的问题,同样困扰着埃及的国家小额金融战略。这项战略的实施,是为了象征一项联盟,一方是“富有远见的”捐资人,另一方是“疑心重重的”社会发展基金,即负责小额金融的主要政府机构。那么,这项国家战略属于谁? 是归埃及政府所有,还是归创立了全球小额金融最佳实践的双边和多边捐资人所有? 这场探讨在盛会的阴影下进行,本身就表现了国家自治与捐资人推动的发展之间的区别。毕竟,社会发展基金既是政府机构,也是根据捐资人议程来设立的,由此拆穿了埃及主权这一观念。它是由捐资人创建和支持的一家国家官僚机构,目的是减轻强制性国家经济自由化造成的社会破坏。这种自由化,是由捐资人通过结构调整和紧缩的各种制度来强制实现的。因此,社会发展基金是新自由主义和国家主导的社会保护相结合产生的怪胎。看来,小额金融是展现这种悖论的一种特别有效的方法。

埃及的国家小额金融战略，不仅把看似彼此独立的国际捐资人和埃及政府联系在一起，还巧妙地营造了一项共识，自由市场原则与减轻贫困在此共识中能够协调起来。该战略列出了三项核心原则：

> 穷人如果能够以最优惠的价格获得各种服务，并能在不同的金融服务和不同的提供商之间进行选择，便会得到最好的服务……当埃及存在小额金融的自由市场时，这种情形最有可能出现……并且只能通过商业资本的调动。
>
> (Waly 2005)

这样一种战略，可以被理解为对华盛顿贫困共识不加掩饰的预演，“把小额金融的商业化置于埃及发展议程的核心”(埃及政府，2005:1)。关于“最佳实践”小额金融的讨论，在该战略的字里行间表现突出，其中第一页便把“经济活动活跃的穷人”列为目标人群，并在附录中完整地收录了CGAP的小额金融关键原则。但是，此项战略不仅是对CGAP共识的照搬，也是对具有埃及特色的共生局面的表述，在此局面中，发展必须跨越各种悖论。一个悖论是，面对“埃及的大多数小额金融举措，即营运资本融资，一直由捐资人驱动并接受补贴这一事实”，坚持“可持续的金融服务”(埃及政府，2005:14,10)。还有一个悖论是，以“自由市场”的形象朔造小额信贷，却依靠国家“来促进对更广泛的机制的运用，以此获得信贷”，特别是各种形式的“替代担保”，包括“非正式房产和地产、可移动资产、商业票据、社会/同行压力，以及非常规担保机制”(埃及政府，2005:3)。这些悖论表明了债务、约束和依赖等难题，它们如今处于埃及发展问题的核心。

一种依赖的生态

说埃及的小额金融首先是美国国际开发署的一个项目，并不夸张。小额金融在埃及的诞生可以追溯到 1988 年，那一年，美国国际开发署向亚历山大商业协会（Alexandria Business Association，ABA）提供了一笔赠款。作为一家商人协会，ABA 自 1983 年以来一直充当社会服务组织，秉持伊斯兰的扎卡特理念，即向穷人施舍。美国国际开发署的赠款使 ABA 转变为小额金融组织，为从慈善事业向专业化的发展转变打下了基础。利用美国国际开发署提供的资金，ABA 现在可以为金融企业和创业活动提供贷款了。"工程"的管理方，是埃及最大的发展咨询公司之一 EQI。正如 EQI 一位高层人员所详述的（2006 年 5 月），该公司通过竞标成功拿下合同，要把 ABA 创立为小额金融机构。在此过程中，EQI 力图创立一家拉丁美洲风格的机构，使信贷容易获得，并成为埃及那些非正式信贷协会，即中小企业主要信贷模式"伽马亚特"（*gammayat*）之外的另一种选择。通过与 EQI 签订合同，美国国际开发署随后多次重复使用该技术，最终创建了一种小额金融生态，遍布于埃及各省，由充当着小额金融基金经纪人的非营利商业协会和社区发展协会组成。

这种生态由美国国际开发署严密掌控。在世界范围内，ABA 是公认的埃及小额金融的"市场领导者"，其本身便是不断变化的美国国际开发署议程的直接结果。ABA 最初专注于向中小企业提供贷款，后来于 2001 年启动了一项完全针对贫困女性的新项目。项目取名为"绽放"（Blossoms），采用了群体贷款模式，再次由 EQI 来设计安排（Brandsma and Burjrjee 2004：42）。按 ABA 工作人员的说法，那是由"美国国际开发署的各种条件"得出的结果。

尽管实现了较高的还款率，客户也快速增长，但 ABA 会长还是认为“绽放”项目难以实施（2005 年 7 月）：

> 我应该操心的，是让美国国际开发署满意还是让我所在的社区满意？对女性的贷款是有问题的，我们面对着许多反对意见。就连政府里也有人反对。最终，穆巴拉克夫人为了促成这一想法，不得不发问：帮助女儿、妻子、孙女、妹妹，对你会有伤害吗？我们要清楚一点：是美国国际开发署强迫我们启动了该项目。

“绽放”项目必须放到一个背景下来理解，那就是美国在所谓的阿拉伯民主化进程中的利益。阿拉伯女性的解放和赋权，是这一进程中的核心标志。但是，“绽放”还必须根据美国国会对美国国际开发署施加的条件来打量。贫困借贷就是这样的一个重要标准：“用于贫困借贷的贷款数量（低于 350 美元），预计将增加到占贷款组合包的 50％。”（EQI / NCBA 2005：4）上述条件是小额信贷峰值努力游说的结果，本书前面有一章已经作了介绍。在埃及，以此方式确定贫困对象，是通过主要向女性提供贷款的“绽放”之类的群体贷款项目实现的。一般认为，具有创业精神的男性不太可能参与代价如此高昂的事项，包括小额贷款、小组会议以及引起不良社会印象的贫困对象确定过程。

到 2006 年，我在 ABA 进行第二轮访谈时，氛围又发生了变化。ABA 的所有资金还是来自美国国际开发署，现在却面临一种压力，即首先通过募集商业资金来“实现独立”。员工们对这一新方向，即捐资人想要通过培训来“建立能力”却不为项目提供资金，持批评态度。他们表达了焦虑，认为即使身为“市场领导者”，也不足以保证ABA获得足够的商业资金。ABA和埃及其他小额金融机构认为,自己陷入了一种两难情境:一方面,美国国际开发署在小额金融领域占主导地位,现在却拒绝释放更多资金;另一方面,由于美国国际开发署的存在,其他捐资人或投资者便不可能进场。不过,ABA职员仍然对华盛顿贫困共识的其他一些要素深信不疑,尤其是博尔德短训班产生的种种权威知识。ABA副会长曾自豪地谈到他参加博尔德短训班以及作为“培训师中的培训师”的资格(2006年6月)。他和其他ABA职员坚持认为,“最佳实践”小额金融是必要的,最有效的小额金融模式是由玻利维亚成熟的商业机构阳光银行提出的。与对美国国际开发署状况的抱怨不同,他们把该模式称为在沾染着低劣手法和政治操纵的发展界自由选择的一种模式。与被他们一再称为“政治基金”的社会发展基金不同,“最佳实践小额金融”的士兵们自豪地宣称,自己具有发展专长和专业精神。

美国国际开发署在埃及的小额金融生态,带来了一个困境。华盛顿贫困共识倡导“可持续的小额金融”,看重诸如“运营上的自给自足”和“财务上的自给自足”之类的可持续措施。该共识对孟加拉国小额金融模式的摈弃,是用补贴指数和其他依赖性指标表达出来的。但是,在埃及,小额金融行业仍然极其依赖于美国国际开发署,从那里既获得财政援助,又获得技术援助。这种依赖,不仅与CGAP在全球推广的“最佳实践”背道而驰,还有悖于美国国际开发署在埃及的使命,即支持“金融私有化”。所以近年来,华盛顿发展圈子的机构发布的报告,开始唉叹埃及小额金融的状况。这些报告指出,自1989年以来,美国国际开发署已向埃及的小额金融部门拨款1.41亿美元,结果却“创建了在视野和增长方面都高度依赖于它的一些机构”。对捐资人的这种依赖,被视为象征着一种更严重的不安:“美国国际开发署的合作伙伴中,有许多视野狭隘,缺乏健全的治理,效率极低……眼里只有捐资人而不是客户,这种态度又使它们更多地由供给方驱动,而不是以市场为导向。”(AVID Consulting Corporation 2004:1)MIX(2003:4)编制的《阿拉伯小额金融标杆分析报告》给出了如此概括:“阿拉伯的小额金融机构,仍然几乎完全依赖于捐资人的资金。”

以上表述等于宣称那些机构失败了,而做出表述的,正是养成了这种依赖生态的那些发展力量本身。所以,安坐在位于开罗的美国国际开发署总部,该署的一位高级官员(2004 年 8 月)才会向我断言,小额金融机构对美国国际开发署的依赖正在阻碍“对发展进行去中心化的规划,以及受援国对发展的完全所有权”。他说:“是时候了,该部门应该有一种商业模式,而不是依靠我们的拨款。”他指出,这样做,埃及的小额金融机构可能不得不停止专注于减贫。在美国国际开发署本身迫使 ABA 等组织以贫困女性为对象仅仅几年之后,那位美国国际开发署官员就宣称,聚焦于女性是“分散注意力”,与“CGAP 的最佳实践”不符。他指出,最令人困扰的是一种发展背景,即完全依赖于美国国际开发署的资金。他大胆断言:“这是对免费资金的污染。”他的副手是个埃及人,主要负责与小额金融机构的联络事宜,这些机构直到现在一直受到美国国际开发署的严格控制和监管。副手完全同意他的观点,鹦鹉学舌道:“是的,是对免费资金的污染。”

对“免费资金受到污染”的担忧普遍存在。由于美国国际开发署力图对它所创立的小额金融组织施以约束,这些小额金融组织本身便也设法约束其员工和借款人。债务、约束和依赖的链条,从国际发展组织经由非政府组织,一直延伸到穷人那里。美国国际开发署必须奋力约束其非政府组织,因此非政府组织本身也在奋力约束穷人。“结构调整计划(Structural Adjustment Programs)约束着不守规矩的国家。与由非政府组织居间的金融相融合后,社交网络能够充当确保穷人自我约束的机制。”(Elyachar 2002:509)正是这种持续的工作、约束的重复仪式以及约束的断裂,构成了埃及的小额金融政治。在“免费资金受到污染”的陈述中体现出来的,也正是这种焦虑。

看起来,全球小额金融已经解决了抵押、担保和还款等棘手的问题,开辟了一个新的积累领域——或许可以称为“贫困资本”。然而,埃及的小额金融仍然受到欺诈和违法行为的困扰。我最初以为,在个人借贷项目和群体借贷项目(例如“绽放”)之间存在着区别。后者具有一套经过验证的方案,依赖于通过女性团体施加的连带责任或者至少是同伴压力。这种项目真能轻松确保偿还贷款吗?隶属于格莱珉基金会的两个小额金融非政府组织,即塔达蒙和拉德(RADE),都位于美国国际开发署的生态系统之外,并且都坚定地致力于格莱珉小额金融模式,它们的运行表明,上述区别是不存在的。

塔达蒙是格莱珉基金会的合作伙伴,1996年作为美国救助儿童会的一个项目成立,现在于开罗的贫困城区开展工作。拉德也是格莱珉基金会的合作伙伴,1997年由天主教救济服务机构(Catholic Relief Services)创立,总部位于贫困的乡村地区索哈杰。尽管塔达蒙和拉德都符合埃及小额金融的逻辑(在埃及,主要的非政府组织都是由国际发展组织或国际非政府组织创立的),它们与美国国际开发署所创立的那些却截然不同。两家机构都明确地拥护减贫目标,主要使用群体贷款方式和同伴担保来为贫困女性提供服务。美国国际开发署的那些小额金融组织仍然完全相信华盛顿贫困共识及其专门知识,塔达蒙和拉德却沉浸在格莱珉银行精心打造的知识和资本的流通路径中。工作人员参加了在孟加拉国举行的格莱珉对话，这些组织则从格莱珉-贾米勒倡议中获得资助，并依靠格莱珉网络的专家们。他们和塔达蒙的高层一样，参加了博尔德短训班。那是一次由格莱珉基金会赞助的行程，目的是用金融可持续性的语言来培训合作伙伴。他们相信，正是格莱珉给了自己改变的“机会”。他们精通孟加拉国模式的运作方式，熟知其对储蓄的依赖，熟知在非政府组织无法调动储蓄的埃及难以实施该模式。在为准备国家小额金融战略所做的挖空心思的讨论后，塔达蒙和拉德的负责人都评论称，这一战略与其关注商业化的金融，不如更加关注社会发展。雷汉姆·法鲁克在一次接受采访时（2006 年 1 月）说：“直到开始从事小额金融业务时，我才意识到这一点。它关乎积累善行，关乎帮助贫困的客户，并在生命的尽头能够面对上帝。”

然而，塔达蒙和拉德满脑子想着一个问题：欺诈和犯罪。我见到拉德的主任时（2005 年 8 月），她正在开罗会见律师，讨论在两个阵线上的行动。第一个是落实还贷：女性必须偿还贷款。她问：

> 类似格莱珉银行这样的组织，如何能维持如此高的还款率而无须诉诸法院？它比法院还严厉吗？它如何能成功地震慑女性，甚至超过了法院所能达到的程度？毕竟，人不是天使。实际上，人和钱结合在一起，总是会带来麻烦。

这些问题使我感到惊讶，毕竟她只是最近才参加了孟加拉国的格莱珉对话。但是她的问题表明，埃及在偿还贷款方面一直进行着真正的、持久的斗争。为了解决这个问题，埃及的小额金融组织，甚至像塔达蒙和拉德这样的遵循格莱珉方法的组织，都需要一份由客户或第三方担保人签署的“安全支票”作为抵押。支票之所以重要，不是对它所担保的资金而言，而是针对其中所包含的犯罪行为的威胁来说的。该支票将小额金融交易置于埃及刑事法院和破产法等更广泛的机制之内。人类学家朱莉娅·埃利亚查(2006：199)解释说，在埃及，小额金融在创立时把

> 拒不还贷问题置于刑法而非民法中……非政府组织在需要收回利息时，可以凭借国家的镇压手段。此外，他们手上还握有每个借款人签署的一种不限日期的个人支票，可以随时存入。如果没有资金来承兑支票，则将启动刑事法律程序，也就是说在埃及，警察是用来确保还款的群体。

埃利亚查认为，这样一种制度是由“从前的埃及银行家们”设计的，他们曾担任小微企业部门的顾问，力图避免埃及民事法院的麻烦。用于确保小额贷款得到偿还的，正是刑法的凛凛威势。

这真是一种令人惊叹的约束手段：贫穷的文盲女性摁在空白支票上的指纹，掩盖了一种威胁，即如果发生一次还款逾期，她就会被拖进监狱；对于那些背着丈夫和家人获得小额贷款的女性来说，威胁则大大增加。塔达蒙的工作人员(2005 年 8 月)指出，威胁通常不仅指向单个女性，如果群体中的某个成员逾期还款，也会指向整个群体：

> 我们没有实施威胁，但是在埃及，它就是如此起作用的。我们没有抵押品，所以必须运用这种威胁。我们得让人知道，贷款是要收回的，塔达蒙不会容忍任何逾期，一天也不行。对于一种不拖欠贷款的借贷文化来说，这一点至关重要。如果

她们还从其他机构借钱，我们就要确保先还我们的钱。

这种小额金融是不是最原始的一种由国家担保的暴力行为和父权制耻辱结合在一起的威胁行为？还是说，它是处于更高阶段的小额金融，是看似更友好、更温和的模式中使用的约束技术的逻辑演变？

塔达蒙和拉德把自己的女性借款人视为欺诈的来源（比如通过拒绝偿还贷款来欺骗两家组织），于是也担心自家员工会做出欺诈行为。在我采访拉德的员工时，该组织正想彻底改革其“运营风险和财务风险管理模式”，减少信贷员的欺诈行为。主任解释说，腐败的信贷员向贫困客户发放了多笔贷款，捏造虚假记录，从每笔贷款中拿50％的回扣。贷款偿还率下降到85％，内部审计系统土崩瓦解。拉德对那些女性借款人和四名信贷员提起刑事诉讼，想要追回贷款。更重要的是，它必须创建一项新的约束员工的制度。塔达蒙的经理们由此强调，他们检查风险贷款比例的频率是每天一次，而不是每月一次。他们这样做并不是在遵循CGAP的最佳实践，而是作为一种监管技术。雷汉姆·法鲁克（2006年1月）指出：“我们为推广人员和信贷员制订了激励计划，奖金取决于客户数量及其风险贷款比例值。如果风险贷款比例迟一天达标，他们那个月的奖金就没了。”“不仅是我们，”她说，“ABA那个一直为人称道的‘绽放’项目，也曾关停四次，传言是借贷员收受了贿赂；美国国际开发署强制他们使用一种方法，但他们不知道如何运行该项目。”塔达蒙对风险贷款比例的每日确认，嵌入在一个层级明确的组织中。该组织的高层管理人员都是女性，但法鲁克本人强调，其余层级都以男性为主。贷款经理绝大多数是男性，推广人员则是女性。她认为：“格莱珉的模式建立在善意和良好意图的基础上。这不适用于埃及。我们得确保有所约束。”与欺诈和不法行为的斗争，可能被视为埃及小额金融的失败，也是由美国国际开发署强加或从孟加拉国借用的异域发展方法的一个例子。然而，上述斗争是小额金融的核心。它们所揭示的，是对小额金融的运作必不可少的约束机制的落实。

免费资金受到污染

约束的落实，必须放在更广泛的范围内去理解，其特征不妨描述为发展的落实。在社会发展基金中，这一点表现得最明显不过了。正是在这里，与“免费资金受到污染”相关联的困境和焦虑变得清晰起来。

社会发展基金成立于1991年，自称为“一张社会安全网，与埃及政府同意开展的大范围经济改革和结构调整项目（Economic Reform and Structural Adjustment Program，ERSAP）相关联……该项目旨在最大限度地减少社会排斥的风险，促进减贫并消除失业”（http://www.sfdegypt.org/about.asp，2008年8月18日访问）。随着埃及实行自由化，美国国际开发署警告称，“埃及的社会状况正在恶化”（Bayat 2002：4）。埃及的社会基金属于这样一类机构，它们在各个国家是作为结构调整的“核心”组成部分而设立的。它们本意是要充当自由化的“休克疗法”，一种“旨在使调整的‘苦药’更容易吞咽”的“极为明显的行动”（Cornia and Reddy 2001：10）。到1996年，世界银行已经在32个国家批准了51项社会基金（Weber 2006：48）。这些社会基金使捐资人能够“轻松采用紧缩方案”，同时使政府能够通过“出于赞助而……酌情分配”资金，来“有选择地争取选民群体”（Tendler 2000：121）。如果说第一波社会基金是在紧急情况下设立的，目的是针对“调整型穷人”，那么在第二阶段，社会基金的工作则扩展到“长期贫困者”。更具雄心的第三阶段则创造了“推动性”而不是“补偿性”社会基金，它们将成为“长期服务提供机制”(Cornia and Reddy 2001：8)。埃及的社会基金就属于第三阶段。

社会基金代表着一个有趣的悖论。虽然是新自由主义的产物，它们却体现了国家干预经济以创造就业并提供服务的要求。它们也是捐资人项目，大部分由外部资金资助。埃及的社会基金是用5.72亿美元创立的，资金来源多样，包括世界银行、联合国开发计划署、欧洲联盟和阿拉伯基金等各种渠道。正如埃利亚查(2002:501)所指出的，它因此是“一个新型机构，同时设立于国家内外”。

关于社会基金，绝大多数研究得出的结论是，它们在减轻贫困方面仅起到“次要作用”(Cornia and Reddy 2001:1)。然而，此类基金仍然是捐资人力图通过减贫干预措施来缓解结构调整的严酷性时首选的工具。学者们在解释社会基金的普及程度时指出，它们被视为一种新的发展模式和服务提供模式(分散、私有化、由需求驱动)，被视为“经济和社会基础设施的有效提供者”(Tendler and Serrano 1999:25)。由此，社会基金便处于与传统的公共服务提供模式和人类发展官僚体制相对立的位置。虽然位于国家之内，它们按计划却是要作为例外来运行，绕过国家的规制，享有“特别自治权”，包括“免于公务员薪资的规制，免于遵守政府通常的采购和支出程序”(Narayan and Ebbe 1997：2)。按本意，它们还要成为新的发展模式的具体实例，成为“民主进程中的一个训练场”，一种制度形式，能够将“新自由主义的、基于市场的社会供给模式，与此前参与和赋权之类的‘替代’方法联系起来”(Vivian 1995：4，19)。

然而，事实证明，大多数社会基金“与真正的去中心化背道而驰”(Tendler 2000:115)。它们是发展的“媒介”(Vivian 1995:5)，由隶属于中央政府的机构管理，受捐资机构资助，并将发展资本分配给社区、非政府组织和私人承包商。在埃及的情形中，为社会基金提供支持的捐资人还制订发展议程，选择经由社会基金提供援助的目标人群，即“女性、刚毕业的学生、被公共企业解雇的人、低收入者、在海湾战争期间被迫返回埃及的迁徙工人”(Elyachar 2002:501)，并选择如小额金融这样的工具，社会基金将通过这些工具来落实发展。

埃及社会基金运作着两项不同的活动：减轻贫困和创造就业。在接受采访时，社会基金的工作人员极为注意将这两个发展领域区分开。一方面，存在一个中小企业发展组织(Small Enterprise Development Organization ，SEDO)，一个由中小企业构成的圈子，旨在找到失业青年，通过商业发展服务、电子商务和各种其他服务来“促进创业精神”，由此带来“宏观经济增长”。另一方面，存在着小额金融的圈子，位于人类与社区发展集团的内部。它的目的在于找出贫穷地区的贫困女性，向其赋权并创造收入。两个圈子之间的界线，由 2004 年 6 月通过的《小企业发展法》(Law of Small Enterprise Development)划出，该法根据贷款规模，把小额金融的标准限定为 10 000 埃及镑以下。不过，它同样得到了社会基金工作人员的积极维护和监管。一名贷款组合包经理由此认为(2005 年 5 月)，小额金融主要经由非政府组织提供，中小企业则由银行和商业协会提供服务。后者被描述为一个理性交易的世界，前者则被描述为通过“社会压力和文化信仰”的逻辑运作。依此逻辑，女性往往不得不提交“安全支票”，支票的兑现却要指望贫困男性的“男子气概”，他们决不会让自己的妻子由于逾期还款而被带到派出所。关于中小企业的违约率或补贴，几乎没有讨论。社会基金工作人员对小额金融的高违约率表示担忧，声称有必要对非政府组织以及非政府组织客户施以细致的监督，频率往往是每周一次。此类做法得到了塔达蒙等小额金融机构的确认，这些机构从社会基金获得资金，因此需要接受定期审计。不过，社会基金工作人员指出，对于一些“人道主义情形”，也有必要加以容忍，给予注销贷款或调整还贷期限。

补贴问题也有类似的含混之处。社会基金的工作人员，急于拿小额金融部门的工作作为全球最佳实践的例子，一个与利率补贴唱反调的例子。2006 年，社会基金的一份报告大胆声明：

> 小额金融部门致力于推动国际公认的小额金融最佳实践，因此将不再向非政府组织中介机构提供信贷补贴。此外，小额金融部门将仅与收取市场利率的非政府组织合作，从而确保这些组织能够长期持续。
>
> (Badr El-Din 2006:5)

然而，在接受采访时，社会基金的工作人员反复提到重重“政治压力”。这些压力位于埃及内部，来自伊斯兰基金、阿拉伯基金和科威特基金等捐资人，他们要求对利率进行补贴，尤其是在小额金融这样的减贫项目中。反过来，小额金融的从业者，尤其是那些暂时处于美国国际开发署小额金融生态系统中的从业者，哀叹着对社会基金进行补贴的做法，如何通过“免费资金”污染借贷文化并稀释约束标准。或许最引人注目的，是 ABA 一位高管的说法(2006 年 1 月)，社会基金由于允许逾期还款和分配补贴，“未能让埃及人民认清自由市场的现实”。

社会基金的工作，必须放在埃及的发展这一更为广阔的背景下。社会基金的中小企业发展组织承载着实现宏观经济增长和就业前景的责任，正式的工作岗位能在该领域创造出来。然而，正如埃利亚查(2006:30)所指出的，“经济自由化把埃及人‘解放’到了被称为‘非正式经济’的领域”。最重要的是，它侵蚀了埃及中产阶级生活的主要内容：公共部门的就业。毕竟，在埃及这个经济体，到20世纪60年代末，四分之一的埃及人直接或间接从政府领取薪水。(Luciani 1990: xx)因此，经由自由化掏空埃及这个国家，与其说是在减少公共服务(一直都是微不足道的服务)，倒不如说是一个公共部门就业收缩的问题。如今，正式就业不过是一个梦想，一种通过在中小企业发展组织和小额金融之间精心维护的区分来保持鲜活的前景。在空洞的埃及经济中，这种前景永远无法实现。

但是，上述区分很重要，自有其独立的意义。在一篇论述殖民地时期埃及的重要论文中，蒂莫西·米切尔(1988:163)指出，殖民主义将城市一分为二：“一部分变成了展览，另一部分则出于同样的精神，变成了博物馆。”后者是混乱的，保存完好，风景如画，土生土长，前者则是有序、合理、有效且现代化的空间。米切尔(1988:165)写道：“现代城市的身份，是由它挡在外面的东西创造出来的。现代城市的现代性，依赖于把它自身的对立面排斥在外。”在现代，小额金融是文化实践的“博物馆”，是非政府组织的领域，后者借钱给女性并为收回贷款而运用文化耻感，施加社会压力。“展品”是中小企业发展组织永远无法实现但必须加以落实的未来。正因为如此，埃利亚查(2005:2)注意到了由社会基金资助的“青年小微产业成果展览”。社会基金管理者称赞此类展览，誉之为中小企业发展组织运行的重要工具。此处展示的，是“劳动的表现”(Elyachar 2002:503)。这样的展览显示了两个领域之间的一种差别：一边是发达经济，在其中，成功的中小型企业为受过教育的青年创造着正式部门的工作岗位；另一边是非正式经济，贫困家庭在其中通过社会网络和小微企业生存下来。然而，或许正是由小额金融推动的非正式经济，向埃及展现了自己的未来形象。或许最意味深长的展示是：社会基金，作为一个不断扩张的公共部门官僚机构，受到捐资人补贴并发放补贴贷款，本意是要监督埃及的新经济，一种自由市场企业家聚集的经济。

这些展示，嵌入在对发展的展示中。社会基金由捐资人支持并受埃及政府严密控制，旨在传播和贯彻一种去中心、私有化和市场驱动的发展模式。它是对主权的宣示，既是一种报偿，奖励埃及做出了美国国际开发署一位官员（2005 年 12 月）所谓的“对开放政策的明智选择”，也是一件工具，控制着这种经济去遵循捐资人的指令。它也是在展示一种“社会契约”，在此契约中，国家仍然明显充当着发展资本的聚集之地，人们一直认为受过教育的青年会找到稳定的、正式部门的文职工作，同时“公共福利又会重新分配给私人部门、非政府组织和其他民间团体”（Ismail 2006：67）。这些展示，表明了埃及千禧年发展的核心结构特征。其中有两个特征特别值得一提：援助的军事化和发展的私有化。

埃及是美国在中东重要的地缘政治伙伴，重要程度仅次于以色列。美国国际开发署关于埃及的 2005 年年度报告由此写道，两国“拥有共同的战略利益，包括打击恐怖主义”。1978 年，由美国总统吉米·卡特居中促成，埃及总统安瓦尔·萨达特和以色列总理梅纳赫姆签署了《戴维营协定》（Camp David Accords），使这种伙伴关系得到巩固。以《戴维营协定》为基础，1979 年埃及与以色列签订和平条约，以色列从西奈半岛撤出军队，美国还承诺每年向埃及和以色列提供数十亿美元的赠款和援助。美国国际开发署声称，在过去的三十年中，它已向埃及输送了280亿美元的援助，“是迄今为止美国向世界上所有国家提供的数额最大的发展援助”(http://www.usaid。gov / our_work / features / egypt /，访问日期：2009年1月16日)。

经由美国国际开发署流出的，并不是全部资金。据估计，自1975年以来，埃及已接受超过500亿美元的“美国赏赐”(Levinson 2004)。在冷战、阿拉伯和以色列之间的持续敌对，以及现在的“反恐战争”这一大背景下，看起来“埃及所接受的数十亿美元美国援助，每一分钱都受之无愧”(Alterman 2006)。但是，让评论人士感到痛惜的是，这数十亿美元“在埃及的大街上几乎没有换来善意”(Alterman 2006)。如此一来，就有必要仔细研究一下这种援助的结构。在1975年至2005年的三个十年，向埃及输送的500亿美元资金中，每年有13亿美元，也就是说总共有390亿美元是军事援助，数额占埃及军事预算的80%，在外界看来它们支撑着一个“独裁政权”(Kelly 2006)。美国国务院为这种援助的合理性所做的辩护是，它有助于促进“与埃及的战略伙伴关系”，而这是“美国中东外交政策的基石”。毫不夸张地说，这种军事援助为美军换来了进入埃及领空的通道、美国海军船只优先通过苏伊士运河的权利，以及利用埃及安全部队实施“非常规引渡”和酷刑计划的机会，后者已成为“反恐战争”的关键部分(Kelly 2006)。这些交易回答了《华盛顿邮报》一篇社论(2006年5月4日)提出的问题：“为什么白宫坚持每年把近20亿美元，送给一个嘲笑布什总统的民主倡议的政府?”2008年，美国延长了承诺期限，宣布向埃及提供为期十年、数额为130亿美元的军事援助，向以色列提供数额为300亿美元的军事援助(Yom 2008)。

“援助”一词值得进一步考察。美国施予埃及的军事援助，几乎全部由对外军事融资(Foreign Military Financing,FMF)赠款,或者由"为购买先进作战装备的国会拨款"构成……根据法律,FMF 的款项必须用于购买美国制造的武器"(Yom 2008)。事实上,在任何场合谈论削减对埃及的军事援助时,大型防务公司都在游说反对该措施。埃及的 FMF 援助还有另一个特征:现金流融资。这样的安排使埃及能在其 FMF 的配额之外,以赊账方式购买武器装备(Yom 2008)。看似援助的东西,结果不仅变成购买美国商品,还是通过信贷融资来购买的。这也是"免费资金受到污染",而且是发生在华盛顿的游说走廊中。

此种逻辑,并非军事援助所独有,它还充斥于向埃及提供的经济援助中。蒂莫西·米切尔(2006:238)用惊人的计算表明,美国国际开发署对埃及的大部分经济援助,都分配给了美国公司。经由商品进口计划等机制,埃及购买了谷物、农产品以及农业和工业设备,从而使 58%的经济援助用在了美国,而不是用于埃及的发展项目。米切尔声称,在剩下的 42%中,很大一部分也花在了美国或身在埃及的美国承包商身上,用于包括建筑、咨询等在内的各种服务。换句话说,美国国际开发署向埃及提供的经济援助,实际上是"国家对美国公司提供支持的一种形式,尽管它在埃及努力废除国家支持"(Mitchell 2006:240)。援助还造成了埃及对"美国食品、机械和技术进口"的"严重依赖"(Mitchell 2006:240)。所以,尽管美国国际开发署自豪地列出了拨付给埃及的数十亿美元,显而易见的是,那只是对发展的一种贯彻。那些看起来流向埃及的援助,最终又流回了美国,从而使华盛顿贫困共识成为定局。

埃及发展的另一个关键因素,是宗教信仰的兴起。宗教问题很少出现在我所做的访谈中,也罕见于我所收集的报告、机构介绍、会议记录以及资料中。埃及的经济自由化,不仅推动了非正规化和经济不安全的进程，还触发了“慈善的宗教意蕴”(Ismail 2006:74)。埃及的伊斯兰主义，可以理解为“一个复杂的网络，由各种分散而异质的组织、活动和同好，围绕着改革派穆斯林兄弟会所体现的独特核心构成，该会的目标就在于从草根层面使社会伊斯兰化”(Bayat 2007:137)。伊斯兰主义导向了各宗教福利协会的成立，它们从事着国家不再承担的工作。换句话说，发展的私有化也是发展的伊斯兰化。因此，在诸如布拉克达卡尔这样的埃及贫困社区中(类似塔达蒙这样的小额金融非政府组织在此吸纳了贫困女性作为客户，自由化则侵蚀了正规部门的工作岗位)，存在着一个由伊斯兰组织构成的密致网络，试图提供“扶贫”“社会福利”和“慈善”(Ismail 2006:xiiii)。必须指出的是，在埃及，不能把这些形式的伊斯兰慈善，理解为新自由主义话语和实践在宗教中的反映。事实上，可以说，“作为一种全神贯注于道德政治和意识形态斗争的中间阶级运动，武装伊斯兰主义未能成为那些被剥夺权利的城市居民的社会运动，他们只不过偶然地向伊斯兰主义者施以援手”(Bayat 2007:580)。

因此，关于发展的伊斯兰化，更恰当地是视之为一种私有化的网络，把贫困投放在极具新自由主义特征的框架内，而不是视之为穷人的社会运动或联合。伊斯兰慈善以“有资格领受的穷人”为对象，坚持认为穷人必须表现出自己的创业精神和约束能力(Ismail 2006;Atia 2008)。在这里，对“免费资金受到污染”的恐惧也普遍存在。正如美国国际开发署的一位管理人员在接受采访时(2005年12月)大胆宣称的，小额金融只能针对“从事经济活动的穷人”，而不适用于“大街上那些懒惰、贫穷的埃及人”。伊斯兰慈善还找出了适当的发展主题，称许创业精神、自律和个人责任等品质，排斥怠惰、依赖和懒散等表现。

这种关于品格和文化的判断，具有广泛的渊源：可以追溯到19世纪后期殖民地时期的民族志，例如爱德华·莱恩广为流传的《现代埃及人的风俗和习俗》(*Manners and Customs of the Modern Egyptians*)，这部作品特别关注埃及人的"懒惰"和"淫荡"(Mitchell 1988:106)。但是，正如蒂莫西·米切尔(1988:107)明确指出的，它也可以追溯到19世纪末埃及的自由主义对话者，如塔赫塔维等学者，他们随后将在研究中把勤劳、自力更生和高效劳动等作为关键主题。这些埃及精英随后把国家进步与"一贯的勤奋"等同起来，翻译关于自力更生的书籍，并于1886年在亚历山大成立了"自助会"。作为殖民地时期自由主义的继承者，他们将用自力更生的姿态造就埃及的民族主义。(Mitchell 1988:108)他们的话语和做法，在当代埃及的商业协会和伊斯兰慈善机构中余响不绝。

社会发展基金自诩为去中心化和私有化的工具。但是在当今，埃及的很大一部分私人志愿组织、非政府组织和福利协会都是伊斯兰教的。联合国开发计划署(2003b:109)的一份报告指出，在开罗的许多"贫民区"，"所有非政府组织都属于设在清真寺的协会"。作为地缘政治力量的重要节点，世俗国家该如何处理此种复杂状况？埃及政府加在非政府组织身上的威权政体(强制要求在社会事务部注册、加以审查和监督、制定各种非政府组织法律、实施检查和逮捕)，或许可以理解为对人权和民主化的焦虑(见Fouad et al. 2005)。

我们还可以主张，美国国际开发署和其他捐资人能够"通过依靠着重于服务的非政府组织，来鼓励循序渐进的民主化"(Denoux 2005:94)。但是今天，埃及的公民社会充斥着伊斯兰主义。通过小额金融和社会基金之类的机构，埃及政府对世俗发展成就的展示，或许就是为了应对伊斯兰挑战。不是因为挑战来自伊斯兰，而是因为它是政权所面临的最为持久的政治挑战。然而，和向它提供军事援助和经济援助的赞助人一样，埃及政府无疑知道，伊斯兰主义在埃及最终既是民主化也是私有化的表象。

在对埃及小额金融和发展的分析中，我反复使用“展示”(performance)一词。我并不是有意在暗示，与其他地方相比，埃及的发展不太真实，可信度低。相反，我认为发展的展示就是一种现实。之所以如此，不仅是因为它已成为常识并已合法化，还因为展示会收取“租金”。简而言之，发展的展示也会产生资本。

在对中东政治经济学的研究中，“食利”(rentierism)的概念已牢牢确立。所谓租金，是“对所有自然资源所有权的一种回报”(Beblawi 1990:85)。食利者经济最常与石油等自然资源有关，是一种“依靠大量外部租金”的经济。食利国家则是“政府作为外部租金的主要接受者”的国家(Beblawi 1990:87—88)。埃及发展和依赖的悠久历史，可以解释为一种食利经济，依赖于美国的大量援助(Luciani 1990:81)。美国援助创造了一个新的食利阶层，一项“蓬勃发展的咨询——法律的、技术的、经济的等等——业务，来为援助方面的考虑提供建议。一个新的社会阶层，包括律师、顾问、金融分析师、说客、经纪人等等，正在到处兴起(Beblawi 1990:97—98)。这是一个“硬通货市场”，在其中“掌握双语的知识分子”能够对发展议程的贯彻加以利用，从而可以理解为“非政府组织寻租”的一种形式(Carapico 2000)。

租金通常被视为腐败的迹象，或者经济缺乏成效的证据。评论家认为，美国国际开发署就是以此方式，用“免费资金”“污染”了发展领域。我认为，仅从该角度来看埃及的发展食利局面是错误的。既然对发展的展示是一种现实，发展的租金便可以产生社会阶层、资本积累，甚至是在当代埃及相当罕见的事物：付薪的文职工作。埃利亚查(2006:417)指出，作为发展政策的目标，年轻的小微企业家也开始意识到这一点，并“渴望将自己从研究的对象转变为研究的主体和推动者……事实证明，发展知识的生产能够成为一项有利可图的事业。对于埃及这个国家本身而言，对发展的展示确保了发展资本的流动。这就是或许可以称为“壮观的积累”的一个实例，是“对奇观的自觉制造，作为聚集投资资金的必要辅助手段”(Tsing 2004:57)。这就是生产效率，而不是对免费资金的污染。

慈善贷款

每年，作为对小额金融全知视角的一部分，总部设在华盛顿、由 CGAP 创立的 MIX，都会编制一份《阿拉伯小额金融标杆分析报告》。报告以“营利能力和可持续性”为大纲，会广泛流传并成为小额金融行业的权威指南。最新的报告是 2006 年《阿拉伯小额金融标杆分析报告》，于 2008 年发布，由 MIX 与同样由 CGAP 创立的阿拉伯小额金融网络 Sanabel 联合编制，提供了来自 9 个阿拉伯国家的 37 个阿拉伯小额金融机构的数据。报告纵览了最佳实践和成功案例，还概述了埃及小额金融机构有限的服务范围；在这个 40%的人口生活在国际贫困线以下的国家中，上述机构加在一起仅服务着 2%的穷人。报告的结论是，与全球绩效标准相比，阿拉伯小额金融机构表现不佳，“由于收入较低，2006 年收益为负数”，因此“与发展较成熟的亚洲和拉丁美洲地区相形见绌，而且也比不上同样年轻的东欧/中亚同行”(MIX 2008:7)。报告发现，正在制造亏损的阿拉伯小额金融机构，“在有违约风险的投资组合中所占的份额(5.7%)……比全球标准(1.4%)要高得多”。MIX将此类问题归因于两个方面:一方面是贷款违约的增多,那是“黎巴嫩和巴勒斯坦冲突”的结果;另一方面则是埃及等国家资金成本高昂,在这些国家小额金融机构为获取商业资金而苦苦挣扎(MIX 2008:8)。当然,后者必须放在发展议程不断变化的背景下来理解,在此议程中,美国国际开发署力图给它的埃及小额金融机构“松绑”,并减少向这些机构提供的补贴资金。

报告中所概述的趋势,在黎巴嫩得到了证实。在黎巴嫩,与在孟加拉国一样,那些在战后(在黎巴嫩是指长期的内战和1983年至1984年以色列的入侵)力图重建国家并提供人道主义援助的民间社会组织,在20世纪90年代初转向了“发展”。这些组织包括天主教慈善机构Caritas、互助协会(AEP,Association d'entraide Professionelle),以及慈善组织马克佐密(Makhzoumi)基金会。在格莱珉银行的启发下,上述组织中有许多将小额金融作为发展战略。但是与孟加拉国不同,黎巴嫩那些出众的小额金融机构,是由美国非政府组织设立的,包括由救助儿童会设立的马吉穆阿(Al-Majmoua)和由合作住房基金会(Cooperative Housing Foundation,CHF,现称为CHF国际)设立的阿珉(Ameen),每个机构均由美国国际开发署的一笔赠款来承担费用。

这样一种模式,与埃及极为相似。黎巴嫩小额金融机构从来都不是完全由美国国际开发署创立的,但它们依赖于美国国际开发署的资金。在2006年5月接受一次采访时,美国国际开发署黎巴嫩分部的一位高层自豪地谈到,已经在2002年停止向小额金融机构拨款和贷款。“我们的目标是确保可持续性。现在到了小额金融机构获取商业资金的时候了。钱是有成本的,小额金融机构现在必须承担资金成本。”事实上,在2006年夏天,当我采访黎巴嫩小额金融机构的工作人员时，资金筹措工作在黎巴嫩已经全面展开。以马吉穆阿为例，该组织于1998年由美国国际开发署的一笔拨款创立，作为救助儿童会的派出机构，现在它已是格莱珉基金会的合作伙伴。到2006年，由于无法再依赖美国国际开发署的资金，马吉穆阿着手寻求新的资金来源。“我们处于一种银行业过度膨胀的经济中。”主管尤瑟夫·法瓦兹博士（2006年5月）指出：“在这个小小的国家里，有800家商业银行分支机构，但对我们来说钱少得可怜。黎巴嫩现金泛滥，其银行和资本市场却不愿承担风险。”

但是，发展资本还有另一番景象，那就是国际捐资人在黎巴嫩境内创立的超级机构。其中包括耗资2 000万美元的社区发展项目（Community Development Program，CDP），由世界银行创立；以及耗资3 100万美元的经济和社会发展基金（Economic and Social Fund for Development，ESFD），由欧盟创立（欧盟提供2 500万美元，黎巴嫩政府提供600万美元）。两家机构的创立时间都是2002年。CDP明确表示，不会为小额金融提供资金；ESFD则声称，会把自己的业务分成两部分，一部分是社区发展，一部分是创造就业，小额金融是后者的重要组成部分。与其他社会基金（包括埃及的社会基金）一样，ESFD在国家以内和以外都存在。这个机构的“设立，是为了减轻全球化和私有化的负面影响”，并且如它的一位高层管理者所说（2006年7月），要“为黎巴嫩升级加入世界贸易组织提供软着陆”。他强调：

> 我们正在使用小额金融和中小型企业战略两项内容，从埃及复制和粘贴，以创造就业机会。埃及有一种极具创业精神的文化，但是缺少资金。社会发展基金（Social Fund for

Develepment, SFD)可以通过低息贷款给银行并确保银行向企业家贷款,来弥补这一问题。

ESFD决定,通过招标来支出120万欧元的“低息资金”。“那些为最终借款人报出最低利率,同时又表明该利率能覆盖所有运营和财务成本的小额金融机构,将有机会获得用于转贷的欧盟资金”(Brandsma and Burjrjee 2004: 54)。马吉穆阿所报的利率胜出。但是很快,那个利率就如马吉穆阿的负责人尤瑟夫·法瓦兹博士所说的(2006年6月),变成一场“金融灾难”。ESFD要求的低利率,不仅必须拿马吉穆阿的其他项目来交叉补贴,还附带着昂贵的银行担保和繁琐的额外条件,包括每月的监督和审计。那笔钱既不是便宜资金,也不是慈善贷款。在一次接受采访时(2006年6月),ESFD的一位高级官员承认了部分责任,声称自己和其他人未能对欧盟立法者进行关于小额金融的“培训”:

> 欧盟希望为小额金融机构的贷款提供银行担保,而小额金融的要点是,不存在此类担保或抵押——既不存在于小额金融客户与小额金融机构之间,也不存在于小额金融机构与捐资人之间。我们要求提供此种担保,从而失去了小额金融机构的信任。

在这里,又是债务、约束和依赖的混合。在美国国际开发署的强制要求下,马吉穆阿之类的小额金融组织必须盈利并可持续发展。MIX根据此类全球标准,对它们的绩效进行了标杆分析;然而,它们必须以低于成本的报价来竞标发展资本,如此欧盟才能声称自己正在支持以低利率向贫困女性提供贷款的民间社会组织。

ESFD下设的阿琨组织负责人齐亚德·哈拉比问道(2006年6月):“当强加的条件有违最佳实践和人之常情时,人们怎么能自称为捐资人?”不过,对于黎巴嫩的小额金融部门,ESFD官员们也表示了极大的怀疑。其中的一位说:

> CGAP主张高利率,这没问题,需求证明了这一点。除此以外,穷人往往只能求助于放债人。但是我认为,小额金融机构还可以收取更低的利率。他们可以节俭一些,少参加一些国际会议,购买经济舱机票,再把办公室从贝鲁特区等高档社区搬走……与马吉穆阿的合作告诉我们,小额金融机构是可以收取低利率的,只是在黎巴嫩他们不愿意这样做。

上述怀疑还被推得更远:

> 捐资人拿触及范围和违约程度来评估小额金融机构的绩效,这是不对的。我们需要观察的是,小额金融客户如何使用贷款(用来买电视、交学费,还是消费掉了),小额金融机构对此却视而不见。如果我们的兴趣在于创造就业,那些贷款又如何创造就业机会?

意料之中地,怀疑的散播反过来又会阻碍发展资本的流通。面对持续的资金短缺,黎巴嫩的小额金融机构已经想出新的运营方式。马吉穆阿最初使用群体贷款方法,贷款额在200美元到1 800美元之间,最近已扩展到个人贷款,贷款额在500美元到7 500美元之间。贷款服务的是不那么贫困的客户。到2006年底,马吉穆阿的活跃客户中,有75%来自个人贷款项目。到2003

年，阿珉已转型为一家营利性公司，以“收费服务为基础”，服务着“商业银行的小额贷款组合”（Brandsma and Burjrjee 2004：54）。因此，阿珉的负责人哈拉比把他麾下的组织称为“推动者”，负责招募客户并为财务较为保守的那些银行评估风险。不过他还是想不通，为什么美国国际开发署不再支持黎巴嫩的小额金融。“如果说小额金融是发展的奇迹，为什么情况会变成这样？”仿佛在回答自己的问题，他指出了捐资人的口头和行动之间的尖锐矛盾：“他们希望我们吸引商业投资，获得一流的贷款组合；他们希望我们可持续发展，希望我们服务于穷人。”到 2006 年，看起来 ESFD 本身已经对小额金融组织感到厌烦，管理人员接受采访时说，在创造就业机会方面更重要的工作或许在于“改变银行的文化”，鼓励它们看到非正式部门和小型企业领域存在的“处女市场”。

无疑，2006 年也是黎巴嫩战争热火朝天之时。MIX 报告在此类问题上奇怪地保持沉默，几乎没有提到黎巴嫩的“冲突”。与马吉穆阿有合作关系的格莱珉基金会（美国）称，由于“许多客户业务中断”，该组织的风险贷款比例在 2006 年 7 月“飙升至近 70%”（http://www.grameenfoundation.org/where_we_work/middle_east_north_africa/lebanon/al_majmoua/，2009 年 3 月 11 日访问）。美国国际开发署对黎巴嫩的叙述提到一次“冲突”，其中浓墨重彩强调的，则是布什政府向黎巴嫩承诺的 2.3 亿美元“人道主义重建和安全援助”。援助是裹着人道和自由的语言来表达的：“美国将致力于一项长期的事业，为黎巴嫩人民提供帮助，因为我们相信，每个人都应该生活在自由、开放的社会，这个社会尊重所有人的权利。”（http://www.usaid.gov/lb/，2008 年 1 月 30 日访问）正是类似的语言，掩盖了 2006 年以色列与真主党之间所发生的战争的复杂性，在那场战争中，最后凯旋的是民兵部队而非民族国家。

事实上，在 MIX 关于阿拉伯小额金融的报告中，最惹眼的是没有提及真主党。公认的事实是，真主党的小额金融项目在黎巴嫩，甚至有可能在整个中东都是规模最大的。2006 年，它所服务的客户约有 4 万个，赢得了其他所有小额金融机构和发展组织的高度评价。在一次接受采访时（2006 年 6 月），基督教慈善机构明爱组织的一名官员指出，真主党尽管在黎巴嫩许多地区独霸一方，却并不干涉其他组织的项目，最重要的是，它在做好事。ESFD 的管理人员公开表达了钦佩，说他们曾想与真主党确立合作关系，但未能就利益条款达成一致。阿珉和马吉穆阿的负责人分别承认，其业务与真主党的规模和影响力相形见绌。只有美国国际开发署对此基本上保持沉默，高级官员们声称没有听说过真主党的小额金融项目。然而，正是对真主党的恐惧，以及对 1983 年美国海军陆战队遭到炸弹袭击的记忆，为美国国际开发署在贝鲁特的存在蒙上了阴影。美国国际开发署大院位于贝鲁特基督区德贝伊的一座山丘上，与真主党的什叶派居民区相距甚远。那个院子就是一座军营，机枪手、瞭望塔和装甲车，一应俱全。在这个空间，似乎时时都会发生恐怖事件。在我看来，预测真主党的复杂发展战略，从而“对真主党在黎巴嫩南部和贝卡谷地的社会和经济活动产生一些反向影响”（USAID，2002：8），要更为困难。毕竟，戴着“慈善贷款”头衔的，是真主党的小额金融组织“慈善贷款”（Al-Qard al-Hassan）。

2006 年夏天，以色列与黎巴嫩之间发生新一轮战争，全世界都呆掉了。战争实际上发生在以色列和真主党之间，为黎巴嫩真主党如何成为黎巴嫩南部和贝鲁特南郊事实上的掌权者，提供了关键的一瞥。真主党成立于 1984 年，意即“真主的党”，是由宗教民兵组织发展而来的。在美国列出的恐怖组织名单中,真主党名列前茅。它是一支军事力量,同时也是在黎巴嫩政府中据有席位的政党。此外,真主党管理着庞大的社会福利和发展机构,它们代表穷人和流离失所的什叶派所做的工作,被认为是“激进的计划”(Saliba 2000)。2006 年战争爆发后,全球媒体都在报道真主党迅捷有效的“慈善行动”,这一反应在谋略上便轻松胜过了黎巴嫩政府以及海外援助和帮扶。沃思和法塔赫(2006)描述称,真主党发放了“多笔数额为 1.2 万美元的补助。真主党大力帮助过去一个月中房屋被毁的家庭,上述补助就是其中的一部分”。数百名志愿人员受派遣参与了迅速重建(Worth and Fattah 2006)。事实证明,真主党既是作战的组织,又是发展的组织。

自成立以来,真主党便运作着两套发展机构:一套机构向目标受益人(寡妇、烈士家庭、受伤的游击队员)提供服务,另一套机构提供的服务则范围更广。后者包括圣战建筑协会(Jihad al-Binaa)、“资源”组织(Al-Imdad)、伊斯兰卫生学会,以及“慈善贷款”组织(Harb and Leenders 2005)。作为真主党的小额金融项目,“慈善贷款”以拥有四万多名客户著称,由此轻松地成为黎巴嫩,有可能还是整个中东最大的小额金融组织。《华尔街日报》发表过的一篇文章,便惊叹于这种金融业务的效率和范围(Higgins 2006)。文章的主角是侯赛因·阿尔沙米,他说,尽管自己已被美国财政部列为“重点全球恐怖分子”,却也是“小额金融头儿”,“经营着一项通常受到美国支持的业务:提供小额贷款,以培育一种自力更生的资本主义文化”。

真主党所做的工作,可以看成是黎巴嫩内战政治经济学的遗产。在那里,从德鲁兹派到马龙派教徒,彼此竞争的民兵军队创建了“法律之外的公共服务和社会服务体系”(Harik 1994: 28;

Sawalha 2001)，取代了国家提供的基础设施。真主党提供的所有服务，都延续到战争结束之后。如今，真主党的慈善和发展工作继续嵌入在它的思想和军事斗争中，嵌入在创建它所认为的“抵抗社会”的过程中（Harb and Leenders 2005）。为此，真主党将自身的发展工作定位为抵抗的一种基本要素，定位为1985年致乌玛，即全球穆斯林共同体的公开信的延续，那封信是“黎巴嫩和全世界被压迫者的宣言”（Norton 1999：12）。真主党的圣战建筑协会总经理由此认为，真主党是在通过“黎巴嫩的发展”与以色列做斗争。圣战建筑协会，以及它所完成的住房和基础设施建设，都是“斗争中的武器”（Sachs 2000）。真主党与“人民”之间的关系是关键。被问及真主党时，黎巴嫩南部的一名汽车修理工声称，真主党与社区之间无法分出界线：“南方的树木说，我们是真主党。石头也说，我们是真主党。如果人不能说话，石头就会说出来。”（Tavernise 2006）事实上，这种关系可能比想象中的要广大得多。毕竟，真主党虽然是一个什叶派组织，在什叶派占绝大多数的居民点和社区中发挥作用，但对真主党的实证研究表明，居民点的所有人都能获得真主党的服务，无论是基督徒还是穆斯林（Norton 1999）。

与发展相关的非政府组织主要由外国援助人为促成，在此地区性背景下，真主党看起来是真正本土的、地方性的发展机构。在一次接受采访时（2006年6月），真主党高级官员阿里·法耶德坚持认为，真主党作为“社会提供者”的角色表明了它是“内部社区”：“我们是社区的一部分，知晓并理解人民的需求。”在此意义上，真主党的贷款可以理解为真正的“慈善贷款”，不受各种地缘政治条件的束缚，这些地缘条件仍然附着在发展资本的流动中，充斥于埃及并试图渗透进黎巴嫩。但是，真主党的军事、慈善和发展活动，依赖于叙利亚和伊朗提供资金。黎巴嫩本身就是众多地缘政治力量的傀儡，看似自主和激进的真主党可能没有什么不同。毕竟，由真主党建立和运作的各种非政府组织，“是从伊朗在黎巴嫩的外交政策中成长起来的”。其中的每一个“都完全依赖于伊朗的资金，并以设在伊朗的某个非政府组织为母体或榜样而得到创立”(Fawaz 2000:23)。换句话说，真主党的非政府组织虽然可能已经“从最初的由外国人运作、自上而下并且在地方上不受欢迎，演变成在服务提供的概念、设计和实施方面都有居民参与其中的组织，其‘国外’渊源却是无可争议的”(Fawaz 1998:18)。事实证明，真主党的“慈善贷款”同样是债务、约束和依赖的混合。

在之前的研究中(Roy 2009)，我曾主张，真主党必须被理解为“民粹斡旋的基础设施”，能够通过各种技术和规范来治理一众主体和空间。治理的一项关键技术是知识的生产。真主党敏锐地意识到，权力和知识是相互构成的，因此产生并维护着对社区的精细认知。2006年战争之后，当真主党着手重建贝鲁特南郊和黎巴嫩南部时，逐渐变得清晰的是，在对破坏进行快速、有效的调查，确立战争受难者的补偿制度，以及最终启动雄心勃勃的“重建”议程方面，该组织都既有兴趣又有能力。在生产这种知识时，真主党积极部署了一批专家，包括建筑师、工程师、研究人员和医生。它的当代社会与发展研究中心(Center for Contemporary Society and Development，CCSD)成立于1988年，位于什叶派掌控的贝鲁特南郊，负责记录和分析贫困与排斥现象，同时阐明了发展的其他形式的思想议程。中心主任阿里·法耶德博士是中东的名人和公共知识分子，其思想在一系列话语中传播，远远越出了黎巴嫩，甚至与埃及穆斯林兄弟会的公共知识分子联系在一起。在一次接受采访时(2006年6月)，法耶德把黎巴嫩的贫困和不发达状况诊断为该国依赖于“外国机构”的一种症候。黎巴嫩受困于那些“对该地区有兴趣的人”，受困于“流经该国的如此之多的资金”，但这些机构“对消除失业或贫困却不感兴趣”。他指出，如此一来，“做出改变这一任务，就落到了非政府组织、社区组织和公民社会身上”。

真主党的慈善与发展机构，特别引人注目的一点是它们对“自我伦理”的培养，那就是施加和养成纪律，包括金融纪律的方式。在真主党对小额金融项目“慈善贷款”形成概念并加以管理时，这一点尤为明显。该项目始于1982年，创建者被项目负责人称为“一群社区领导者，希望遵循伊斯兰教义来帮助穷人和生活困顿的人”(2006年6月)。后来，项目专注的焦点从慈善转向了发展。与其他小额金融组织一样，“慈善贷款”对还款和贷款回收也很上心。“慈善贷款”服务着大约四万名客户，每年发放约2.5万笔贷款，平均每笔贷款数额为1 000美元，并运用各种技术来实施约束。客户(无论是男性还是女性)必须在该组织办理登记，并支付“订阅费”以获得会员资格。反过来，会员资格又可以作为贷款担保。“慈善贷款”的负责人坚称仅采取了这一种贷款担保形式，但黎巴嫩其他小额金融组织的工作人员指出，“慈善贷款”经常持有女性珠宝作为贷款的抵押品。正因为如此，“慈善贷款”才能既声称为贫穷和生活困顿的女性服务，又声称“还款几乎不存在问题”。

此类形式的约束，由一个“志愿姐妹”组成的网络得到强化。她们是真主党的骨干，不属于男性占绝对多数的职业化、领薪的发展工作人员，但其“志愿”工作是机构运行的关键要素。最初遭到伊朗那些“母机构”的抵制后，这些女性每周都去拜访受益家庭，以“了解她们的问题”(Fawaz 1998：56—59)。当“慈善贷款”的负责人宣称“我们得到了人民的信任”时，那是由一套精心设计的机制，包括担保物、抵押品和志愿姐妹，来建立和贯彻的信任。这也是在慈善与发展之间做出鲜明区分的一种信任。赤贫之人被明确排除在“慈善贷款”之外，他们的情况被移交到真主党的慈善组织，如“互助”组织（Takaful）和“资源”组织（AlImdad），后者的运作方式大不相同。“资源”仍然鼓励自给自足和创业精神，同时又能承受高达80%的违约率（Fawaz 1998：40）。而在“慈善贷款”，如此缺乏约束是不可能的。

真主党自视为针对美国和犹太复国主义的伊斯兰抵抗力量。贝鲁特南郊的街道上，成行地悬挂着真主党“烈士”的肖像，他们都是为抵抗事业牺牲的战士，而当代社会与发展研究中心、“慈善贷款”和许多其他真主党组织，在那些街道上都设有办事处。抵抗行动都是真正的战争，有真主党对以色列国防军发动的战争，也有美国对真主党等机构发动的“反恐战争”。后者采用的武器之一，是把流向伊斯兰慈善机构的资金定为犯罪；法耶德声称，此类限制阻碍了真主党为党内慈善机构和发展工作提供资金的能力。然而，把真主党解读为伊斯兰在新自由主义之外给出的另一种选择，也是不可能的。听起来，真主党的小额金融项目与华盛顿贫困共识的主题完全相同。项目构建了一个“数据空间”，使贫困居民点和社区变得透明，由此找出了金融客户。它以创业精神、个人责任感和自给自足的价值观为基础，崇尚注重自我的伦理观。它以女性为发展工具，把女性作为“志愿姐妹”来调配，却限制了她们参与“母性文化”的“合法空间”（Zaatari 2006：58）。它力求使小额金融专业化，竭力维持慈善事业与此类发展形式之间的分野。

乍一看，上述主题似乎强化了新自由主义的意识形态。但是，将这样一个标签扩展到真主党是不够的，毕竟其内部斗争更加复杂。真主党的发展项目试图对抗塔克哈鲁夫，即落后现象，但在这样做时他们也担心会“以依赖的形式创造出塔克哈鲁夫”（Deeb 2006：183），于是，便在慈善与发展之间作了区分。对依赖的上述担忧，可以追溯到真主党如何思考什叶派贫民窟，或者说贝鲁特南郊达赫亚的命运。真主党已将对什叶派问题的表述，从被剥夺继承权转变为被剥夺权力。“细微差别很关键，因为后者会带来变革和改变的机会，而前者会陷入停滞。”（Harb and Leenders 2005：189）对真主党来说，小额金融是一项重要战略，毕竟它有望促进经济独立和转型。

在评估真主党对发展所持的态度时，学者们仍存在分歧。有人认为，真主党将世界划分为“压迫者和被压迫者”，堪称“阶级分析的伊斯兰化”，把什叶派统一为由“农民和农场主、劳动者和穷人、被压迫者和被剥夺者，以及工人和无家可者”构成的“社区阶级”（Saad-Ghorayeb 2002：16—18）。其他人则认为，主要的信息不在于阶级冲突，而存在于“道德行为”中。为了确保这种道德，真主党创造了“神职人员至上”的伊斯兰秩序（Hamzeh 2004：42，134）。事实上，鉴于黎巴嫩内外什叶派财富的现实，认为什叶派社区阶级贫困是站不住脚的。这个富有的什叶派移民社群，为真主党的发展和慈善事业提供了相当多的资金（Harik 1996；Fawaz 2000）。

真主党抵抗运动中所刻画的那些行为，随后并没有扩展到在黎巴嫩发挥作用的资本积累机制中。事实上，尽管真主党经常被看成是在代表被剥夺者发声，城市规划专家蒙娜·哈布（2001）的研究却表明，真主党并无意愿抵抗对城市的重新开发，即便重新开发需要强制迁移穷人。相反，真主党试图影响安置和补偿的条款，从而保持对贝鲁特什叶派领地的权力和控制。以真主党为代表，城市穷人加入了谈判。诸如此类的谈判，很少会挑战已经写入这种发展计划的进步观念。哈布（2001：118）指出，真主党认为城市升级符合国家利益，穷人必须为现代化工程让路，那是将贝鲁特改造为世界一流城市所必需的。真主党在此话语中所使用的语言值得注意,因为那是塔玛顿(tamaddun)的语言。哈布将 tamaddun 译为现代化,但该词翻译为“文明”可能更恰当(参见 Deeb 2006:17)。它源自“medina”一词,在阿拉伯语中既指城市又指文明,标志着一种迈入现代的方式。在这里,塔克哈鲁夫,即落后现象,被“两个平行的进步概念,即更高的现代化和更深的虔诚”所克服(Deeb 2006:30)。

如此一来,现代化与信仰的虔诚就能够和解吗?我们该如何看待真主党与资本主义规范和实践之间的纠缠?人类学家萨巴·马哈茂德(2005:192)在埃及“虔诚政治”的背景下写作,他指出:

> 无法从两个具有不同历史的对手之间的冲突来分析这种纠缠……在当代伊斯兰主义活动看来,世俗自由主义是穆斯林社会内部的强大腐蚀力量,但是它们如此看待时所使用的话语……却受惠于世俗自由主义事业本身的延伸。

正是从这个角度,我们可以解释新兴的“伊斯兰金融”全球现象。该项目的目标,是使资本主义与伊斯兰法律协调一致。正因为如此,伊斯兰债券(*sukuk*)为 21 世纪资本主义极为狂野的西部,即麦纳麦和迪拜的离岸“岛屿”的发展,提供着资金。为了吸引穆斯林投资者,从印度尼西亚到英国再到法国的政府,同样在发行伊斯兰债券,力图在“看起来既充满活力又符合道德”的新金融市场中分一杯羹。一个新行业已经围绕“伊斯兰金融”成型了,“伊斯兰律法资本”(Shariah Capital)之类的咨询机构与“巴克莱资本”(Barclays Capital)携手,新建了一个符合伊斯兰法的对冲基金平台。该平台有自己的会计和审计惯例,虔诚与利润由此协调起来。

平台依靠的是证券化之类的高端金融手段，声称它们是“真正伊斯兰式的”——因为这里的证券化是由有形资产而不是无形资产的外来衍生品反向支持的（Blease 2008）。以“伊斯兰团结基金”为例，这是一家数额为100亿美元的宗教公产基金，由伊斯兰开发银行创立，用来解决贫困问题（AME Info 2008）。小额金融是该基金的一项重要战略，从而将伊斯兰公产的宗教活动所产生的捐赠基金，转化为创业精神、经济发展和社会进步等看似世俗和自由的实践。

真主党甚至有更大的抱负，力图把由饱受蹂躏的什叶派声音所激发的全球乌玛的愿景，与一种世界性资本主义经济的愿景调和起来。在接受我访谈的最后，阿里·法耶德开始自豪地谈论起或许可以理解为塔玛顿的东西，一种体现在城市现代化中的文明冲动。他详细描述了在达赫亚浮现的一个新空间：“阿萨哈”（Assaha）传统村庄（http://www.assahavillage.com，2006年9月15日访问）。作为一家受欢迎的餐厅和娱乐中心，阿萨哈是马巴拉特慈善机构的一个项目，与法德拉拉[①]（而不是直接与真主党）联系（Khechen 2007）。但是法耶德声称，阿萨哈是真主党现代化使命的关键要素，是其城市世界主义的标志：“贝鲁特有自己的市中心；我们过去只有郊区，在市区从未觉得自在过；现在我们也有市中心了，所有人很快就会来到我们的市中心。那会是所有人的市中心。”

对于城市在消遣、娱乐、休闲和消费方面（不含酒精的美味食物、格扎尔歌乐读物、两性混居、“穿黑色罩袍的和穿西服的”混居、

① 真主党精神领袖。

看足球比赛的大屏幕、无线连接，包括纳斯鲁拉[①]纪念品在内的迪士尼风格的低俗作品）的敏感性，他表达了赞赏，而不是感到不安。法耶德的话呼应了他在前一年接受的一次采访："这里仍然是一个区分'我们'和'他们'的国度，现实就是如此。但是我们不喜欢它，不想要它，想越过它。"（Ignatius 2005）对于法耶德来说，在建筑上融合了多种风格和传统的、令人怀想黎巴嫩民族历史的阿萨哈娱乐中心，意在表明什叶派"是效忠于国家的"。"每个人都认为，我们爱宗教甚于爱国家。事实不是这样的。阿萨哈是文化和解的象征。"2006 年夏天，达赫亚遭到密集的炮轰，阿萨哈躲过一劫。真主党从战争中凯旋，不仅成为什叶派贫民窟，而且成为黎巴嫩本身的守护者。

难民营

长期以来，黎巴嫩在地理上一直被想象为一片飞地，也是作为飞地来管理的。作为一个民族国家，黎巴嫩由教派政治体制牵强地捏合在一起，政治权力和公共职位是依宗派界线来分割的。在现实中，政党不仅代表不同的宗教团体，还统治着不同的领土，无论是由德鲁兹派统治的山区丘夫，还是什叶派真主党统治的贝鲁特南郊达赫亚。巴勒斯坦难民破坏了这种治理体制和领土格局，他们人数超过 40 万，约占黎巴嫩人口的 10%，一半以上居住在遍布黎巴嫩的 12 个难民营中。这些难民主要是逊尼派穆斯林，被视为对黎巴嫩教派式政治代表制的威胁。他们被边缘化了，包括被"禁闭于划出边界、定义明确且受到监视的难民营中"（Peteet 1996:27）。在这些难民营中，巴勒斯坦难民依赖于联合国巴勒斯

① 哈桑·纳斯鲁拉，真主党总书记。

坦难民救济和工程处(United Nations Relief and Works Agency for Palestine Refugees,UNRWA),“教育、卫生、救济和社会服务主要由该处提供”(http://www.un.org/ unrwa / overview /,2008年11月11日访问)。难民营被圈定为例外空间,意图成为由“大众委员会”管理的自治区域。反过来,这些大众委员会“又反映着第三方利益,尤其是叙利亚利益的力量,黎巴嫩当局以及巴勒斯坦政治团体仍然服从于叙利亚”(Knudsen 2005:219)。但是,它们也受黎巴嫩国家主权的管辖,隶属于而不是超出于其法律管辖范围(Suleiman 1999:72)。因此,难民营是一个交织着多重主权的地方。

被困在难民营的飞地内,黎巴嫩的巴勒斯坦难民无法获得正式的、实质性的公民身份所要求的基本要素,毕竟他们没有社会和公民权利,只有很少的获得政府的公共卫生或教育设施的机会,而且无法获得公共社会服务……作为外国人,按照法律规定,巴勒斯坦难民不得从事70多个行业和职业(http://www.un.org/unrwa/refugees/lebanon.html,2009年2月10日访问)。

后一种限制尤为重要。1969年的《开罗协定》(Cairo Accords),除了组建地方委员会和进行武装斗争的权利,还赋予黎巴嫩难民营中的巴勒斯坦人就业权。然而,该协定于1987年被废止,从那时起,劳工和社会事务部一直严格执行就业限制。所有职业,“从理发到银行业”,都对“外国人”关闭了(Peteet 1996:30)。因此,巴勒斯坦难民不得不去做“最卑微的、低薪的工作”(Peteet 1996:30)。虽然这些劳动法有一部分在1999年进行了修订,但发给巴勒斯坦人的工作许可证还是远远少于发给其他外国工人的,例如那些来自埃及的工人(Knudsen 2007:8)。

最重要的是,黎巴嫩的巴勒斯坦难民面临着严重的“保护缺口”(Knudsen 2007:2)。巴勒斯坦人被视为以色列1982年入侵的催化力量，在声名狼藉的沙布拉和沙提拉难民营中遭到基督教民兵组织“黎巴嫩长枪党”的屠杀，还被明确排除在归化对象之外。《塔伊夫协定》(Taif Agreement，第一部分，h节)标志着黎巴嫩内战的结束，协定指出：“在黎巴嫩，非黎巴嫩人不得分裂、分散或定居。”于是，巴勒斯坦难民营在黎巴嫩贫困率和失业率高企，并且高于其他地方的巴勒斯坦难民营，就不足为奇了。1995年，据UNRWA估计，黎巴嫩的巴勒斯坦难民的失业率为40%，相比之下，叙利亚的为15%，约旦的为19%(Suleiman 1997：399)。UNRWA还指出，实际上，在其下属各地，包括约旦、叙利亚、西岸和加沙地带的当地办事处中，“生活在赤贫状态中并在该处‘特困’项目中登记的巴勒斯坦难民中”，以身在黎巴嫩的比例最高(http://www.un.org/unrwa/refugees/lebanon.html，2009年2月10日访问)。巴勒斯坦难民在黎巴嫩还不断流离失所，更加剧了不利处境。

UNRWA力图在紧急救济和人类发展方面为黎巴嫩及其他运行领域的难民提供服务。自1991年以来，小额金融一直是UNRWA活动的关键内容。该项目最初是在海湾战争和第一次巴勒斯坦人暴动之后启动的，随后以组建中小型企业为目标。1994年，重点转向“小额金融中介”和“非正式部门贷款”，并针对女性小微企业家“设立了新的一体化群体贷款产品”(UNRWA 2003:4)。项目先是在加沙地带试水，最终扩大到UNRWA下辖的其他地带。UNRWA官员们在接受采访时(2006年5月)指出，在黎巴嫩，他们的小额金融项目效仿格莱珉银行，采用了一种群体贷款方法(无须储蓄)，以“家境特别困难的”女性为对象。这些官员认为：“小额金融和小微企业项目能使巴勒斯坦人不用依靠他人。”

然而在黎巴嫩，与在埃及的情形一样，孟加拉国模式似乎崩溃了。UNRWA 官员极为详细地讲述了逾期还款的问题，以及他们在设计还款制度方面付出的努力：“问题是，难民营是飞地，政府的影响力无法触及他们。他们是法外之人。没有这样的法律和法令，我们又如何确保本票兑现，并对借款人采取法律行动呢？”这是债务、约束和依赖的另一种共生。在加沙，小额金融非政府组织要求借款人签署合同，其中规定：“逾期还款超过指定时间的借款人，会被巴勒斯坦安全警察立即投入监狱。”人类学家朱莉娅·埃利亚查（2002：511）指出：“非国家的安全机构……直接为非政府组织工作，来确保为银行收回源自国际组织的资金。”

在黎巴嫩的难民营中，UNRWA 设立了另一套制度。在这里，贷款担保是由 UNRWA 工作人员提供的，其中大部分是巴勒斯坦难民本身：“我们能接触到工作人员的工资。如果不能及时偿还贷款，从工资中扣除款项就好了。这套制度万无一失。”UNRWA 的账目表明，黎巴嫩的小额金融项目，在运行中的违约率约为 10%，风险完全由工作人员薪金的扣除所弥补。这是一套独特的制度，在其中，“UNRWA 不承担任何风险”。由于工作人员薪金所提供的补偿，UNRWA 的贷款组合仍然完好无损，但 UNRWA 的工作人员由此必须花费时间和精力来收回还款。用 UNRWA 小额金融管理者的话来说：

> 还有其他担保手段。可以通过非政府组织和社区组织来担保，但它们勾销了很多贷款，因此不再是小额金融了……还可以把借款人告上法庭，但我们不会以 UNRWA 的身份上法庭的。我们会把债务卖给银行，由他们通过法院来讨债。群

体模式本身显然还不够。我们需要有力的担保和黑名单来实施群体模式。员工薪水是此类担保中最有效也是效率最高的。

黎巴嫩的那些难民营，代表着一种没有中间人的债务和约束方面的解决办法。我曾预计，这种解决方式的结构会很复杂，由难民营的“大众委员会”或非政府组织来把控。实际并非如此。其逻辑更简单，更鲜明：难民获得了双重身份，既是借款人又是收回贷款的人。在严重的经济贫困和政治剥夺的背景下，上述双重角色只能被理解为自我剥削——尽管外表蒙上了发展的语言和修辞。随着巴勒斯坦各领地上政治权力和领土权力的分散，包括黎巴嫩难民营在内的巴勒斯坦难民失去了获得资源的机会，尤其是失去曾经流向巴勒斯坦解放组织工作人员的薪金和补助。而且，在以色列的军事围困之下，西岸和加沙的经济活动几乎完全陷入停顿。在UNRWA看来，这场危机是“经济压制”(UNRWA 2003)。在普遍的冰冻状态中，看起来，唯一的资金流动便是UNRWA的小额金融贷款了。在加沙，流动是由警方力量推动的，在黎巴嫩难民营则是通过“万无一失”的担保制度。

然而，UNRWA怀着赞许地认为，其小额金融项目是可持续的，且自力更生，“符合新兴的小额金融行业的新标准和最佳实践，CGAP和美国国际开发署等机构正在把这一行业确立起来”(UNRWA 2003:5)。UNRWA自豪地指出，该项目的成长“在机构发展或能力建设上没有从外部融资。这一点……又通过让核心员工到全球最重要的小额金融培训项目博尔德短训班受训，得到了强化”(UNRWA 2003:4)。此地也是千禧年发展的前沿，在那里，今日加沙的血腥恐怖被想象成“产品试验场……设计和开发着各种金融产品来满足最贫困者需求的理想环境”(UNRWA 2003:5)。它是中东发展最凄惨的展示,是债务、约束和依赖令人心碎的交织。

但是,社会、经济和政治正义也延迟了。对于真正解决巴勒斯坦难民跨国问题来说,UNRWA 本身是一个代理机构。在以色列建国和巴勒斯坦人得到安置之后,UNRWA 于 1949 年成立,本是作为权宜之计,现在则成为常设发展机构,为分散在中东各地的450 万巴勒斯坦难民提供服务和援助。今天,它是中东最大的联合国机构。在黎巴嫩这样的地方,其小额金融和小微企业项目,是解决巴勒斯坦难民结构性边缘化问题的替代方案。最佳实践发展和“可持续小额金融”的预演,掩盖了眼前的基本问题:剥夺巴勒斯坦人的公民身份,使他们一直空等着工作、住房、法律保护和领土机会的来临。

在黎巴嫩,对上述否认给出的一种歪曲辩解是,那是维持巴勒斯坦人“回国权”的一种途径。这是对正义的延迟维持着一种不可能的依赖状态。在签署《塔伊夫协定》,即所谓的《民族和解宪章》后不久,黎巴嫩总理拉菲克·哈里里宣布:“黎巴嫩绝对不会同化巴勒斯坦人。他们不会获得公民权利或经济权利,甚至不会获得工作许可。”他认为:“同化会把巴勒斯坦人从那个国际机构[UNRWA]的肩上卸下来,自 1948 年以来 UNRWA 一直支持着他们。”(Knudsen 2007:8)因此渐渐地,正如约旦皇后拉尼亚所宣称的,UNRWA 已成为巴勒斯坦难民的“教师、医生和食物提供者”(http://www.un.org/unrwa/english.html,2009 年 2 月 10 月访问)。只有留在难民营边界内,难民才有权获得 UNRWA 的救济物资(Knudsen 2005)。然而,“处于 UNRWA 的集体援助下,难民便不再受 UNHCR(United Nations High Commissioner for

Refugees)的个体保护”(Knudsen 2007:15),后者即联合国难民事务高级专员办事处,负责难民的法律保护、庇护和遣返工作。

2005年,真主党加入黎巴嫩政府内阁。劳工和农业部部长特拉德·哈马迪发布了一项备忘录,取消了阻止巴勒斯坦人从事体力劳动和文书工作的禁令。对于黎巴嫩境内巴勒斯坦难民的地位,备忘录却几乎没有带来改变。取消的禁令中,不包括“需要职业辛迪加(例如医学、工程学、药学等)会员资格的高等职业,自1964年以来,此类职业一直专属于黎巴嫩公民”。而且,对于工作许可,备忘录维持着“高额收费”和雇主税的征收(Knudsen 2007:13—14)。然而,它象征性地提出了一个问题,即长期反对巴勒斯坦难民归化的真主党,现在是否正在改变对“难民档案”的看法。实际上,真主党看起来打算把慈善和发展方面的服务,扩展到巴勒斯坦难民营,与UNRWA共同努力(Khalili 2007: 283)。真主党的“慈善贷款”,现在是否会提供给处于人类边缘的那些人,即巴勒斯坦难民?

但是,真主党由于不能被视为新自由主义的伊斯兰替代品,也就不能被视为外部地缘政治力量的本土替代品。真主党是这些力量本身的产物,其所致力的发展事业同样具有重要作用。对于同化黎巴嫩境内的巴勒斯坦难民,真主党付出的努力仍然有限。真主党挪用了巴勒斯坦难民的标志、场所和事业,来制造“抵抗社会”。今天,在1982年巴勒斯坦人大屠杀的发生地,即沙布拉和沙提拉难民营中,只有真主党作为胜利的保护者的叙事,对巴勒斯坦人受难和斗争的任何记忆都被抹去了(Khalili 2007:286)。亲如兄弟的团结,到头来不过是一场表演。

难民营的故事,可以被视为帝国边疆千禧年发展的寓言。那是债务、约束和依赖的残酷交织,世界上一些空心化最严重的经济体中一种骇人的展示，小额金融使其成为可能。这种发展展示也许是难民营最接近发展的地方——接近有薪工作和公共部门就业，尽管按照要求，薪金只有在小额金融贷款成功收回后才能发放。在这里，没有“免费资金”。此类结构性和象征性的暴力，不能完全归咎于帝国主义。它们还包括各种形式的权力和统治，由本土产生，通过亲如兄弟的团结织成，造就了“抵抗社会”，并以上帝的名义强加着道德秩序和财务纪律。

第五章　次级市场：创造贫困资本

无法获得资本，还叫什么资本主义？

（格莱珉基金会主席亚历克斯·康茨，于 2006 年小额信贷峰会①）

致命援助

现身于发展场景中的“新星”之一是丹比萨·莫约，最近入选了《时代》周刊评选的全球最具影响力 100 人。《纽约时报》组织了一次采访，称她为“波诺的反面”(Solomon 2009)。在她的《致命援助》(*Dead Aid*)一书引人期待和随后发行的过程中，莫约引起了媒体的广泛关注。她有力地声称，是西方的援助阻碍了非洲人的

① 亚历克斯·康茨(Alex Counts)，格莱珉基金会主席，于 2006 年小额信贷峰会的演讲，加拿大哈利法克斯。

发展并剥夺了他们的权利。她认为，援助是“增长的沉默杀手”(Moyo 2009:49)。相比之下，她赞扬某些国家所取得的成就，这些国家没有因此深受援助之累：“四十年前，中国比许多非洲国家都要贫穷。是的，他们今天有钱了，钱从哪里来的？他们造出来的，中国奋力创造了一种不靠援助的局面。”(Solomon 2009)她的叙述针对的是萨克斯和波诺等全球贫困运动的发起者，再现了威廉·伊斯特利对于援助与发展的严厉批评。与此同时，波诺(2009)仍然声称，援助“不是施舍，而是投资。不是慈善，而是正义”。他使援助看起来类似于赔偿，是对“受审的资本主义”不义行为的纠正。

莫约突然受到欢迎，突显了千禧年发展的一些关键主题。首先，全球媒体已经把莫约视为在代表非洲人发出反对援助的声音。借用后殖民评论家加亚特里·查克拉沃蒂·斯皮瓦克(1999:49)的话来说，她是一个“天生的告密者”。在为莫约的书所写的序言中，历史学家尼尔·弗格森(2009:ix)指出，作为一名“非洲黑人女性”，她正涉险步入“关于非洲经济问题的公开探讨”，正如非洲大陆本身曾经被殖民一样，这种探讨同样确切地被“非洲以外的白人殖民了”，只是现在的殖民者是“经济学家(保罗·科利尔、保罗·伊斯特利、杰弗里·萨克斯)和摇滚明星(波诺、鲍勃·盖尔多夫)”。当然，还有那位写了《帝国》(*Empire*)的作者尼尔·弗格森，主张殖民主义给被殖民者带来了重要的好处，特别是市场和民主。

但是，莫约的职业生涯与华尔街和华盛顿难分难解。英国《金融时报》描述道：

> 莫约出生于赞比亚，现年30多岁。她的父亲生于南非一

个矿工之家，是一名学者，也是反腐败运动的推动者。母亲是印度赞比亚银行的董事长。她拥有一大串学位，包括哈佛大学的硕士学位和牛津大学的博士学位。过去的八年中，她在高盛担任全球经济学家。

(Wallis 2009)

莫约还在世界银行工作过几年，赞赏世界银行和国际货币基金组织所做的“改革”，但对两家机构没有更积极地逐步取消援助还是持批评态度。对于非洲批评家和西方发展银行家这两个看似分离的领域，她是一个跨越其间的人物。在千禧年发展的机构中，类似的复合人物比比皆是。有些甚至是“双面人”，把自身的权力和特权地位转变为竞争和谈判的领域。

其次，和千禧年发展的大多数对话者一样，她喜欢小额金融。在《纽约时报》的采访中，她被问到：“如果想帮助他人，除了捐赠，你认为应该用手中的钱做些什么？”莫约的回答简短、迅速且引人注目：“做小额金融。让人能找到工作。”这句回答所表明的是，主流发展的支持者和反对者双方，都对小额金融深信不疑。事实上，小额金融是千禧年发展的标杆，是众多抱负、议程、利益和愿望的结晶。对于莫约而言，小额金融中蕴含着私人创业和自力更生的魅力。从 Kiva.org 到格莱珉银行，她对于小额金融的称许，是我先前所称的“新自由平民主义”的一个实例，此种观念中融合了自由市场的意识形态和对底层十亿人的关怀。正因为如此，她赞赏格莱珉银行的“不搞捐赠资金”政策(Moyo 2009：136)，而忽略了使这种模式得以实现的那些重要补贴。她赞同赫尔南多·德·索托的看法，认为核心问题不是穷人没有资产或储蓄，而是“低效”的金融市场阻碍了对资产或储蓄的运用。她的口头禅，“被冲走的数十亿”(Moyo 2009:137),使人想起尤努斯(2009)的说法,即“我们生活在金钱的海洋中”(http://knowledge.wharton.upenn.edu/article.cfm? articleid = 2243,2009 年 5 月 30 日访问)。在自己的著作《货币的崛起》(*The Ascent of Money*)中,尼尔·弗格森(2008:280,2)不仅赞扬了格莱珉的“家庭主妇”,而且坚持认为,金钱——金融创新、金融全球化——“是大多数进步的根源”。

第三,莫约对全球金融市场表达了极大的信心。作为高盛银行家,她着力于资本市场,帮助大多数新兴国家发行债券(Solomon 2009)。她在接受《金融时报》的一次采访时指出:“通过使坏账债务人的生活成本更高,债券市场迫使各国政府更加明智地花钱。同时,就援助来说,由于资金源源不断,其作用正好相反。”(Wallis 2009)这无疑是自力更生思想的扩大版,现在不仅适用于创业的穷人,而且适用于整个国家。莫约大力宣讲问责和约束两个主题,认为债券市场会灌输问责制和约束精神。在 CGAP 的话语中,上述主题尤为突出。她看起来在表明,这一点是使非洲运转起来的关键。她的叙述,与弗格森列出的“白人”之一保罗·科利尔的叙述相似,后者的著作《底层十亿人》(*The Bottom Billion*)同样反思了非洲如何能够又如何无法运转。和莫约一样,科利尔(2007)呼吁采取果断的军事干预并提供某些类型的援助,但她坚持认为,缺乏经济增长是贫困国家及其底层十亿人的主要痛点之一。莫约把赌注押在债券市场上,科利尔则将赌注押在国际法和宪章上,认为它们能确保透明并指导投资。

莫约于“华尔街在我们身边崩溃时”所做的宣称,需要加以仔细审视。金融市场是纪律严明、能够问责的,还是鲁莽又隐秘的?几年前,活动家兼“聚焦南方国家”组织的创始人瓦尔登·贝洛(2006)声称:“如今,当权者的圈子之所以对小额金融如此热情,原因之一在于它是一种基于市场的机制，并在其他市场项目已经崩溃之时获得了一些成功。"现在，情况也许更是如此。如今看起来，认为腐败不堪又无法自拔的援助界与树立品格并鼓励竞争的金融市场之间反差明显，说好听一点是天真幼稚，说难听一点就是不够诚实。毕竟现在已经曝出，这些全球金融市场不过是极端和破坏性的投机形式。

代表着现在越来越甚的怒火，美国喜剧演员乔恩·斯图尔特把该体系描述为"两个市场"："一个是长期市场，美国人严肃地认为，这个市场将维持其 401(k)款[1]；另一个是变化迅速的短期'真实市场'，位于后台，挥金如土的内部人士在此下注了'大堆大堆的资金'，用它们打倒了所有人。"(Rich 2009)因此，就连《金融时报》记者威廉·沃利斯(2009)，也对莫约给非洲开出的药方持保留态度："我在伦敦遇到的最冷眼的理论是，去年对非洲的热情本身就是最确切的警告，表明投资者做得过分了，全球大泡沫即将破灭。"

在本书最后一章，我会探讨双面人，即小额金融与全球金融市场的奇怪交织。华盛顿贫困共识力图以华尔街的形象来重塑小额金融。这种共识受到了批评，不仅来自寻求替代方案的那些机构，也来自华盛顿-华尔街联合体内的"双面人"们。在华尔街崩溃之后，对于小额金融，必须有新的理解和实践。如今，无论是 CGAP 还是格莱珉银行，都把小额金融视为一种成功的次贷类型，或许最终对全球金融市场来说是稳健的，赢利的，并且能使穷人恢复尊严。正是在此意义上，小额金融是千禧年的"贫困资本"。

贫困资本的创造，就资本民主化和发展民主化提出了一些重要而紧迫的问题。本书的大部分内容都在专门探讨上述主题，但

---

① 美国的养老计划，由 1978 年美国《国内税收法》401(k)条款确立。

在最后一章，我还是会以当代金融危机为例，以新的视角对它们再作考察。如果说小额金融现在是一个有弹性的次级市场，那就必须追问，这种市场对穷人是否有效。如果说作为替代的愿景，小额金融现在站到了舞台中心，正在侵蚀 CGAP 的霸权，那就必须追问，此类愿景是否与华盛顿贫困共识毫无瓜葛，还是只是在重复和效仿后者。在这样的探究中，我特别感兴趣的是"双面人"角色，他们是同时处于权力系统内部和外部的个人和机构，往往安于现状，却又不时挑战着常识。为了理解双面人，我转向后殖民理论家加亚特里·查克拉沃蒂·斯皮瓦克(1999:191)的著作，她是如此总结这种道德立场的："一种结构，人们既批评它又亲密地居于其间，对它是不可能说'不'的。"最后一章将仔细考察这些批判之辞和寓居空间。

双面人

在一篇题为《责任》(Responsibility)的文章中，斯皮瓦克(1994:53)尖锐地指出，由世界银行牵头的国际发展机制，其"真正的兴趣"在于"促进全球资本的产生"。她由此得出结论，认为不必对世界银行作复杂而批判的分析："我们不负有如此责任。"我对她的主张很感兴趣，不过最终还是有了不同意见。"促进全球资本的产生"，并不像斯皮瓦克所说的那么容易，其中充满了矛盾，并带有种种局限。这个过程需要在全球范围内加以把控，并且要生成权威性和普遍性的知识。正如我在本书中已经表明的，相关的努力受到了对立范式的挑战，也容易受到竞争的影响。在前几章中，我强调了华盛顿发展体系之外的机构所带来的挑战，在本章，我将研究该体系内部的专家们如何明确表达并实际做出批评。斯皮瓦克指出，全球资本的产生是通过“顾问和承包商”等人物来实现的。实际情况可能的确如此。但我也主张，这些人物可能是“双面人”，不仅产生全球资本，也引发异议。

在为写作本书展开研究期间，在沿华盛顿发展力量轴线分布的办公室和小隔间中，我偶遇了许多不同类型的“顾问和承包商”。有些是有权势的女性，为了保护自己的权力范围，便表达出对机构现状彻底、完全的忠诚。她们坚持要讲述“事实的达成”。她们很少偏离所属机构公开的且已公布的议程，也很少表达不同意见。我所提出的问题，如果有异议和批评的意图，便会遭到匆匆驳回，甚至被视为敌对态度。无疑，这些问题本身便表明，我对寻找并讲述反霸权和反抗的故事怀有特别的愿望。我匆忙离开办公室，采访戛然而止。这样的采访让人感到失望，因为我知道，那些成就卓著的女性正在掩盖她们在此类机构中的挣扎，掩盖她们为取得权力和毁灭权力所做的努力。这样的采访还向我表明，女性通过哪些方式同时处于权力项目的内部和外部，能够掌握各种具有控制力的职位，又对权力是否能够持久感到焦虑。这些中断的采访，与采访那些有权势的人时那种往往合群融洽的谈话之间的对比，令我感到震惊。正如有权势的女性想要通过重复“事实的达成”来增强自己的合法性，对伯克利研究人员提出的问题不知所措，有权势的男性则想对机构的规范和事实采取冒险的态度。此种特立独行的表现就是权力的宣示，原因可能仅仅在于，有权势的人的权威是无法撤销的，也是不容置疑的。

还有一些年轻人，他们身在华盛顿，刚从精英研究生院毕业，浑身都是进取精神，却渴望能与自己才在美国国际开发署或国会山展开的职业生涯和解。他们把自己的工作表现得具有战略意义（例如，对贫困的关注必须以恐怖的语言表达出来，以便具有吸引力)，但所做的谈判和行动却远远少于自己的想象。很快，这些年轻人就在外交政策和发展项目的办公室中步入正轨。他们驯服了思想上的躁动，现在轻松地便接受了“事实的达成”。他们继续以崇高的目标为自己的工作辩护，例如消除贫困、在发展和援助中创立问责机制，但他们并没有质疑在华盛顿实现上述目标所借助的交易、合同和联盟。这就是体制，那些年轻人在其中找到了自己的位置。看着他们，我明白了斯皮瓦克(1999:68)所谓的“同谋”——不是让步，也不是损失，而是“彼此融合”。这些聪明的年轻人的生活，与体制融合在了一起。我意识到，同谋是归属而不是背叛。就像我属于自己的大学世界，他们属于一个世界，那个世界也试图夺取一些资本，产生一些事实。

在世界银行举办的“知识管理”培训讲习班上，便有来自南方国家的“顾问和承包商”。他们中的许多人，都致力于从事发展领域的职业，大多数人对减轻贫困充满热情。但是，同样有人来说服他们接受华盛顿贫困共识，他们也为自己受到世界银行的培训而感到自豪。他们通常是应要求参加此类讲习班的，但强制行为与自由选择之间的区别是无所谓的。他们想要从博尔德短训班获得证书，有了证书才能展开职业生涯。他们使我想起一个重要的说法，即“在与作为借方的政府中有能力又有意愿的对话者打交道时，国际货币基金组织和世界银行的说服力无与伦比”(Woods 2006:6)。同样，正是这项工作使他们能够出国旅行，参加讲习班和会议，并且更广泛地巩固了阶层地位。在批评与自己相距遥远的精英财富的同时，他们也与自己通过小额金融所服务的穷人保持着距离。正因为如此，菲律宾一家小额金融机构的负责人反对“擅自占用土地”，声称一方面她的中产阶级家庭几乎无法找到住房，另一方面城市贫民却“偷走”了马尼拉的土地。一位来自巴基斯坦的同事怀着同情感叹，卡拉奇的“最佳居住区”中现在住着城市贫民。她承认，由于能提供“廉价劳动”，人们需要他们。毕竟，她自己就需要三名家庭佣工来维持家庭生活。“他们根本没有付出应有的努力，我觉得雇用他们就是在做慈善。”那位来自菲律宾的小额金融主管说。巴基斯坦发展事务主管举了一个例子：“我的园丁娶了两个妻子。因此，我得养活两个家庭。”类似的反思并不普遍，却很有见地。它们揭示了居住模式，揭示了中产阶级身份如何由“奴役文化”构成(Ray and Qayum 2009)。在这些反思中，赚取工资的劳动被视为奴役，而工资被视为慈善。正是通过这种方式，穷人被融合进小额金融的结构中——不是作为劳动的身体，而是作为道德主体；不是作为自力更生的创业者，而是作为懒惰的侵占者。

贫困专家们就自己的中产阶级地位进行的谈判，经常使我想起 V.S.奈保尔 1961 年的小说《比斯瓦斯先生的房子》(*A House for Ms.Biswas*)，值得详细与各位分享。比斯瓦斯不顾一切地想要获得一份中产阶级的工作，以减轻贫困和社会不满，最终在《特立尼达哨兵报》(*Trinidad Sentinel*)得到了一个职位。这是一份耸人听闻的报纸，认定关于贫困的报道具有新的轰动效应。比斯瓦斯先生被任命为新成立的“值得受助赤贫者基金”的调查员：

> 他的职责是阅读穷人提交的申请，驳回不值得帮助之人，并造访其他人，看看他们有多值得帮助或处境有多窘迫，随后在条件允许的情况下，对他们的困境做凄惨的描述，凄惨到足以鼓动人们为基金捐款。他不得不每天找一个值得帮助的穷人……他告诉妻子：第一号值得帮助的穷人，比斯瓦斯先生。职业：值得帮助者调查员。但是，这样行不通……日复一日，

> 他造访那些残疾的人,失意的人,卑微的人……他遇到了如此颓丧、如此倦怠的人们,要使他们找回自己,需要一辈子的投入。但是他只能提起裤脚,在土路和烂泥间择路而行,调查,写作,继续向前……有时候,某个穷人会变得愠怒,突然被比斯瓦斯先生的探问惹恼,拒绝透露比斯瓦斯先生的说明文字所需要的凄惨细节。在这些情形下,比斯瓦斯先生被指与有钱人、与面带笑容的人、与政府都是一伙的。有时,他会受到暴力威胁。于是,他顾不上鞋子和裤脚,匆匆退到街上,身后还有骂声……他心想,值得帮助的穷人变得绝望了,晨间的头条新闻变得形象起来。(不过那样做是不可能的:这位哨兵只想要凄惨的细节,以及卑躬屈膝的感激。)
>
> (Naipaul 1961: 423—425)

正是身为"值得受助赤贫者基金"的调查员这种职业,使比斯瓦斯先生最终有可能获得中产阶级地位,包括一座房子,那是他一直渴望的。我们所做的塑造事实的工作,也是在塑造特权,尽管只是很少的特权。

但是随之,在千禧年发展的长廊中,还有其他一些人能够从这种归属、这种融合、这种共谋中塑造出其他一些东西。他们并不想毁坏这种共谋,而是试图把归属领域转变成一项更加激进的任务,即提出疑问甚至发出异议。在由 CGAP 创立的虚拟小额金融市场 MIX 中,我发现了一位董事,他雄辩地谈起了"观念政治学"。作为华盛顿贫困共识的灵魂人物,他能够审视这种共识,追踪尤努斯和格莱珉银行在此共识形成过程中的边缘化,并指出了世界银行在知识生产的集中化和控制方面的主导地位。在他的叙述中,CGAP 出版物和博尔德短训班的课程以令人屏息的口吻描述的那些“创新”,脱去了魔力,变成了金融化和市场创建的平凡工具。他把塑造事实的博尔德短训班描述为“商业化 101”,更重要的是,他认为这样一种商业化框架在关注“双重底线”的时代已经过时。他指出,具有讽刺意味的是,“公共部门想比华尔街更像企业,而在企业界,现在重要的是社会影响,对贫困的影响,以及在投资中使用社会衡量标准”。一时之间,在这位 MIX 董事的口中,他曾经受命管理的那个市场,就变得无关紧要并且落后于时代了。在一个致力于“达成事实”的机制中,这是对事实的毁灭。

在华尔街,在德意志银行的高层,我发现了一位银行家,他以批评的口吻谈到了“捐资人”的“狂妄自大”。他的问题,即“谁配得上这个头衔?捐资人意味着什么”?呼应了斯皮瓦克(1994)对捐资人这一称谓的深刻反思:谁拥有这个头衔?为什么华尔街银行家会像后殖民理论家那样说话?无疑,这位华尔街银行家对反思金融资本的狂妄自大没什么兴趣。事实上,对他来说,解决贫困的办法就是获得资本。他认为,获取资本的途径,最好由花旗集团和德意志银行等商业银行支持的小额金融模式来提供。他的任务是把小额金融转变为“资产类别”,并通过创立一些机制来控制风险,实现小额金融贷款证券化来做到这一点。他坚持认为,华尔街比世界银行更有能力提供这些新的发展金融模式。C.K.普拉哈拉德探寻真相的作品《金字塔底部的财富》(*The Fortune at the Bottom of the Pyramid*),就放在他书架的醒目位置。这本书讲述了 40 个关于著名的华尔街铜牛的故事,本身也代表着一种乐观的信心——对于如何解决贫困问题,如何使市场运转起来的信心。在这里,能感觉到一种归属,一种相互融合,以及机构的一种亲密聚集。但是在这里,也存在持续的混乱。每次我以为自己了解了这位华尔街银行家,把他认定为资本和事实流通路径中的一个齿轮时，他都会对发展发出后殖民式的批评。他指出：

> 现在正在受到赞许的所有这些观念，都源于孟加拉国。它们来自发展中国家，是当地土生土长的模式。这些根源，这些出处，相当重要。我认为，现在我们出于某些原因想忘掉这些观念起源于孟加拉国，那是纯粹的种族主义。

关于南亚渊源，他可能一直没有忘记知识上的这些区域对立。

在世界银行的研究部，我发现了一位杰出的经济学家，他的研究旨在阐明小额金融在减轻贫困方面的成功与失败之处。他深深地沉浸在关于方法论和价值评估的学术探讨中，能够解释某种调查手段的复杂性，并能想出评估贫困的创新方法。这个属于研究的世界，似乎是事实精炼后的产物，其中的争议全部是关于方法论技巧，而不是围绕权力或利益。乍一看，这是一个属于学术行业的世界，从政治领域脱离了出来。然而，这位世界银行经济学家敏锐地意识到了知识政治。他对孟加拉国的诸机构大体上是赞同的，对 CGAP 担当小额金融行业“警察”的努力发出了尖锐的批评。他认为，CGAP 力求“创建可以广泛实施的规则和规定，但这些人对评估这些规则和规定是否真正有用不感兴趣。他们让小额金融变得更好了吗？这种金融化趋势会改善对贫困的影响吗”？相较于对待小额金融的两种态度，即金融部门的态度和着眼于贫困的态度之间划出界线，他的批评要复杂得多。他认为，小额金融的悖论在于，它既是一种反贫困工具，又是一种金融工具：“无论那些机构是否承认，孟加拉国正在开展的就是这样的工作。”

就在 CGAP，我遇见了一个最引人注目的双面人。在世界银行的这个前哨，我原以为只会遇到关于银行业和技术的话题，却在第一次造访CGAP时便偶然走进一位经济学家的办公室，令人意外的是，他所讲的是完全不同的语言。CGAP的其他工作人员谈论的是小额金融的即时性，把他们的工作表述为不断创造更美好的未来，这位CGAP的双面人则描绘了小额金融，实际上也就是CGAP本身复杂的思想史和制度史。他将CGAP置于新古典经济学的复兴中，追踪了“俄亥俄学派”对发展金融重新概念化，以及对贬低国家的作用、赞颂市场的作用产生的不可磨灭的影响。CGAP认为自己的各种观念具有普遍性，不受地理特殊性的束缚，但这位CGAP双面人还是绘制了各种发展观念的区域地图。他指出，CGAP所吹嘘的许多金融可持续性观念，都源于拉丁美洲的经验。最重要的是，他坚持认为存在着一种独特的南亚式小额金融方略，“植根于赋权的斗争和减贫的斗争中”。他主张：“这是一种截然不同的发展努力，旨在向信贷市场的主导地位宣战。用CGAP的术语是无法理解它们的，这些机构不认为自己是银行家。”这样一种分析，瓦解了CGAP专家们所声称的普遍性，却也使孟加拉国各机构的工作焕然一新。我的CGAP双面人坚持认为，必须在阶级斗争的背景下理解格莱珉银行。他把格莱珉式的小额金融视为实现经济公平的工具，与尤努斯关于改革的资本主义和社会企业的语言形成鲜明对比。他说：“是阶级冲突而不是信贷市场，才是理解孟加拉国小额金融的适当框架。”为此，他认为将格莱珉机制扩展到华盛顿是“实物讽刺画”。“它们很重要，捍卫了格莱珉的观念，但与孟加拉国正在完成的实际工作相比，它们是截然不同的机构。”

与其他双面人的情形一样，这位CGAP双面人暴露了小额金融和发展的政治。这种暴露中最重要的，是他对知识政治的分析以及对华盛顿贫困共识霸权的敏锐认识。我们见过很多次，他在其中一次见面时指出:“小额金融是知识盗用的一个很好的例子。”“它是如何从孟加拉国跑到博尔德短训班的?我们创立了小额金融,又把它弄丢了。”他对“我们”一词的使用尤其重要。在华盛顿三月里那个寒冷的黄昏,他自称为一名多面人,身怀“南方国家的经验”。他说:

> 我们长于创立点点滴滴的东西,长于讲故事。这就像诗歌,却无法成为技术性的东西。看起来,它缺乏经济合理性,缺乏概括性,无法变得普遍。于是,我们把它丢给了某些人,他们能使这首诗既蕴含技术,又普遍适用。

这种分析很耳熟,我在孟加拉国,包括在格莱珉、在 BRAC,甚至在 ASA,都听到过。但是,在华盛顿贫困共识的核心、在 CGAP 的办公室中,对此加以阐明,便具有了完全不同的意义。这位 CGAP 双面人详细谈论了如何重返孟加拉国,谈论了在南方国家创立知识机构,相应地也谈论了对此类形式的知识盗用的推翻。类似这样的想象,扰乱了深嵌于华盛顿的事实成就,把孟加拉国重新确立为发展专业知识的中心。

这样的批判性想象是如何形成的?就 CGAP 双面人而言,这是一部与孟加拉国的后殖民斗争交织在一起的生活史。但是,这部生活史不是在一个地方,而是通过错位和跨国横越而形成的。这位 CGAP 双面人还是个少年的时候,就参加了孟加拉国的独立战争。在这些早年时光,他不仅沉迷于反殖民主义,而且越来越意识到“文明与野蛮之间纤细的界线”。“战争暴力”是一种能够塑造人的经历,使他离开孟加拉国前往美国。战争也使一系列矛盾变得显而易见,那些矛盾后来成为这位 CGAP 双面人生活的核心内容。他指出，左派没有参加争取孟加拉国独立的军事斗争。然而，20世纪70年代初期，他在美国的一所小型州立大学中吸收了左派思想，沉浸于激进的社会运动，并在马克思主义的学术分析中找到了根基。在20世纪80年代初返回孟加拉国时，他试图把这些思想付诸实践：

> 有大量的组织工作正在进行，要组织农业工人，要组织造船工人。还有小额金融，它在帮助穷人生存。但是左派看不起它，构成左派的是学者，他们希望进行大规模暴动。他们的学术研究与穷人的生活相去甚远。我不愿意拖动这道党派界线。

这位CGAP的双面人再次离开孟加拉国，这次他从一所美国大学获得了经济学博士学位。重返孟加拉国时，他也重返了令他印象深刻的非政府组织，也是遭到左派摈弃的那些组织。他加入了格莱珉银行：

> 那个时候，尤努斯看起来说话很有分量，能够为孟加拉国确立另一种愿景。他挑战了新古典经济学，也挑战了捐资人。在格莱珉，我们会在这些厚厚的木桌上工作，深感自豪。我们会觉得这是我们自己的组织，这是我们自己的国家。

要想理解这位CGAP双面人，不是件容易的事。他在办公室里俯瞰着世界银行的建筑，身后贴着著名马克思主义哲学家安东尼奥·葛兰西的海报。葛兰西对“霸权”的分析强调以一致意见的达成作为规则的一种形式，无疑与本书中关于千禧年发展的讨论出奇地相关。这位 CGAP 经济学家，不能被简单地理解为位于华盛顿贫困共识核心的孟加拉国共识的英勇捍卫者，毕竟他也服膺于 CGAP 的工作。他知道自己是如何又是为何被吸纳进 CGAP 的："那是在 20 世纪 90 年代后期。尤努斯严厉批评 CGAP 偏离了使命。CGAP 接触了我，我的直接反应是拒绝。我不想为世界银行效力……但是在这里我学到了很多东西。对真正在意的人来说，这是一个极为人性化的地方。"还有更多。他为 CGAP 所做的工作感到自豪，偶尔还会说："在推进贫困议程方面，CGAP 做得比其他任何机构都要多。"这么说不只是为了突出他自己在 CGAP 提出的针对贫困问题的倡议，而且是对 CGAP 本身的重铸：

> CGAP 三代致力于通过终结金融领域的种姓制度来显著扩大获得金融服务的机会。为了做到这一点，看起来它必须比非政府组织模式走得更远。它必须实现规模，必须与银行合作，还必须考虑信贷之外的东西，考虑储蓄、保险、汇款……对 CGAP 起推动作用的，是对减贫的关注。它完全专注于贫困问题……在 CGAP，关于这些问题没有内部争斗。

在系统阐述 CGAP 的工作时，首席执行官伊丽莎白·利特菲尔德本人用的是金融民主的语言，这位 CGAP 双面人走得更远，认为 CGAP 是在设法解决金融种族隔离这种结构本身："正如格莱珉确实在与信贷市场的不公做斗争一样，CGAP 也在与之抗争。"

诸如此类的表述，标志着认可的赋予——赋予 CGAP，也是在赋予小额金融这个观念本身。正是这种相互融合，被斯皮瓦克称为共谋。这既不是错误的意识，也不是背叛。相反，它表明了一种结构性现实：我们的工作成果要想获得意义，只有通过捍卫我们在其中得出成果的那些结构。如果作为个例的CGAP和作为普遍现象的小额金融遭到贬低，这位CGAP双面人的各种颠覆和异议行为，重要性就会大大降低。双面人不一定要设法粉碎、撕裂和焚毁结构，他也可以占领结构，向其中掘进，宣示领土并标示出行动范围。

事实上，这位CGAP双面人已经占据了这个结构。在CGAP内部，他在贫困问题上的努力获得了根基，不久之后便开始在华盛顿贫困共识的网络中流传。他讲授的一门有关贫困的课程，成为博尔德短训班的固定课程。在CGAP的概念文件和要务说明中，出现了贫困问题、千禧年发展目标和社会保护。MIX表示，有兴趣在财务绩效指标之外，把社会绩效指标一起纳入。在既定的事实流通路径中，是否有可能创造出新的"常识"？

新常识

新常识最具体的形式，是"社会绩效"作为小额金融中衡量和评估的重要指标浮出水面。如果说CGAP一度仅仅突出财务绩效指标，那么今天它也在促进社会绩效指标。这些指标，例如子女入学、医疗卫生、女性赋权，不仅反映了千禧年发展目标确定的优先事项，也反映了孟加拉国共识要求完成的任务。小额金融门户网站现在有了一个"社会绩效资源中心"，并且正在积极努力，想构建一个致力于运用社会绩效指标的机构网络。有一个联盟似乎能消除华盛顿共识和孟加拉国共识之间的明显分歧，在此联盟中，格莱珉基金会与福特基金会和CGAP联手，创建了社会绩效指数。这项适应特定国家情形的工具被称为"脱贫进展指数"，是作为一种"公共物品"创立的，它使小额金融机构能够评估对贫困的影响，并强调非金融指标在小额金融领域的重要性。由 CGAP、阿吉迪乌斯(Argidius)和福特基金会召集的社会绩效特别工作组，将社会绩效定义如下：

> 遵循公认的社会价值观，着眼于服务数量更多的穷人和被排斥者，有效地把某个机构的社会使命转化为实践；提高金融服务的质量，使金融服务更为恰当；为客户创造利益；并提高小额金融机构的社会责任。
>
> (http://www.microfinancegateway.org/p/site/m/template.rc/1.11.48260/1.26.9228/，2008 年 8 月 15 日访问)

正如格莱珉基金会的社会绩效管理中心所宣布的，此类“行业创新”表明的是，在华盛顿贫困共识的最核心部分控制住异议和批评。它们可能标志着，专注于贫穷问题的南亚发展范式重新盗用了小额金融。然而，个中曲折不可避免地要更为复杂。这位 CGAP 双面人指出，那是一段艰难得令人难以置信的路途。“就在几年前，提出关于社会绩效的想法时，我们遭到了捐资人的抨击，都快要剑拔弩张了。现在，我们的特别工作组有 150 人。能有今天，真不容易。”事实上，批评社会绩效的人指责称，就连社会绩效这一概念本身都还很模糊，收集此类信息对小额金融机构来说是负担，不仅要花钱，而且不公平(Jacquand 2005)。赞同社会绩效的圈子里，也存在着分歧。2006 年哈利法克斯的小额信贷峰会上，在财务审计之外，国际社会援助基金会的约翰·哈奇强调了“社会审计”的重要性：“为了成为一个着眼于客户的行业，为了坚守使命，我们必须做到这一点。”来自肯尼亚佳美博拉银行的英格丽德·芒罗表示赞同，但是她向哈奇以及社会绩效运动中的其他人发出要求：

> 为什么要聘请顾问前往我们国家，来研究我们的贫困，还收取那么多报酬？各家机构应该自行评估社会绩效，不应该又弄出一个咨询行业。在肯尼亚，我们有出色的青年，应该由他们来开展这些评估。

芒罗从社会绩效运动内部发出的自我批评，与运动外部出现的那些批评殊途同归：

> 有人可能同样想知道，这些就双重底线进行报告的呼吁，是不是许多顾问、研究组织证明自身存在的一种坦率的方式……捐资人往往心甘情愿在围绕该问题的众多倡议中成为同谋，毕竟这些倡议也能证明他们的工作对自己的选民意义非凡。有人会说，这种共谋出自一种真正的愿望，即更为透彻地理解金融服务如何影响穷人的生活。
>
> （Jacquand 2005）

事实上，可以说，社会绩效运动的开展会加强华盛顿贫困共识的核心作用。在我所做的访谈中，美国国际开发署的高管们都提到，新一代投资者是如何推动社会绩效运动的。有人批评社会绩效运动可能“使小额金融为少数人专属”并“吓跑投资者”，上面这一点正好与此批评背道而驰（Jacquand 2005）。美国国际开发署的一位官员由此指出（2006 年 11 月）：“捐资人一直比教皇更笃信天主教，只专注于商业化。但是，具有社会责任感的投资者希望更多地了解对贫困的影响。”事实上，正如格莱珉基金会所主张的，社会绩效运动是从“全球企业界”获得启示的：“对企业公民责任的日益认识，使得企业界越来越愿意就社会责任提供报告，也越来越接受投资的社会回报等概念。”（http://www.grameenfoundation.org/，2008 年 5 月 20 日访问）

社会绩效运动标志着一种创造“贫困资本”的新的努力，是与 CGAP 一度推动的发展金融化的决裂。但是，这也是将小额金融与全球金融市场加以整合的努力。现在，通过报告、审计、评级、标杆对比、制图等熟悉的操作，社会绩效已经落实于机构。现实情况是，承担社会责任的投资是一个庞大的全球产业，资产总额超过了四万亿美元（CGAP 2008b：1）。在美国，专业打理的资金中，每九美元中就有一美元是经过社会筛选投资出去的（Tulchin 2003）。小额金融中的私人投资，大部分就来自这些投资者（CGAP 2008b）。因此，格莱珉基金会把自身社会绩效方面的工作称为“新的社会投资指南”，这些准则是从“格莱珉基金会与小额金融领域的主要社会投资者奥柯信贷（Oikocredit）正在进行的工作”中产生的（Grameen Foundation 2009）。

2006 年的小额信贷峰会上，在一场关于投资和金融市场的会议期间，与会代表一致呼吁确立社会绩效指标。美国国际开发署小微企业部前部长凯特·麦基，曾出于职责反对国会施加的评估贫困目标和贫困影响的压力，现在，就连她也敦促投资者推动制订更为精确的社会绩效指标。CGAP 的坚定拥护者曾经提到过财务指标，声称“人往往看重自己所评估的东西”，华尔街的对话者现在则就贫困的扩展和影响给出了同样的说法。有一种清晰的感觉，认为此处是金融前沿，可能是银行业所有部门中最“透明”的。毕竟，正如专题讨论时一名听众所问：“有多少家银行，会公布有多少女性被它们计为客户？”CGAP 由此把社会绩效的评估称为“广告中的真相”(Hashemi 2007:1)。

证券化

鉴于某些发展专业人员可以被解读为双面人,诸如非政府组织之类的发展组织,也可以理解为在概念中承担着双重角色。在这里,我们有必要回到孟加拉国共识。这些机构的工作,很容易被当作华盛顿式发展和华尔街式资本主义的对立力量,但近年来,它们力图把自己嵌入资本的这种流通路径中。在小额金融证券化的显著趋势中,这一点显而易见。其中的第一波启动于 2006 年,为 BRAC 提供了 126 亿塔卡(约合 1.8 亿美元)的融资。这笔交易由 RSA 资本、花旗集团、FMO(荷兰发展金融公司)和德国复兴信贷(KfW)开发银行共同组织,“涉及由 BRAC 提供的小额信贷产生的应收款证券化……以及创立针对特定目的的信托,从 BRAC 购买应收款并向代表着这些应收款项受益权的投资者发行证书”。BRAC 创始人兼董事长法兹勒·阿贝德称赞证券化是“小额金融行业的里程碑……我们已经把全球金融市场带到了孟加拉国近 120 万个家庭的门口”(http://www.brac.net/,2006 年 12 月 17 日访问)。

证券化可以被视为孟加拉国共识的一种新战略。2008 年,作为 ASA 的全球网络,ASA 国际携其中国、柬埔寨、加纳、印度、印度尼西亚、尼日利亚、巴基斯坦、菲律宾和斯里兰卡业务一起,从 ASA 和企业投资公司红杉资本管理的私募股权投资基金“触媒小额金融投资者”(Catalyst Microfinance Investors)那里,获得了 1.25亿美元的股权资本承诺(*Business Wire* 2008)。这些证券化行为,旨在为小额金融机构创造获得廉价资本的途径,从而如 BRAC 所说的,“减少对不稳定的捐资人融资的依赖”。它们力图通过赋予小额金融机构金融权力，来调整全球-本地交易的不对称性。例如，就 BRAC 证券化来说，“交易的整个货币风险，是由全球投资者承担的”(http://www.brac.net/，2006 年 12 月 17 日访问)。事实上，与小额金融本身一样，证券化行为也把对获取资本的信心视为发展的关键。

这就是格莱珉基金会的战略。通过与花旗集团合作开展的“增长保障项目”，该基金会已动员了风险资本并向小额金融机构进行了股权投资。在一位前私人股权投资人和基金经理的带领下，格莱珉基金会的资本市场小组劲头十足地寻求资金用于小额金融。其想法是，利用私人资本使小额金融机构得到发展，从而——用格莱珉基金会主席亚历克斯·康茨的话来说——“把小额金融作为社会变革的平台”(Grameen Foundation 2007b)。此类投资中的第一笔，发生在格莱珉基金会那些成功的印度合作伙伴(如 CASPOR 和 SKS)身上。2007 年，印度工业信贷投资银行与格莱珉合作伙伴“共享小额金融”(Share Microfin)之间，达成了一笔“突破性的证券化交易”，产生了 430 万美元的新贷款资本(http:// grameen capital.in/，2008 年 2 月 1 日访问)。从那以后，便爆发出了一系列交易，每笔都是与一家备受赞誉的小额金融机构发生的，包括巴基斯坦的 Kashf 基金会、菲律宾的 CARD、尼日利亚的 LAPO、秘鲁的 Pro Mujer 以及摩洛哥的 Zakoura 基金会和 FONDEP(http:// /www.grameenfoundation.org/，2008 年 5 月 20 日访问)。

在中东，这方面的工作正在广泛展开。在这里，一家设在沙特阿拉伯的企业集团，即由格莱珉基金会与 ALJ 集团(Abdul Latif Jameel Group)合作建立的“格莱珉-贾米勒倡议”，被用于确保和担保商业银行对小额金融机构的投资。正因为如此，埃及的达卡勒亚社区发展商人协会(Dakahlya Businessmen Association for Community Development,DBACD)才能够从法国巴黎银行获得250万美元的地方通货贷款。在格莱珉-贾米勒倡议、花旗银行和沙特法国银行(Banque Saudi Fransi)的担保下,这笔交易使小额金融组织的贷款对象扩大到1.6万个新客户。亚历克斯·康茨热情赞扬此次交易,称其开启了"埃及小额金融的新纪元,商业银行为弥合埃及小额金融供需之间的巨大鸿沟发挥着越来越重要的作用"(CSR*wire* 2006)。今天,格莱珉-贾米勒是一家以尤努斯的社会商业企业理念为蓝本的合资公司,一家"具有社会目的的营利性公司"。格莱珉基金会在印度创立了类似的实体,即印度格莱珉私人资本有限公司(Grameen Capital India Private Limited),用于发起和管理证券化交易。到2007年12月,格莱珉基金会宣布,已经利用2050万美元作担保,为从巴基斯坦到秘鲁的小额金融机构带来了1.126亿美元的本国货币融资(http://www.grameenfoundation.org/,2008年5月20日访问)。

总部位于黎巴嫩贝鲁特的格莱珉-贾米勒合资公司,可以看成是对中东发展生态的重要干预。它打破了小额金融机构对美国国际开发署的依赖,构建了获取资本的另类形式。在一次接受采访时(2006年6月),格莱珉-贾米勒的一名工作人员把这种情形描述为"金融奴隶制",在其中,非政府组织仍受到捐资人强加的条件的约束。在一段与"免费资金受到污染"这一主题相呼应的陈述中,这位工作人员指出,"美国国际开发署已经污染了市场"。"美国国际开发署之类的捐资人变化无常。一直以来,美国国际开发署都在为这些非政府组织提供资金,现在却要撤资。它如何预期这些机构突然就独立了呢?"格莱珉-贾米勒的意图,是要为资本建立自主的流通路径,尤其是要为致力于格莱珉小额金融模式的机构提供支持。例如，在埃及这样的国家，格莱珉的合作伙伴仍然处于美国国际开发署圈子的边缘，格莱珉-贾米勒力图支持“以文件规定的方式专注于贫困”的小额金融机构，换句话说，即那些与“格莱珉的价值观”相一致的小额金融机构（http://www.grameen-jameel.com/，2008 年 5 月 20 日访问）。同样地，在一次接受采访时（2006 年 6 月），格莱珉-贾米勒项目主管希瑟·亨尼恩断然指出，“双重底线”是用来为增长提供保障的：“我们明确地专注于贫困问题。我们的战略目标之一就是，确保合作伙伴所服务的小额金融借款人越过贫困线。”为此，格莱珉-贾米勒资助这些非政府组织的工作人员参加在孟加拉国举行的格莱珉对话，甚至每年组织一次在格莱珉银行举行的“阿拉伯对话”。亨尼恩指出：“这种类型的组织活动，在 CGAP，甚至在 Sanabel 网络都是无法实现的。”由一家实力雄厚的沙特商业集团承担费用的“格莱珉-贾米勒倡议”，是一门制订反霸权战略的有趣课程。该战略与小额金融的宗旨极为相似，在小额金融领域，被排斥在主流银行业之外的借款人可以通过其他的制度性机构获得资本。这也是资本的民主化。

然而，依赖于金融工具的格莱珉-贾米勒项目，与 CGAP 传播的最佳实践和规范几乎无法区分。由格莱珉-贾米勒主持的投资研讨会，展现了商业资金的来源和资本市场。他们培训小额金融机构如何评估交易结构，如何控制外汇风险。和 CGAP 一样，格莱珉-贾米勒专注于开发某一个行业，在此行业中，具有创业精神的机构服务着小微企业家。遵循千禧年发展的广泛话语，格莱珉-贾米勒力图在一个受到捐资人资金污染的世界中恢复市场纪律，包括金融市场制订的纪律。与丹比萨·莫约提倡的“资本解决方案”相比，这种做法并无不同。

为此类工作提供支撑的，是总部位于西雅图的格莱珉技术中心。在这里，格莱珉基金会正在努力部署技术创新，并与IBM和思科系统等技术公司合作，为小额金融创建信息系统。Mifos就是这样的系统，一个开放源码的小额金融软件平台，资金来自奥米迪亚网络的一笔资助。在接受采访时（2005年10月），格莱珉技术中心的资深员工们强调，技术可以在两个紧迫的方面助力小额金融行业。首先，信息系统可以改善金融系统的管理，使小额金融机构能与资本市场建立联系。其次，此类信息系统能够确保管理和报告中的全球标准，或者说"元语言"，从而创造"透明度"。格莱珉技术中心的工作遵循着CGAP和MIX为小额金融行业倡导的愿景，把"小额金融机构的投资组合"用作"一种易于定价的资产类别"（Dailey 2005：40）。高盛的全球市场研究所派出了技术专业人员，为Mifos的创建提供帮助。研究所所长苏珊娜·诺拉·约翰逊指出，Mifos将"通过改善贷款组合管理、客户数据分析和资本市场进入，来帮助小额金融行业发展"（Grameen Foundation 2007a）。简而言之，这样的信息系统力图创建一个资本交易行业，在此行业中，无论是贫困的借款人还是小额金融机构，都能通过信息和金融技术来标定位置，加以追踪。

然而，这些努力中弥漫着一种斗争，一种双重性。正如亚历克斯·康茨在一次接受采访时（2004年10月）指出的，格莱珉基金会本身是一家位于美国的组织，但与孟加拉国的工作密切相关。康茨由此主张："我认为小额金融必须越出孟加拉国之外，但孟加拉国作为小额金融领导者的角色必须得到承认。"格莱珉基金会激烈地质疑一种观念，即"任何有价值的东西都必须出现在纽约和华盛顿"。"他们拿格莱珉当泛美航空了，以为终会破产；当我说孟加拉国是小额金融的华尔街，处于最前沿时，所有人都感到惊讶。"当然，格莱珉基金会在战略上处于权力中心，处于华盛顿。正是在这里，在孟加拉国完成的工作可以用来创造资本，启动证券化并提供AAA级的增长担保。简而言之，正是在华盛顿，价值被创造出来，一项全球行业也得到了巩固。

一个紧迫的问题是：这样的行业同样能为穷人服务吗？在2007年成立格莱珉-贾米勒合资公司时，ALJ集团总裁穆罕默德·贾米勒表示："我们相信，商业原则能够用于解决贫困之类的大规模社会问题。我们希望在阿拉伯世界能看到企业社会责任和社会投资的更多例子。"（CSR*wire* 2006）上述说法，出自华盛顿贫困共识及其金融普惠主题。由格莱珉基金会支持的证券化，每次宣布时都伴随着关于资本民主化的这种主张。在一次接受采访时（2004年6月），格莱珉基金会的一位高层指出，紧迫的问题是："如何利用主流资本赚钱的欲望，来支持我们的行业？"但是，他指出："如果尤努斯在这里，他会说，我们还必须给资本戴上镣铐，以便为穷人服务……挑战就在于，我们如何两方面都做到。"

上述问题不仅适用于触及底层十亿人，也适用于触及小额金融机构本身。获取资本的这种途径，能向所有小额金融机构开放吗？或者说，在进行标杆测试的行业中，只有高增长、高排名的非政府组织才能进行证券化并利用增长担保吗？格莱珉基金会的宣传材料一再强调，它试图将资本市场与"高绩效"和"高增长"小额金融机构联系起来。毕竟，借用格莱珉技术中心的话来说，小额金融投资组合旨在成为"易于定价的资产类别"。不可避免地，这种形式的资本化会尽力开掘利润的各种新领域。

于是，最近由ASA担保的一笔1.25亿美元的私募股权交易，在描述时采用了不同的方式。ASA国际的创始人兼首席执行官沙菲克·哈克·乔杜里宣称：

> 庞大的股本资金池会使我们能够……为这些地区无法从银行贷款的穷人提供初次获得信贷和其他基本金融服务的机会，从而帮助他们摆脱剥削，释放创业动力，并改善家庭生活。

但是，CMI执行董事兼红杉资本董事总经理德克·布劳威尔指出，"ASA的小额金融模式强劲、高效"，所以此项交易会为投资基金"作为小额金融机构的拥有者和经营者"，带来"真正的竞争优势"。交易的核心内容，是世界上一些最大的养老基金，包括荷兰基于账户的养老金（ABP）和美国教师退休基金会（TIAA－CREF）的投资。ABP代表指出，对小额金融的此类投资使养老基金能够分散风险。TIAA－CREF的社会和社区投资常务董事，以类似方式强调了小额金融投资的吸引力。他认为，吸引力既来自该行业的双重底线，又来自该领域"有许多机构仍在盈利并不断增长"的事实（*Business Wire* 2008）。实际上，在2006年，TIAA－CREF出资1亿美元创立了全球小额金融投资项目（Global Microfinance Investment Program，GMIP），投资于全球范围内优质的小额金融机构。这种做法与CREF的"社会选择"（Social Choice）账户是一致的，该账户是美国以个人投资者为对象设立的，是规模最大的经过全面筛选的投资工具（Reuters 2009）。小额金融由此给出了双重期许：能把机会扩展给"无法从银行获得贷款的穷人"，并且能为投资者创造利润。

就格莱珉、BRAC以及孟加拉国主要的小额金融机构ASA来说，证券化交易代表着一种有趣的新战略。它们标志着与全球金融市场的接触，不过至少直到目前，接触的条件还在上述机构的控制之下。终结"金融奴隶制"的贫困资本产生了，既是属于小额金融借款人的资本，也是属于深陷于依附状态中的南方国家非政府组织的资本。必须提出的问题是:革命能否通过金融发生?

金融卡特里娜

2005 年那场猛烈的风暴,即卡特里娜飓风,至少一度还引发了政治风暴。它鲜明地揭示了在美国的一片繁荣中存在的具有种族色彩的贫困,以及政府对贫困状况的极度反感。作为一场风暴,卡特里娜带来的影响还异常清晰。穷人在灾害管理中心遭到的死亡、遗弃和入库式收容,经媒体广泛报道,使卡特里娜成为一个标志性时刻,谴责着布什政府的麻木和无能。到 2008 年美国总统大选之时,另一场风暴正在酝酿之中。卡特里娜飓风仍然乌云笼罩,使共和党的命运一片黯淡,同时新的风暴又起,金融危机日益严重,更重要的是,广大民众对政府应对危机的方式满怀愤怒。一开始看似不过是次级住房市场中的一个问题,伴随着次级抵押贷款的违约,到头来远不只是一次抽搐。发展到后来,它变成乔治·索罗斯(2008)所说的自大萧条以来最严重的金融危机。引用《纽约时报》上发表的一篇写给主编的信,专栏作家弗兰克·里奇(2009)指出,这场新的风暴可能正是奥巴马总统的“卡特里娜时刻”,一个以“美国人的极深愤怒”为标志的时刻。

对于千禧年发展,此次金融危机具有重要影响。联合国发出了可怕的警告,认为数百万人将“陷入更深的贫困”。反过来,这又会导致“成千上万的儿童死亡”,而增长的减缓又会导致“非洲穷人人均收入 20%”的损失(Watkins and Montjourides 2009)。世界银行指出,2008 年,粮食和燃料价格已经使穷人人数增加了 1.35 亿—1.55 亿人;现在,金融危机极有可能使数字再增加 4 600 万人。世界银行行长罗伯特·佐利克由此警告,“全球经济危机有可能演变成一场人类危机”(World Bank 2009)。事实上,这场新千年的第一次金融危机,看起来正在破坏千禧年发展目标,既包括过去十年取得的进展,也包括该框架所体现的全球社会契约。

世界银行提出了各种干预措施,包括建立一项“不利处境基金”,其中包括三个优先领域:“安全网项目、基础设施投资以及对中小企业和小额金融机构的支持”(World Bank 2009)。在2009年4月的伦敦峰会上,二十国集团领导人承诺会通过国际货币基金组织和其他国际机构,拨出价值1.1万亿美元的追加资源。类似的干预提出了许多问题。《经济学人》(2009)指出,数字被夸大了,“更多地是一种愿望,而没有实际完成”。尤其是,该杂志认为,国际货币基金组织本身必须加以改革,以便“为勤俭节约的人提供集体保险,向挥霍浪费的人提供有条件的援助”。被列为世界银行优先领域之一的小额金融,本身可能就处于不稳定状态。CGAP(2008c)的一份报告指出,金融危机有多重后果,包括小额金融客户“遭到通货膨胀伤害”“苦于食品和燃料价格高企”,以及“汇款减少”等。报告强调,“对小额金融机构来说,客户受到的压力通常会转化为面临风险的更高投资组合”。小额金融机构还面临着更大的威胁:“全球流动性收缩”,可能会大大增加流向小额金融机构的资本的成本,并对它们的获取造成限制。这些担忧使我们回到了亚历克斯·康茨在2006年加拿大哈利法克斯小额信贷峰会上提出的那个带有挑衅的问题:“无法获得资本,还叫什么资本主义?”

责任时代的劣质资金

作为人类危机的金融危机引发了一种新的千禧年话语,突出的是各种不平等问题,而不仅仅是绝对贫困问题。联合国最新报告的作者之一,把“2009年最后一个季度向银行系统注入的3 800

亿美元公共资金”，与微薄的“向低收入国家追加援助以实现关键教育目标所需的70亿美元”做了比较。他用这样的比较提出了一个论点，即“援助捐资人显然可以做更多的事情来保护世界上最贫困的人，免受世界上最富有的金融家制造的危机和富裕国家的监管失败的影响”（UNESCO 2009）。世界银行行长罗伯特·佐利克提议设立的不利处境基金，呼吁发达国家把各自刺激计划中的0.7%（这一比例来自千禧年发展目标的目标8）投入该基金。在《金融时报》的一篇社论中，佐利克（2009）措辞尖锐，坚称我们的时代必须成为“负责任的时代”：“负责任的全球化”“全球环境中负责任的管理”“负责任的金融”以及“负责任的多边主义”。他强调，这样一个负责任的时代，“必须成为全球性的，而不仅仅是西方的时代”，一个由“负责任的利益相关者”广泛拥有的治理体系。在这里，发展民主化的主题再次浮现。

值得注意的是，佐利克在此前身为美国贸易代表时，对发展、民主和责任问题持截然不同的态度。在2003年于坎昆举行的世界贸易组织会议上，由于南方国家反对富裕国家顽固地坚持为本国农业部门提供补贴，佐利克（2003）怒斥这种叛乱行为，称之为“失败国家”的“抗议政治”。他严厉地驳回了要求公平贸易的呼吁，嘲笑发展的民主化。此种行为表明，美国仍然掌控着全球治理和全球贸易体系。在当前的金融危机中，佐利克对“负责任的全球化”的吁求，似乎反映出内心的某种变化。

在美国，金融危机越来越多地被称为资本主义的贪婪，或者说“劣币”。该判断的关键，是“不计后果的金融”（reckless finance）这一概念，即“欺诈、无能与大量过失相混合的一种激烈迸发”（Phillips 2008b）。类似的民粹主义狂暴意义重大，毕竟它挑战了努力促进发展金融化的华盛顿贫困共识。欺诈、无能、有大量过失的华尔街，如何能成为资本民主化的制度范例？毕竟，作为华尔街的榜样，也是小额金融商业化的关键参与者，花旗集团眼看着自己的股价从 55 美元暴跌至 1.50 美元。联邦政府一再注资为花旗集团解围，现在成了其最大的股东（Dash and Story 2009）。这家一度市值达 2 440 亿美元的公司，在本书撰写时市值仅为 205 亿美元，充斥着诸如"抵押债务"之类的"奇特的金融产品"（Dash and Creswell 2008）。曾经是那些意料中的风险的奇特组合，现在成了有毒资产。意料之中地，尤努斯抓住时机，就商业化的小额金融发出了严厉的警告："如果世界上最大的那些银行继续向蓬勃发展的小额金融部门投入资金，它们就有可能给数百万赤贫者造成次贷式危机。"（Burgis 2008）

在金融危机中，相比于花旗集团和华尔街其他拥趸的声名狼藉，还有更多东西处于危险之中。风暴暴露了金融资本主义结构中的主要矛盾和挑战。有两个方面特别需要注意：首先，在金融经济中，价值，由此也包括风险，如何得到评估和管理？其次，如何将一种需要政府救市的制度，与自由市场和自主创业的思想协调起来？类似的问题同样困扰着小额金融。

在论著《新自由主义简史》（*A Brief History of Neoliberalism*）中，马克思主义地理学家大卫·哈维（2005：161）指出，20 世纪 80 年代见证了"强烈的金融化浪潮"的蔓延……"其主要特征是投机和掠夺做派"。这种形式的金融化之所以能够实现，是通过特定形式的国家行动，尤其是对金融市场的放松管制。今天，随着全球金融化造成了全球性经济危机，对于这种制度的种种弊端似乎有了新的共识。作为美国国际开发署小微企业部前部长、CGAP 现任高级顾问，凯特·麦基批评了"由'条条块块'构成的金融世界"（CGAP 2008c）。CGAP 一度称赞金融创新，麦基现在却对这种形式的"金融工程",尤其是把贷款作为证券重新加以包装和出售表示怀疑。用与佐利克类似的语言,她呼唤着"负责任的金融"以及能够遏制"市场过度行为"的规制。这种对发展金融化的纠正很有趣,因为麦基不是在推动自我调节的金融市场,而是强调了"自我调节的限度"。不过,对于此种模式来说,那是温和改革,而不是彻底摈弃。CGAP 的首席执行官伊丽莎白·利特菲尔德由此警告,不要采取"激进政策",并坚称调节至多只能是"轻触"(CGAP 2008c)。

关于"负责任的金融"的讨论,避开了一个更为根本的问题:金融经济中价值的本质,以及由此而来的风险的本质。在具有先见之明的《金融衍生产品与风险全球化》(*Financial Derivatives and the Globalization of Risk*)一书中,利普玛和李(2004)描绘了一种以流通而非生产为特征的新经济,从风险而不是仅从劳动力中获取价值(LiPuma and Lee 2004:126)。金融产品,例如衍生工具,把风险资本化,从而通过投机活动产生利润。尽管人们很容易拿投机性产品与实际产品(无论是通过劳动生产的商品,还是住房抵押贷款)作对比,但在新经济中,这种区别并不成立。成为产品的,就是衍生物,它驱动着经济。

观察者由此正确地指出,把金融危机诊断为"次贷危机"是打错了板子,因为这暗示着实体经济,即次级住房市场的变化,在金融市场上引发了危机(Gowan 2009)。而衍生品市场就是它自身的一种"快速资本主义"(Fisher and Downey 2006:9)。新经济的关键,是"标的物与衍生产品……的分离"(LiPuma and Lee 2004:98)。在这些金融新领域,"证券化要求投资者接受标准化的评级,以替代对关联着个人贷款关系的特定风险的评估"(Fisher and Downey 2006:8)。如此一来,在其奇异想象的推动下,金融市场变成了自娱自乐的“投机套利”世界(Gowan 2009:6),而那些想象已成为当代资本主义的主要产物。

正是在此意义上,“千禧年资本主义”是“神奇的”,具有“纯粹通过交换”来产生财富的本领……“似乎完全独立于人类的创造活动”(Comaroff and Comaroff 2000: 301)。在前面的一章中,沿用法国哲学家米歇尔·福柯(1966)的成果,我把这一时刻称为“政治经济学”的终结,或者说与从工人劳动中榨取剩余价值有关的资本主义框架的终结。现在人们能够看到,是金融投机、风险管理和货币流通在产生着价值。因此,那种普遍的呼吁,即通过使经济“更加真实”来使经济“更加公正”,是误入了歧途。正如人类学家比尔·莫拉(2006,2008)所说,金钱必然是一种虚构,一种抽象的计算指数,永远无法完全代表社会的、文化的或个人的东西。然而,这种虚构又是真实的,因为它具有真实的影响。

金融全球化的烦难之处,提出了一些关于小额金融未来的重要问题。小额金融贷款及其风险评估,与创业劳动以及小微企业的产品和利润只有微弱的关联。确实,正如本书各处所讨论的,小额金融和小微企业之间的联系,可能只是一种奇特的虚构。因此,小额金融领域的风险评分,与其说是对穷人的劳动或穷人的资产的估值,不如说是对落实还款能力的评估。毕竟,“穷人总是会还钱”。这是作为小额金融之基础的投机套利,是对穷人的习惯以及小额金融机构提供的金融约束担保的一种计算。诸如此类的做法,可能与全球金融市场相去甚远。毕竟,正如赖克(2008b)所指出的,金融市场“交易的是承诺”。但是,随着证券化等金融创新正在席卷小额金融领域,必须实现第二种分离,即与每笔小额金融贷款相关联的风险,与现已证券化的具有无形风险的一大批贷款之间的分离。批量化的和证券化的风险是否能够控制？还是说,新的金融危机潜伏在此?

有计划的市场

如果说这是一个卡特里娜时刻,那么它揭示了金融经济的一些关键的结构特征。这场危机以及随后的救市表明,“新华尔街体系”是一种垄断,“仅由五家拥有超过四万亿美元资产的投资银行主导”,“与新古典经济学所描述的……拥有数千名参与者的分散市场相去甚远”(Gowan 2009:6)。奥巴马政府为规范金融市场和保护消费者所做的努力,几乎不会对该体系构成挑战。正如大卫·哈维(2005)所声称的,这种垄断也是一个阶级项目,其报酬高度集中在金融精英的手中。正是这种垄断,仍然遮蔽于华盛顿贫困共识之中。达成共识的主要对话者,提出了一种诱人的愿景,即作为人的经济的世界体系,一种底层十亿人的经济秩序。愿景以经济自由,而不是财富再分配的修辞来系统阐述,为有效运行而不是失败的市场提供了理由。市场之所以能运行,是因为它们是自由的,至多只能受“轻触”的监管。但是,经济史学家卡尔·波兰尼(1944:146)在一个截然不同的历史时刻极为出色的分析认为,市场是有计划的,而不是自由放任的:“通向自由市场的道路是开放的,并且由于持续的、集中组织和控制的干涉主义的大量增加而保持开放。”对华尔街的救市,只是对市场加以计划的一个最明显、最切近的例子。

卡特里娜时刻彰显了某种体制的逻辑,该体制把利润据为私有,把亏损推给社会,此即所谓的“华尔街社会主义”(Phillips 2008b),或者说“社会化资本主义”(Reich 2008a)。与比尔·盖茨的“创意资本主义”相去甚远,这样的市场通过风险的集体化来运作,以至于投机的回报由极少数人获得,错误计算的风险所产生的附带后果却是由广大公众承担的。特别引人注目的是，债务减免计划如何扩展到了实力雄厚的华尔街公司，却排斥了美国的中产阶级和穷人。为了缓解严重的不平等，奥巴马政府力图启动一项住房计划，向贷方提供激励，以修改面临丧失抵押品赎回权的房主的抵押权。该计划引起了保守评论家的批评，例如美国消费者新闻与商业频道（CNBC）的里克·桑特利就认为，这项计划奖励了“失败者”的“不良行为”。奥巴马政府回应指出，桑特利是衍生品交易商，而该计划旨在使普罗大众而不是“好赌的投机者”或“欺诈的贷款人”受益（Stolberg 2009）。

华尔街声誉蒙羞，它那曾经的大胆套利现在摇身变成不负责任。这项计划本身，及其对迂回、灵活和贷款改期的呼吁一起，与格莱珉二代模式极为相似，后者被《华尔街日报》斥为是在“做假账”。今天，贷款改期是在美国住房市场上努力重新建立公平、灵活的信贷体系的基石。最为成功的改期来自小型抵押贷款公司，它们对贷款所做的改期不是“慈善行为”，而是“基于一些计算，即改变贷款条件是否符合投资者的最大利益”（Bajaj and Leland 2009）。小额金融业务也是如此，那是对债务的重组，而不是免除。这一点同样可以理解为金融创新，而不是“劣质资金”。

然而，小额金融行业的领导者们对债务重组表示担忧。伊丽莎白·利特菲尔德敦请政策制定者不要实施免除债务之类的“快速解决”计划（CGAP 2008c）。此种吁求让人回想起困扰着小额信贷的历史：1999 年玻利维亚债务人的起义。“过度负债”的金融危机，得益于“来自消费者贷方的迅速而轻松的信贷”，它不仅导致较高的拖欠率，而且导致要求减免债务的工会和协会的形成（Rhyne 2001：144—146）。小额金融原本是杰弗里·萨克斯的“休克疗法”的社会对策，如今却引发了一场社会危机。现任安信永国际金融普惠中心主任伊丽莎白·瑞恩(2001:149)感叹债务抗议"将小额金融政治化","改变了对信贷的态度,破坏了玻利维亚曾经极为出色的还款文化"。

反对免除债务的吁请,强化了位于华盛顿贫困共识核心的一种区别,即自我调节、基于市场的小额金融,与捐资人补贴的小额金融之间的区别。人们认为,前者可以带来效率,促进经济自由,后者则不可持续且是新殖民主义的。正如我在本书前文所述,该区别也是一种规范性陈述,关乎小额金融不同的区域秩序。于是,拉丁美洲式的小额金融被视为"领先一代人",孟加拉国的小额金融模式则被视为奇特且原始。毕竟,曾经发生过多起债务人反抗事件的玻利维亚,迅速转变成了商业化小额金融的前沿,其非政府组织立即变身为"正规金融机构",例如著名的阳光银行。利特菲尔德的吁请很有启发意义,它是在美国政府对华尔街银行进行救助的背景下提出的,后者同样是债务免除计划。这难道不是"免费资金受到污染"吗?威廉·伊斯特利那句流行的口头禅是:"富人有市场,穷人有官僚。"一方面是对华尔街的救助,另一方面是不愿把善意扩展到普罗大众或底层十亿人,事实表明伊斯特利的口头禅可以在表述上修改一下:"富人有国家帮助,穷人只能自力更生。"

在美国民族意识中,卡特里娜飓风是刺痛人心的时刻。不过,也是转瞬即逝。当卡特里娜"难民"疏散到全国各地的拖车公园、汽车旅馆和公共住房之时,新奥尔良的重建工作已经启动。很快,流离失所又从人们的视野中消失了。更重要的是,它为咄咄逼人的绅士化(gentrification)[①]奠定了基础。卡特里娜过后,新奥尔良

① 城市社会学术语,指以中产阶级品位对原本低收入人群聚居的房屋或街区进行翻新改造。

成为狂野的西部：一片没有法度的边疆，在那里，为了推动城市发展，规则是可以悬置的。当前的金融危机，会不会是类似的卡特里娜时刻？尽管在使用这个说法时，里奇无意做如此的类比。还是说，它会延长对金融经济令人刺激的曝光，让"英语国家的资本主义接受审判"(Burns and Thomas 2009)？观察人士指出，这场危机还可能动摇美国在经济、道德和意识形态方面的霸权。美国的赤字，是由具有储备盈余的国家，包括日本、中国(以及中国台湾地区)、韩国和海湾国家等提供资金的(Harvey 2009)。获得诺贝尔奖的经济学家保罗·克鲁格曼(2009)由此得出结论，认为正是"美国"本身现在"黯然失色了"，其危机才"令人震惊地让人联想到俄罗斯和阿根廷等第三世界的危机"。

这些看法确实很大胆，实际上它们或许正确地预见了华盛顿贫困共识的式微。但是，对小额金融的研究，能让人更为切近地关注这种霸权主义的细微之处，注意到在千禧年发展时代对市场的重塑。

次贷前沿

小额信贷企业(MicroCredit Enterprises)的乔纳森·刘易斯指出，小额金融投资基金代表着一种"以信仰为基础对市场的信任"。他声称，虽然小额金融以个体借款人的高还款率为人所知，但小额金融机构的违约率尚不清楚：

> 有一天，人们将不得不跨过鲁比孔河[①]，因为会发生丧失抵押品赎回权之类的事件……塔夫茨和皮埃尔·奥米迪亚的

---

① 典出凯撒，现借指下定决心后开始采取行动。

> 总裁，在等待流动性事件发生时，会不会对 2.7 万名妇女说：“对不起，我们倒闭了，你们会失去贷款。回家去吧，让孩子们每天只吃两顿”？
>
> (Bruck 2006)

两年前，在加州大学伯克利分校克劳森中心的小额信贷会议上，刘易斯宣称“我们正处于小额金融的狂野西部”。他拿前沿所做的比喻我一直记得，随着金融危机的加剧，其重要性日益增加而不是减弱。尽管丧失抵押品赎回权和灾难性失败的幽灵潜伏在小额金融的阴影中，在千禧年金融危机这一背景下，抵御能力而非不利处境才是小额金融的关键话语。

在墨西哥，康帕图银行的董事们宣称康帕图具有适应能力(Thomson 2009)，违约率仅略有提高。关于适应能力的主张由来已久。2003 年，斯坦利·费舍尔，时任花旗集团副总裁，回忆起此前十年的东亚金融危机：“一家大型印尼银行，公司投资组合中违约率近 100%，小额金融投资组合中违约率却只有 2%。”(《纽约时报》，2003)。在 2009 年的 Sanabel 年度会议，即阿拉伯小额金融网络上，花旗集团小额金融全球负责人鲍伯·安尼巴莱再次宣称，小额金融市场具有适应能力(Halawi 2009)。在金融危机最严重的时期，花旗集团在《纽约时报》等报纸上刊登广告，宣传其小额金融项目。广告的目的在于向美国纳税人传达一个信息，即他们的钱大把大把地花在了救助项目上，因为那些钱最终到了有能力偿还贷款的贫困女性手中。在“责任时代”，小额金融似乎是“优质资金”。但最为重要的是，它是一个市场。CGAP 的报告总结称，小额金融资金“所受金融危机的冲击相对较小”，从而证明了这些贷款组合具有适应能力。报告显示，排名前十的小额金融投资资金的资产，在2008年增长了32%，使“小额金融成为2008年极少数获得正收益的资产类别之一”。“小微企业家和国际资本市场”之间的关联，正在受到称许，小额金融被视为一个“套利潜能尚待开发的”市场(Bystrom 2008:2110)。看起来，小额金融是千禧年资本主义的次贷新前沿，在那里发展资本和金融资本融合、协作，使新的发展主题得以确立，新的投资领域得到开启和巩固。

对于高风险借款人来说，次贷系统提供的信贷机会，利率高于“初级”借款人所能获得的利率。无疑，“高风险”是由社会赋予的色彩，是对特定社会群体，包括穷人、少数族裔以及女性的污名化。针对这些人的普惠金融，是按次贷条款展开的。从美国住房抵押贷款市场的运作中能够明显看出，“次级信贷的排斥性拒绝和普惠性细分，是同一枚硬币的两面”(Wyly et al. 2008: 12)。正是依据种族、阶级和性别把特定社会群体从金融机构排除出来，才使次级贷款成为必要。现在，他们被纳入贷款对象，却是以不平等的条款，比其他消费者为同一产品(贷款)支付的价格要高得多。这是次贷市场的特殊逻辑：既是普惠金融的工具，又是剥削性甚至掠夺性贷款的例子。这也是小额金融的逻辑，使穷人能够获得信贷，条款却与“优质的”消费者所享有的条件大不相同——无论是就康帕图银行的高利率还是就格莱珉银行制订的详尽条款来看。换句话说，次贷标志着资本民主化的限度。

把小额金融称为次级贷款，并没有不寻常的地方。尤努斯本人把小额金融称为“次而又次的次级贷款”(Parker 2008)。但是，与诸如此类的名称相伴的是一种叙事，它试图在小额金融与其他形式的次级贷款之间划出鲜明的界线。从CGAP到尤努斯，小额金融的对话者和中间人们坚持认为，小额金融体现了金融经济中一种新的道德范式，可以称为“负责任的金融”或“道德资本主义”。

在最近于突尼斯举行的一次会议上，沛丰金融总裁雅克·阿塔利不仅认为小额金融能够“大大缓和全球金融危机对非洲的冲击”，还认为“鉴于小额金融以传统的金融周期所缺乏的道德规范为基础，它有可能成为金融危机的解决之道”（AFDB 2009）。CGAP（2008c）坚持认为，小额金融“与美国次贷市场的运作方式大不相同”：“小额金融领域还开发出了多项开创性的风险管理技术，以对客户的了解而自豪，对确保还款能力小心谨慎，并目光锐利地关注着违约行为。”毫不奇怪，CGAP一直强烈主张采纳其《道德守则》，那是华盛顿贫困共识的翻版。在尤努斯的框架中，透明和约束等主题被重新包装为“信任”。尤努斯曾受到《华尔街日报》的中伤，现在又被后者誉为“次贷人”（Parker 2008）。记者惊叹于小额金融重新获得了信任，由此也重新获得了这个词的本义“信贷”，它源自拉丁语 credere，意即“相信”。尤努斯也是如此认为，并把由信任驱动的交易与“完全基于不信任”的信贷系统进行对比。实际上，看起来，小额金融正在重塑各种信任形式，它们是通过全球网络促进货币流通所需要的（Gilbert 2005）。

小额金融的抵御能力要归于其独特的道德观，它引发了一个问题：小额金融是否揭示了次级抵押资本的奥秘？最重要的是，它能为风险设定恰当的价格吗？在《纽约时报》的一篇社论中，专栏作家托马斯·弗里德曼（2009）大胆声称：“资本主义的引擎不必丢弃，需要的是维修。”他试图与金融资本这个崭新的世界达成妥协，并因此哀叹着一个“只有金融产品”的世界，呼吁“对商品进行更多的工程设计”。他强调，最重要的是，该系统一直在“误估风险”，从而产生“有毒资产”和“破坏性创造”。作为贫困资本，小额金融有望为风险设定合理的价格，从而为既支持穷人又有利可图的金融市场开辟新领域。

如果说贫困资本会在新的千年中占据主导地位，那么本书前前后后详细介绍和分析的物质和话语技术，很快就突显出来。那些迄今仍处于资本积累边缘的次贷对象，例如极度贫困者，会经由金融机构变得广为人知。这里将会成为热度地图和全球排名的数据空间，在其中能追踪和评估风险。但是，这样的事实流通路径需要的不仅是数据，还需要讲述新的故事。在CGAP的博客上，凯特·麦基(2009)便讲述了这样一个故事，即“皮匠和下岗金融家的寓言”。以一种有趣的逆转，华尔街金融家在故事中拥有财富却缺乏约束。由于不用上班，且拥有“丰厚的奖金支票”，他把大把大把的时间和金钱挥霍在“里约狂欢节”上，用于“在菲律宾群岛潜海”。相形之下，由于消费者想要修理旧鞋而不是购买新鞋，补鞋匠正忙于服务着不断增长的市场。过去，小额金融部门被要求以华尔街的形象重塑自己，现在又要承认其客户是补鞋匠。“现在是再次成为补鞋匠的好时机。”在华盛顿的权力走廊上发出的这一声明，标志着华盛贫困共识正在巩固而不是终结。因为，正是在这样的声明中，“新自由民粹主义”最为充分地显示出来，作为对自由市场意识形态和人民经济的颂扬。现在，补鞋匠在经济上的不利处境被重塑为机会。

贫困资本的创造，还会涉及地域的重塑。如今，小额金融会议被定名为“没有国界的美元”。通过小额金融，一种新的全球发展秩序正在成为愿景，在此秩序中，失败的地方都能得到修复。如利普玛和李(2004)所描述的，如果说阿拉伯世界曾一度被描绘成一片边缘地区，缺乏银行业和金融所需的“合作才能”和“天资”，那么今天，正是这种“他方”地域成为资本积累的新前沿。伊斯兰小额金融是一个全球利基市场，迪拜等城市是疯狂而神奇的城市发展之地；类似科威特这样的民族国家则控制着庞大的主权财富基金，那是远不止能买下华尔街巨头的国有投资基金。要把边缘地区重塑为前沿,还需要确立事实——贫困事实。因此,正是证券化浪潮——无论是BRAC和ASA的证券化,还是格莱珉基金会的证券化——利用了孟加拉国模式的事实。毕竟,对于投资来说,该模式有望实现较高的财务和社会回报率。这同样是贫困资本。

首先,贫困资本的生产,需要对债务有新的做法,使债务获得新的含义。在卡特里娜时刻,即金融危机中,信贷变得显而易见,成为债务。曾经被誉为流动性金融市场的广阔天地和触及范围的东西,现在被视为贪婪的莽撞。正如加拿大小说家玛格丽特·阿特伍德(2008)在一次思考债务时所发问的,还会有"偿还"吗?小额金融部门能否将债务重塑为信用,重塑为以信任为基础的信贷系统?还是说,会出现"微型鲨鱼"这个掠夺性的次级市场?一位小额金融基金经理不同意尤努斯的"信贷是一项人权"观念,并宣称:"拜托,能不能不要忘记,信贷意味着你欠了东西,并且有可能负债过多?"(Bruck 2006)人类学家珍妮特·罗伊特曼(2005:73)提出了一个深刻的问题:"某些形式的财富尽管起源于债务关系,却得到了社会认可,其他形式的债务则被断然斥为债务,描绘成负面的经济指标,即生产和交换秩序的一种扰乱。为何会这样?"在贫困资本时代,小额金融将不得不更新罗伊特曼所说的"债务的生产力"。如果说在此前的那些危机时刻,小额金融是对新自由主义调整的苛刻约束所做的一种社会补救,那么今天的小额金融已经成为资产类别,成为积累、投机和利润的流通路径。它就是贫困资本。

每个种类的资本都有属于自身的事实。事实是以承诺为对象的交易,承诺更多地会遭到背叛,而不是变成现实。就生产资本而言,鼓舞人心的事实是福特主义思想,一种换取薪酬的工作系统,不仅有效地生产商品，而且确保生产者能够有尊严地消费。就发展资本而言，鼓舞人心的事实是现代化的目的论，经由运筹帷幄的经济发展阶段，在发展的梯级上攀升。就金融资本而言，鼓舞人心的事实是产权社会的前景，在此社会中，经由投机，风险不断地转变为繁荣。就贫困资本而言，鼓舞人心的事实是资本的民主化，是底层十亿人能够用上资本主义的工具，反过来又成为新一代全球资本的基础。这是新千年的次贷前沿。

但是，和其他类型的资本一样，贫困资本也很混乱，其全球资本的产生相当脆弱，取决于千禧年发展对话者所说的一种能力，即“在连水都不能喝的”那些地方，“把从未接触过硬币的贫困女性的诺言变成货币”。如我已经表明的，这需要持续付出大量努力。贫困资本确立事实的事业，同样充满着矛盾。关于底层十亿人的鼓舞人心的事实，与其他贫困事实，例如那些与社会保护、发展基础设施或龟速的、易逝的每周储蓄相关的事实，令人不安地共存着。与康定斯基的作品一样，贫困资本由多重性和中心性共同组成。

对于贫困资本的力量和霸权，我给予了充分的关注，所以才着手开展此项研究并写下本书。同样，我也对贫困资本存在的裂痕和危机，包括它的政治可能性、它的双重力量、它那作为武器的思想，深信不疑，从而认为这项工作值得去做。书中所讲述的，不是来自“下层”的反抗或本土叛乱这样的区域对立的故事，而是关于“相互融合”，关于也可以说成是颠覆的同谋，关于贫困资本这部合成作品的褶皱的故事。

参考文献

Abed, F. and Matin, I. (2007) "Beyond lending: how microfinance creates new forms of capital to fight poverty," *Innovations*, Winter and Spring, 3–17.

Abu-Lughod, L. (2009) "Dialects of women's empowerment: the international circuitry of the Arab Human Development Report 2005," *International Journal of Middle East Studies*, 41, 61–62.

AFDB (2009) "French economist underscores role of micro-finance in efforts at reducing poverty." Online. Available HTTP: http://www.afdb.org/en/news-events/article/french-economist-underscores-role-of-micro-finance-in-efforts-at-reducing-poverty-4446/ (accessed April 15, 2009).

Ahmed, M. (2002) *Key to Achieving Sustainability: Simple and Standard Microfinance Services of ASA*, Dhaka, Bangladesh: ASA.

Albright, M.K. and Doerr, J. (2004) "Micro-credit brings macro-benefits," *San Francisco Chronicle*, May 27. Online. Available HTTP: http://www.sfgate.com/cgi-bin/article.cgi?file=/chronicle/archive/2004/05/27/EDG7J6ROMA1.DTL (accessed July 14, 2004).

Alexander, P. (2007) "The big business of small loans." Online. Available HTTP: www.emergingmarkets.org (accessed November 20, 2007).

Ali, T. (2008) "Afghanistan: mirage of the good war," *New Left Review*, 50, 5–22.

Alterman, J. (2006) "The wrong way to sway Egypt," *Washington Post*, June 13. Online. Available HTTP: http://www.washingtonpost.com/wp-dyn/content/article/2006/06/12/AR2006061201286.html (accessed March 18, 2008).

AME Info (2008) "Islamic solidarity fund for development to support vocational education and microfinance." Online. Available HTTP: http://www.ameinfo.com/149911.html (accessed October 29, 2008).

Appadurai, A. (2001) "Deep democracy: urban governmentality and the horizon of politics," *Environment and Urbanization*, 13 (2), 23–44.

Armstrong, D. (2008) "Is bigger better?," *Forbes*, June 2. Online. Available: HTTP http://www.forbes.com/forbes/2008/0602/066.html (accessed June 15, 2008).

ASA (2001) *ASA Manual*, Dhaka, Bangladesh: ASA.

Atia, M. (2008) "Building a house in heaven: Islamic charity in neoliberal Egypt," unpublished dissertation, University of Washington, Seattle.
Atwood, M. (2008) *Payback: Debt and the Shadow Side of Wealth*, Toronto: House of Anansi Press.
AVID Consulting Corporation (2004) Final Report of Mid-term Evaluation of USAID/Egypt Small and Emerging Business Program, prepared for USAID. Online. Available HTTP: http://www.banyanglobal.com/pdf/micro_2004.12.15_usaid.pdf (accessed January 7, 2005).
Ayittey, G. (2004) *Africa Unchained: The Blueprint for Africa's Future*, New York: Palgrave Macmillan.
Ayres, R. (1983) *Banking on the Poor: The World Bank and World Poverty*, Cambridge, MA: MIT Press for the Overseas Development Council.
Badr El-Din, N. (2006) *The SFD's Microfinance Sector*, Cairo, Egypt: The Social Fund for Development, Government of Egypt.
Bajaj, V. and Leland, J. (2009) "Modifying mortgages can be a tricky business," *New York Times*, February 19. Online. Available HTTP: http://www.nytimes.com/2009/02/19/us/19loans.html?_r=1&fta=y (accessed February 19, 2009).
Barry, A. (2004) "Ethical capitalism," in W. Larner and W. Walters (eds) *Global Governmentality: Governing International Spaces*, New York: Routledge, 195–211.
Bayat, A. (2002) "Activism and social development in the Middle East," *International Journal of Middle East Studies*, 34 (1), 1–28.
Bayat, A. (2007) "Radical religion and the habitus of the dispossessed: does Islamic militancy have an urban ecology?," *International Journal of Urban and Regional Research*, 31 (3), 579–590.
Beblawi, H (1990) "The rentier state in the Arab world," in G. Luciani (ed.) *The Arab State*, Berkeley: University of California Press, 85–98.
Bello, W. (2006) "Microcredit, macro issues," *The Nation*, October 14. Online. Available HTTP: http://www.thenation.com/doc/20061030/bello (accessed February 10, 2007).
Bello, W. (2007) "Globalization in retreat: capitalist overstretch, civil society and the crisis of the globalist project," *Berkeley Journal of Sociology*, 51, 209–220.
Benetton (2008) "MFI started by Youssou N'Dour featured in Benetton's latest global communication campaign," February 13. Online. Available HTTP: http://www.benetton.com/africaworks-press/en/press_information/1_1.html (accessed January 20, 2009).
Bergeron, S. (2003a) "Challenging the World Bank's narrative of inclusion," in A. Kumar (ed.) *World Bank Literature*, Minneapolis: University of Minnesota Press, 157–171.
Bergeron, S. (2003b) "The post-Washington consensus and economic representations of women in development at the World Bank," *International Feminist Journal of Politics*, 5 (3), 397–419.
Bhide, A. and Shramm, C. (2007) "Phelps's prize," *Wall Street Journal*, January 29. Online. Available HTTP: http://online.wsj.com/article/SB117003072952090648.html (accessed February 18, 2007).
Blease, G. (2008) "Savings and souls," *The Economist*, September 4. Online. Available HTTP: http://www.economist.com/displaystory.cfm?story_id=12052687 (accessed November 11, 2008).
Bono (2007) "Guest editor's letter: message 2U," *Vanity Fair*, July. Online. Available HTTP: http://www.vanityfair.com/magazine/2007/07/bono200707 (accessed August 10, 2007).

Bono (2009) "It's 2009. Do you know where your soul is?," *New York Times*, April 19. Online. Available HTTP: http://www.nytimes.com/2009/04/19/opinion/19bono.html?_r=1 (accessed April 19, 2009).

Bornstein, D. (1996) *The Price of a Dream: The Story of the Grameen Bank and the Idea that is Helping the Poor Change their Lives*, New York: Simon & Schuster.

Boston Globe (2002) "Microprogress," March 18.

Bourdieu, P. (1985) "The social space and the genesis of groups," *Theory and Society*, 14 (6), 723–744.

Bourdieu. P. (2005) *The Social Structures of the Economy*, trans. C. Turner, Malden, MA: Polity Press.

Brandsma, J. and Burjrjee, D. (2004) *Microfinance in the Arab States: Building Inclusive Financial Sectors*, New York: UNCDF.

Bruck, C. (2006) "Millions for millions," *The New Yorker*, October 30. Online. Available HTTP: http://www.newyorker.com/archive/2006/10/30/061030fa_fact1 (accessed December 1, 2006).

Burgis, T. (2008) "Microfinance commercialisation warning," *Financial Times*, July 29. Online. Available HTTP: http://www.themix.org/press-clippings/2009/03/20/financial-times-microfinance-commercialisation-warning (accessed October 22, 2008).

Burns, J. and Thomas Jr, L. (2009) "Anglo-American capitalism on trial," *New York Times*, March 29. Online. Available HTTP: http://www.nytimes.com/2009/03/29/weekinreview/29burns.html (accessed March 29, 2009).

Bush, G.W. (2002) "State of the Union address." Online. Available HTTP: http://www.washingtonpost.com/wp-srv/onpolitics/transcripts/sou012902.htm (accessed September 5, 2008).

Business Week (2007) "Yunus blasts Compartamos," December 13. Online. Available HTTP: http://www.businessweek.com/magazine/content/07_52/b4064045920958.htm (accessed January 10, 2008).

Business Wire (2008) "Microfinance institution ASA International secures largest equity capital commitment ever to microfinance." Online. Available HTTP: http://www.pr-inside.com/microfinance-institution-asa-international-secures-r434429.htm (accessed February 1, 2009).

Buvinic, M. (1997) "Women in poverty: a new global underclass," *Foreign Policy*, 108, 38–52.

Bystrom, H. (2008) "The microfinance collateralized debt obligation: a modern Robin Hood?," *World Development*, 36 (11), 2109–2126.

Capital Plus (2004) *The Challenge of Development in Development Finance Institutions*, Chicago: Publication of the Development, Finance Forum.

Carapico, S. (2000) "NGOs, INGOs, GO-NGOs and DO-NGOs: making sense of non-governmental organizations," *Middle East Report*, 214. Online. Available HTTP: http://www.merip.org/mer/mer214/214_carapico.html (accessed March 11, 2008).

Carter, G. (2007) "Editor's letter: Annie get your passport," *Vanity Fair*, July. Online. Available HTTP: http://www.vanityfair.com/magazine/2007/07/graydon200707 (accessed August 10, 2007).

Caulfield, C. (1996) *Masters of Illusion: The World Bank and the Poverty of Nations*, New York: Henry Holt.

CGAP (2003) *Annual Report*, Washington DC: CGAP, The World Bank.

CGAP (2004a) *Key Principles of Microfinance*, Washington DC: CGAP, The World Bank.

CGAP (2004b) *Foreign Investment in Microfinance: Debt and Equity from Quasi-Commercial Investors?*, Focus Note 25, Washington DC: CGAP, The World Bank.

CGAP (2007) "Savings for poor people: good for clients, good for business." Online. Available HTTP: http://www.cgap.org/p/site/c/template.rc/1.26.2209/ (accessed September 12, 2008).

CGAP (2008a) *Islamic Microfinance: An Emerging Market Niche*, Washington DC: CGAP, The World Bank.

CGAP (2008b) *Foreign Capital Investment in Microfinance: Balancing Social and Financial Returns*, Focus Note 44, Washington DC: CGAP, The World Bank.

CGAP (2008c) "The global financial crisis: what does it mean for microfinance?," December 15. Online. Available HTTP: http://www.cgap.org/p/site/c/template.rc/1.26.4511/ (accessed February 26, 2009).

CGAP (2008d) "Building a microfinance industry from scratch," May 31. Online. Available HTTP: http://www2.cgap.org/p/site/c/template.rc/1.26.2213/ (accessed June 21, 2008).

Chamberlin, W. (2003) "USAID testimony before the senate foreign relations committee," March 26. Online. Available HTTP: http://www.globalsecurity.org/military/library/congress/2003_hr/cham0515.htm (accessed June 28, 2004).

Chambers, R. (1983) *Rural Development: Putting the Last First*, Hoboken, NJ: Wiley.

Chant, S. (2006) "Re-thinking the 'feminization of poverty' in relation to aggregate gender indices," *Journal of Human Development*, 7 (2), 201–220.

Chant, S. (2008) "The 'feminisation of poverty' and the 'feminisation' of anti-poverty programmes: room for revision?," *Journal of Development Studies*, 44 (2), 165–197.

Chant, S. and Brickell, K. (2010) "'The unbearable heaviness of being': reflections on female altruism in Cambodia, Philippines, the Gambia and Costa Rica," *Progress in Development Studies*, 10, 2, forthcoming.

Chazan, D. (2009) "Microcredit loans used to buy food," *Financial Times*, June 4. Online. Available HTTP: http://www.microfinancegateway.org/p/site/m/template.rc/1.1.2302/ (accessed July 1, 2009).

Chen, M. (1983) *A Quiet Revolution: Women in Transition in Rural Bangladesh*, Rochester, VT: Schenkman Books.

Chronic Poverty Research Centre (2008) *The Chronic Poverty Report 2008–09: Escaping Poverty Traps*, Manchester: Brooks World Poverty Institute, University of Manchester.

Chu, M. (2005) "Microfinance: the next ten years," in A. Pakpahan, E.M. Lokollo, and K. Wijaya (eds) *Microbanking: Creating Opportunities for the Poor Through Innovation*, Jakarta: Bank Rakyat Indonesia, 110–115.

Chu, M. (2007) "Profit and poverty: why it matters," *Forbes.com*, December 20. Online. Available HTTP: http://www.forbes.com/2007/12/20/michael-chu-microfinance-biz-cz_mc_1220chu.html (accessed December 2, 2009).

Clinton, W. (2006) "Speech: remarks at Guildhall on globalization, London." Online. Available HTTP: http://www.clintonfoundation.org/032806-sp-cf-gn-gl-gbr-sp-remarks-at-guildhall-on-globalization.htm (accessed February 10, 2007).

Coleman, T. (2008) "A new vision for bottom billion microfinance." Online. Available HTTP: http://www.microlinks.org/ev.php?ID=27639_201&ID2=DO_DISCUSSIONPOST_LIST (accessed May 20, 2009).

Collier, P. (2007) *The Bottom Billion: Why the Poorest Countries are Failing and What Can Be Done About It*, New York: Oxford University Press.

Comaroff, J. and Comaroff, J. (2000) "Millennial capitalism: first thoughts on a second coming," *Public Culture*, 12 (2), 291–343.

Cornia, G. and Reddy, S. (2001) *The Impact of Adjustment-related Social Funds on Income Distribution and Poverty*, Discussion Paper 2001/1. New York: United Nations University/World Institute for Development Economics Research (WIDER).

Counts, A. (2004) "Scarce use of public funds should facilitate greater depth of outreach," unpublished letter to the *New York Times*. Online. Available HTTP: http://www.microfinancegateway.org/p/site/m/template.rc/1.26.9075/ (accessed September 1, 2004).

Covington, R. (2009) "Bangladesh's audacity of hope," *Aramco World*. Online. Available HTTP: http://www.saudiaramcoworld.com/issue/200903/bangladesh.s.audacity.of.hope.htm (accessed June 10, 2009).

CSRwire (2006) "Grameen-Jameel initiative engineers $2.5 million investment to boost microfinance in Egypt," September 26. Online. Available HTTP: http://www.csrwire.com/press/press_release/20265-Grameen-Jameel-Initiative-Engineers-2-5-Million-Investment-to-Boost-Microfinance-in-Egypt (accessed February 22, 2008).

Dailey, J. (2005) "Data standards for connecting to commercial sources of capital," *Journal of Microfinance*, 7 (2), 33–45.

Daily Star (2007a) "Leading economist criticizes Yunus's microcredit policy," February 22. Online. Available HTTP: http://www.thedailystar.net/ (accessed December 1, 2007).

Daily Star (2007b) "Bangladesh academics ask Yunus to clarify position before joining politics," February 25. Online. Available HTTP: http://www.thedailystar.net/ (accessed December 1, 2007).

Danaher, K. (1995) *Fifty Years is Enough: The Case Against the World Bank and the International Monetary Fund*, Cambridge, MA: South End Press.

Das, M. (2008) *Whispers to Voices: Gender and Social Transformation in Bangladesh*, Washington DC: The World Bank.

Dash, E. and Creswell, J. (2008) "Citigroup pays for a rush to risk," *New York Times*, November 23. Online. Available HTTP: http://www.nytimes.com/2008/11/23/business/worldbusiness/23iht-23citi.18059343.html?_r=1 (accessed November 23, 2008).

Dash, E. and Story, L. (2009) "Citi Rescue may not be its last," *New York Times*, February 28. Online. Available HTTP: http://www.nytimes.com/2009/02/28/business/28citi.html (accessed February 28, 2009).

Deeb, L. (2006) *An Enchanted Modern: Gender and Public Piety in Shi'i Lebanon*, Princeton: Princeton University Press.

De Janvry, A. and Sadoulet, E. (2004) "Conditional cash transfer programs: are they really magic bullets?," *ARE Update*, 7 (6), 9–11. Online. Available HTTP: http://www.agecon.ucdavis.edu/extension/update/articles/v7n6_3.pdf (accessed December 2, 2008).

Denoux, G. (2005) "Promoting democracy and governance in the Arab world: strategic choices for donors," in S. Ben-Nafissa et al. (eds) *NGOs and Governance in an Arab World*, Cairo: American University of Cairo Press, 69–100.

Derrida, J. (1994) *Specters of Marx: The State of the Debt, the Work of Mourning, and the New International*, New York: Routledge.

De Soto, H. (2002) *The Mystery of Capital: Why Capitalism Triumphs in the West and Fails Everywhere Else*, New York: Basic Books.

Development Finance Forum (2004) *Capital Plus: The Challenge of Development in Development Finance Institutions*, Chicago: Shorebank Corporation.

Diacon, D. (1988) *World Habitat Awards*, Coalville, Leicestershire: Building and Social Housing Foundation.

Dowla, A. and Barua, D. (2006) *The Poor Always Pay Back: The Grameen II Story*, Bloomfield, CT: Kumarian Press.

Dugger, C. (2004) "Debate stirs over tiny loans for world's poorest," *New York Times*, April 29. Online. Available HTTP: http://www.nytimes.com/2004/04/29/world/debate-stirs-over-tiny-loans-for-world-s-poorest.html (accessed April 29, 2004).

Dugger, C. (2006) "Peace prize to pioneer of loans for those too poor to borrow," *New York Times*, October 14. Online. Available HTTP: http://www.nytimes.com/2006/10/14/world/asia/14nobel.html?scp=1&sq=peace%20prize%20borrowers&st=cse (accessed October 14, 2006).

Dunford, C. (1998) "Microfinance: a means to what end?," *NEXUS, SEEP*, Summer.

Dunford, C. (2004) "US legislation tests limits of helping the very poor to take advantage of microcredit services," unpublished letter to the *New York Times*. Online. Available HTTP: http://www.microfinancegateway.org/p/site/m/template.rc/1.26.9075/ (accessed September 1, 2004).

Easterly, W. (2006) *The White Man's Burden: Why the West's Efforts to Aid the Rest Have Done So Much Ill and So Little Good*, New York: Penguin Press.

The Economist (2009) "Banking on the fund," April 8. Online. Available HTTP: http://www.economist.com/opinion/displaystory.cfm?story_id=13446763&fsrc=rss (accessed June 11, 2009).

Elyachar, J. (2002) "Empowerment money: the World Bank, non-governmental organizations, and the value of culture in Egypt," *Public Culture* 14 (3), 493–513.

Elyachar, J. (2005) *Markets of Dispossession: NGOs, Economic Life, and the State in Cairo*, Durham, NC: Duke University Press.

Elyachar, J. (2006) "Best practices: research, finance, and NGOs in Cairo," *American Ethnologist*, 33 (3), 413–426.

EQI/NCBA (2005) *Technical Assistance for the Small and Emerging Business Project in Egypt, 2001–2005*, Cairo: EQI.

Falk Moore, S. (2001) "The international production of authoritative knowledge: the case of drought-stricken West Africa," *Ethnography* 2 (2), 161–189.

Fawaz, M. (2000) "Agency and ideology in the service provision of Islamic organizations in the southern suburb of Beirut," paper presented at the "NGOs and Governance in Arab Countries" UNESCO conference.

Ferguson, J. (2006) *Global Shadows: Africa in the Neoliberal World Order*, Durham, NC: Duke University Press.

Ferguson, N. (2002) *Empire: The Rise and Demise of the British World Order and the Lessons for Global Power*, London: Allen Lane.

Ferguson, N. (2008) *The Ascent of Money: A Financial History of the World*, New York: Penguin Press.

Ferguson, N. (2009) "Preface," in D. Moyo *Dead Aid: How Aid is Not Working and How There is a Better Way for Africa*, New York: Penguin Press, xiii–xvii.

Fernando, J.L. (2006) "Microcredit and empowerment of women: blurring the boundary between development and capitalism," in J.L. Fernando (ed.) *Microfinance: Perils and Prospects*, New York: Routledge, 1–42.

Fernando, N. and Meyer, R. (2002) "ASA: the Ford Motor model of microfinance," *Finance for the Poor*, Manila: Asian Development Bank.

Fikkert, B. (2003) *Christian Microfinance: Which Way Now?* Working Paper #205. Lookout Mountain, GA: Chalmers Center for Economic Development, Covenant College.

Fine, B. (2000) *Social Capital Versus Social Theory: Political Economy and Social Science at the Turn of the Millennium*, New York: Routledge.

Fine, B. (2001) "Neither the Washington nor the post-Washington consensus: an introduction," in B. Fine, C. Lapavitsas, and J. Pincus (eds) *Development Policy in the Twenty-first Century: Beyond the Post-Washington Consensus*, New York: Routledge, 1–27.

Finnemore, M. (1997) "Redefining development at the World Bank," in F. Cooper and R. Packard (eds) *International Development and the Social Sciences: Essays on the History and Politics of Knowledge*, Berkeley: University of California Press, 203–227.

Fischer, S. (2003) "Wall Street meets microfinance," WWB/FWA Lenore Albom Lecture Series, November 3. Online. Available HTTP: http://www.petersoninstitute.org/fischer/pdf/fischer110303.pdf (accessed October 10, 2004).

Fisher, M. and Downey, G. (2006) "The anthropology of capital and the frontiers of ethnography," in M. Fisher and G. Downey (eds) *Frontiers of Capitalism: Ethnographic Reflections on the New Economy*, Durham, NC: Duke University Press, 1–29.

Forster, S., Maurer, K., and Mithika, M. (2007) "CGAP phase III midterm evaluation (July 2003–June 2006)." Online. Available HTTP: http://www.cgap.org/ (accessed January 11, 2008).

Fouad, N., Refat, N., and Murcos, S. (2005) "From inertia to movement: a study of the conflict over the NGO law in Egypt," in S. Ben-Nafissa et al. (eds) *NGOs and Governance in the Arab World*, Cairo: American University of Cairo Press, 101–122.

Foucault, M. (1969; 1982 edition) *The Archaeology of Knowledge and the Discourse on Language*, New York: Pantheon.

Foucault, M. (1966; 1994 edition) *The Order of Things: An Archaeology of the Human Sciences*, New York: Vintage.

Frank, C. (2008) "Stemming the tide of mission drift: microfinance transformations and the double bottom line," *Women's World Banking*, April 17. Online. Available HTTP: http://www.swwb.org/stemming-the-tide-of-mission-drift (accessed July 15, 2008).

Friedman, T. (2002) "Globalization, alive and well," *New York Times*, September 22. Online. Available HTTP: http://www.nytimes.com/2002/09/22/opinion/globalization-alive-and-well.html (accessed September 22, 2002).

Friedman, T. (2009) "The price is not right," *New York Times*, April 1. Online. Available HTTP: http://www.nytimes.com/2009/04/01/opinion/01friedman.html (accessed April 1, 2009).

Fuglesang, A. and Chandler, D. (1988) *Participation as Process: What We Can Learn From the Grameen Bank*, Bangladesh, Dhaka: Pearl Printing.

Fukuyama, F. (1989) "The end of history?," *The National Interest*, 16, 3–18.

Fukuyama, F. (1992) *The End of History and the Last Man*, New York: Avon Books.

Gates, B. (2008) "How to fix capitalism," *Time*, July 31, 23–29.

Gereffi, G. and Korzeniewicz, M. (eds) (1993) *Commodity Chains and Global Capitalism*, Westport, CT: Greenwood Press.

Gilbert, E. (2005) "Common cents: situating money in time and space," *Economy and Society*, 34 (3), 356–387.

Goetz, A. (2001) *Women Development Workers: Implementing Rural Credit Programmes in Bangladesh*, Thousand Oaks, CA: Sage Publications.

Goetz, A.M. and Sengupta, R. (1996) "Who takes the credit? Gender, power, and control over loan use in rural credit programs in Bangladesh," *World Development*, 24 (1), 45–63.

Goldman, M. (2005) *Imperial Nature: The World Bank and Struggles for Social Justice in an Age of Globalization*, New Haven, CT: Yale University Press.

Gore, C. (2000) "The rise and fall of the Washington consensus as a paradigm for developing countries," *World Development*, 28 (5), 789–804.

Government of Bangladesh (2005) *Unlocking the Potential: National Strategy for Accelerated Poverty Reduction*, Dhaka, Bangladesh: General Economics Division, Planning Commission.

Government of Egypt (2005) *National Strategy for Microfinance in Egypt: A Sector Development Approach*, Cairo, Egypt: Social Fund for Development.

Gowan, P. (2009) "Crisis in the heartland: consequences of the new Wall Street system," *New Left Review*, 55, 5–29.

Grameen Foundation (2007a) "Grameen-Jameel Initiative secures $2.7 million for FONDEP," January 2. Online. Available HTTP: http://www.syminvest.com/market/news/microfinance/grameerijameel-initiative-secure-27-million-for-fondep/2007/1/2/242 (accessed May 11, 2008).

Grameen Foundation (2007b) "Grameen Foundation appoints Diane M. Smith to head Capital Markets Group," January 29. Online. Available HTTP: http://www.grameenfoundation.org/resource_center/newsroom/news_releases/~story=203 (accessed May 11, 2008).

Grameen Foundation (2009) "GF announces new social investing guidelines for microfinance," February 23. Online. Available HTTP: http://www.grameenfoundation.org/resource_center/newsroom/news_releases/~story=372 (accessed April 2, 2009).

Grameen Trust (2003) *Notes from Grameen Dialogues*, Dhaka, Bangladesh: Grameen Bank.

Halawi, D. (2009) "Microfinance remains 'resilient' to global market trends," *Daily Star*, May 13. Online. Available HTTP: http://www.dailystar.com.lb/article.asp?edition_id=1&categ_id=3&article_id=101892 (accessed May 20, 2009).

Halder, S. and Mosley, P. (2002) *Working with the Ultra Poor: Learning from BRAC's Experiences*, RED BRAC Economic Studies, XVII, Dhaka, Bangladesh: BRAC.

Hamzeh, A. (2004) *In the Path of Hizbullah*, Syracuse: Syracuse University Press.

Haque, M.S. (2002) "The changing balance of power between the government and NGOs in Bangladesh," *International Political Science Review*, 23 (4), 411–435.

Harb, M. (2001) "Post-war Beirut: resources, negotiations, and contestations in the Elyssar project," in S. Shami (ed.) *Capital Cities: Ethnographies of Urban Governance in the Middle East*, University of Toronto: Centre for Urban and Community Studies, 111–134.

Harb, M. and Leenders, R. (2005) "Know thy enemy: Hizbullah, 'terrorism' and the politics of perception," *Third World Quarterly*, 26 (1), 173–195.

Harford, T. (2008) "The battle for the soul of microfinance," *Financial Times*, December 6. Online. Available HTTP: http://www.microcapital.org/microcapital-excerpt-the-battle-for-the-soul-of-microfinance-by-financial-times-senior-columnist-tim-harford/ (accessed December 10, 2008).

Harik, J. (1994) *The Public and Social Services of the Lebanese Militias*, Oxford: Centre for Lebanese Studies.

Harik, J.P. (1996) "Between Islam and the system: sources and implications of popular support for Lebanon's Hezbollah," *Journal of Conflict Resolution*, 40 (1), 40–67.

Harriss, J. (2001) *Depoliticizing Development: The World Bank and Social Capital*, London: Anthem Press.

Harvey, D. (2005) *A Brief History of Neoliberalism*, New York: Oxford University Press.

Harvey, D. (2009) "Why the US stimulus package is bound to fail," *Socialist Project*, E-Bulletin 184, Online. Available HTTP: http://davidharvey.org/2009/02/why-the-us-stimulus-package-is-bound-to-fail/ (accessed May 20, 2009).

Hashemi, S. (2001) *Linking Microfinance and Safety Net Programs to Include the Poorest: The Case of IGVGD in Bangladesh*, CGAP Focus Note 21, Washington DC: CGAP, The World Bank.

Hashemi, S. (2006) "What will the Nobel Prize mean for microfinance: an interview," October 16. Online. Available HTTP: http://web.worldbank.org/WBSITE/EXTERNAL/COUNTRIES/SOUTHASIAEXT/0,,contentMDK:21091923~pagePK:146736~piPK:146830~theSitePK:223547,00.html (accessed December 20, 2006).

Hashemi, S. (2007) *Beyond Good Intentions: Measuring the Social Performance of Microfinance Institutions*, CGAP Focus Note 41, Washington DC: CGAP, The World Bank.

Hashemi, S. and Rosenberg, R. (2006) *Graduating the Poorest into Microfinance: Linking Safety Nets and Financial Services*, CGAP Focus Note 32, Washington DC: CGAP, The World Bank.

Hashemi, S., Schuler, S.R., and Riley, A.P. (1996) "Rural credit programs and women's employment in Bangladesh," *World Development*, 24 (4), 635–653.

Hasso, F. (2009) "Empowering governmentalities rather than women: the Arab Human Development Report 2005 and Western development logics," *International Journal of Middle East Studies*, 41, 63–82.

Helms, B. (2006) *Access for All: Building Inclusive Financial Systems*, Washington DC: CGAP, The World Bank.

Higgins, A. (2006) "Branded terrorist by U.S., Israel, a microcredit czar keeps lending," *The Wall Street Journal*, December 29.

Hochberg, F. (2002) "Practical Help for Afghans," *New York Times*, January 5. Online. Available HTTP: http://www.nytimes.com/2002/01/05/opinion/practical-help-for-afghans.html (accessed June 19, 2008).

Hossain, N. and Matin, I. (2004) *Engaging Elite Support for the Poorest? BRAC's Experience with the Ultra Poor Programme*, CFPR-TUP Working Paper Series, 3, Dhaka, Bangladesh: BRAC.
Houston Chronicle (2002) "Microcredit: a way to fight poverty, terrorism in small bites," March 18.
Hulme, D. and Moore, K. (2006) "Why has microfinance been a policy success? Bangladesh and beyond," GPRG-WPS-041. Online. Available HTTP: http://www.gprg.org/pubs/workingpapers/pdfs/gprg-wps-041.pdf (accessed January 28, 2009).
Hulme, D. and Mosley, P. (1996) *Finance Against Poverty: Effective Institutions for Lending to Small Farmers and Microenterprises in Developing Countries*, London: Routledge.
Husseini, R. (1997) "Promoting women entrepreneurs in Lebanon: the experience of UNIFEM," *Gender and Development*, 5 (1), 49–53.
Ignatius, D. (2005) "Long road to the promised land," *Washington Post*, June 15. Online. Available HTTP: http://www.washingtonpost.com/wp-dyn/content/article/2005/06/14/AR2005061401343_pf.html (accessed June 19, 2008).
ING (2008) "A billion to gain? A study on global financial institutions and microfinance." Online. Available HTTP: http://www.ingmicrofinanciering.nl/uploads/ul_A%20Billion%20to%20Gain%20-Next%20Phase,%20March%2008%20Adobe%207.pdf (accessed March 1, 2009).
Ismail, S. (2006) *Political Life in Cairo's New Quarters: Encountering the Everyday State*, Minneapolis: University of Minnesota Press.
Jackson, C. (1996) "Rescuing gender from the poverty trap," *World Development*, 24 (3), 489–504.
Jacquand, M. (2005) "Measuring social performance: the wrong priority," *Microfinance Matters*, August. Online. Available HTTP: http://www.uncdf.org/english/microfinance/pubs/newsletter/pages/2005_08/news_measuring.php (accessed January 30, 2009).
Jad, I. (2009) "Comments from an author: engaging the Arab Human Development Report 2005 on Women," *International Journal of Middle East Studies*, 41, 61–62.
Jansen, A. (2002) "Preface," in D. Drake and E. Rhyne (eds) *The Commercialization of Microfinance: Balancing Business and Development*, Bloomfield, CT: Kumarian Press, vii–viii.
Kabeer, N. (2000) "Conflicts over credit: re-evaluating the empowerment potential of loans to women in rural Bangladesh," *World Development*, 29 (1), 63–84.
Kabeer, N. (2003) "Assessing the wider social impacts of microfinance services," *IDS Bulletin*, 34 (4), 106–114.
Kabeer, N. (2005) Gender Equality and Human Development: The Instrumental Rationale. United Nations Human Development Report Office Occasional Paper. Online. Available HTTP: http://hdr.undp.org/en/reports/global/hdr2005/papers/HDR2005_Kabeer_Naila_31.pdf (accessed April 20, 2009).
Kabeer, N. and Matin, I. (2005) *The Wider Social Impacts of BRAC's Group Based Lending in Rural Bangladesh: Group Dynamics and Participation in Public Life*, BRAC Research Monograph Series 25, Dhaka, Bangladesh: BRAC.
Kapur, D. (2002) "The changing anatomy of governance of the World Bank," in J. Pincus and J. Winters (eds) *Reinventing the World Bank*, Ithaca, NY: Cornell University Press, 54–75.
Kelly, R. (2006) "Bush administration defends US military aid to Egypt," *World Socialist Website*. Online. Available HTTP: http://www.wsws.org/articles/2006/may2006/egyp-m22.shtml (accessed April 7, 2008).

Khalili, L. (2007) "Standing with my brother: Hizbollah, Palestinians and the limit of power," *Comparative Studies in Society and History*, 49, 276–303.

Khandker, S. (1998) *Fighting Poverty with Microcredit: Experience in Bangladesh*, New York: Oxford University Press.

Khandker, S. (2003) *Micro-finance and Poverty: Evidence using Panel Data from Bangladesh*, Policy Research Working Paper 2945. Washington DC: World Bank.

Khandker, S. (2005) "Microfinance and poverty: evidence using panel data from Bangladesh," *The World Bank Economic Review*, 19 (2), 263–286.

Khechen, M. (2007) "Beyond the spectacle: Al-Saha Village, Beirut," *Traditional Dwellings and Settlements Review*, XIX (1), 7–21.

Kiviat, B. (2008) "Microfinance: women being cheated?," *Time*, April 17. Online. Available HTTP: http://www.time.com/time/world/article/0,8599,1731718,00.html (accessed March 30, 2009).

Klein, N. (2001) "A fete for the end of the end of history," *The Nation*, March 19. Online. Available HTTP: http://www.thenation.com/doc/20010319/klein (accessed April 10, 2009).

Klein, N. (2007) *The Shock Doctrine: The Rise of Disaster Capitalism*, New York: Penguin Books.

Knudsen, A. (2005) "Islamism in the diaspora: Palestinian refugees in Lebanon," *Journal of Refugee Studies*, 18 (2), 216–234.

Knudsen, A. (2007) *The Law, The Loss, and the Lives of Palestinian Refugees in Lebanon*, CMI Working Paper 1. Online. Available HTTP: http://www.cmi.no/publications/file/?2607=the-law-the-loss-and-the-lives-of-palestinian (accessed December 3, 2008).

Kraske, J. et al. (1996) *Bankers with a Mission: The Presidents of the World Bank, 1946–91*, New York: Oxford University Press (published for the World Bank).

Krugman, P. (2009) "America the tarnished," *New York Times*, March 30. Online. Available HTTP: http://www.nytimes.com/2009/03/30/opinion/30krugman.html?_r=1&adxnnl=1&adxnnlx=1246309244-xjApIMsjK/4HYsnbEc3EZQ (accessed March 30, 2009).

Lane, E. (1860; 2005 edition) *Manners and Customs of the Modern Egyptians*, New York: Cosimo Books.

Latifee, H.I. (2004) *Grameen Trust Experience, 1991–2003*, Dhaka, Bangladesh: Grameen Bank.

Levinson, C. (2004) "$50 billion later, taking stock of US aid to Egypt," *Christian Science Monitor*. Online. Available HTTP: http://www.csmonitor.com/2004/0412/p07s01-wome.html (accessed July 17, 2008).

LiPuma, E. and Lee, B. (2004) *Financial Derivatives and the Globalization of Risk*, Durham, NC: Duke University Press.

Littlefield, E. (2006) "The future of microfinance—and the World Bank's role in it," November 19. Online. Available HTTP: http://www.microfinancegateway.org/p/site/m/template.rc/1.26.9106/ (accessed December 15, 2006).

Littlefield, E. (2007) "The changing face of microfinance funding," *Forbes.com*, December 20. Online. Available HTTP: http://www.forbes.com/2007/12/20/elizabeth-littlefield-microfinance-biz-cz_el_1220littlefield.html (accessed December 28, 2007).

Littlefield, E. and Rosenberg, R. (2004) "Microfinance and the poor: breaking down the walls between microfinance and formal finance," *Finance and Development*, 41 (2), 38–40.

Lovell, C. (1992) *Breaking the Cycle of Poverty: The BRAC Strategy*, West Hartford, CT: Kumarian Press.

Luciani, G. (ed.) (1990) *The Arab State*, Berkeley: University of California Press.
McKee, K. (2009). "The parable of the cobbler and the laid-off financier," *CGAP Microfinance Blog*, March 2. Online. Available HTTP: http://microfinance.cgap.org/2009/03/02/the-parable-of-the-cobbler-and-the-laid-off-financier/ (accessed April 8, 2009).
Mahajan, S. (2007) *Bangladesh: Strategy for Sustained Growth*, Washington DC: World Bank.
Mahbub, A. et al. (2001) *Changes in Women's Status at the Village Level: The Contribution of BRAC Development Programme*, RED BRAC Social Studies, XXVII, Dhaka, Bangladesh: BRAC.
Mahmood, S. (2005) *The Politics of Piety: The Islamic Revival and the Feminist Subject*, Princeton: Princeton University Press.
Mahmud, S. (2004) "Microcredit and women's empowerment in Bangladesh," in S. Ahmed and M.A. Hakim (eds) *Attacking Poverty with Microcredit*, Dhaka, Bangladesh: Dhaka University Press, 153–188.
Malkin, E. (2008) "Microfinance's success sets off a debate in Mexico," *New York Times*, April 5. Online. Available HTTP: http://www.nytimes.com/2008/04/05/business/worldbusiness/05micro.html (accessed April 5, 2008).
Mallaby, S. (2004) *The World's Banker: A Story of Failed States, Financial Crises, and the Wealth and Poverty of Nations*, New York: The Penguin Press.
Marcos, Subcomandante (2000) "Do not forget ideas are also weapons," *Le Monde Diplomatique*. Online. Available HTTP: http://mondediplo.com/2000/10/13marcos (accessed August 8, 2005).
Margolis, M. (2007) "Lining up the loan angels," *Newsweek International*, April 9. Online. Available HTTP: http://www.newsweek.com/id/35845 (accessed April 15, 2007).
Martin, R. (2002) *The Financialization of Daily Life*, Philadelphia: Temple University Press.
Masterson, K. (2009) "Tufts learns how far a big gift can go," *Chronicle of Higher Education*, March 13. Online. Available HTTP: http://chronicle.com/free/v55/i27/27a00102.htm (accessed March 20, 2009).
Matin, I. (1997) "The renegotiation of joint liability: notes from Madhupur," in G. Wood and I. Sharif (eds) *Who Needs Credit?: Poverty and Finance in Bangladesh*, London: Zed Books, 262–270.
Matin, I. (2004) *Delivering Inclusive Microfinance with a Poverty Focus: Experiences of BRAC*, BRAC Research Reports. Online. Available HTTP: http://www.bracresearch.org/reports_details.php?scat=23&tid=32&v= (accessed September 22, 2008).
Matin, I. and Begum, S.A. (2002) *Asset-ing the Extreme Poor: Experiences and Lessons from BRAC Project*, RED BRAC Economic Studies, XVIII, Dhaka, Bangladesh: BRAC.
Matin, I., Hulme, D., and Rutherford, S. (2002) "Finance for the poor: from microcredit to microfinancial services," *Journal of International Development*, 14 (2), 273–294.
Maurer, B. (2005) *Mutual Life, Limited: Islamic Banking, Alternative Currencies, Lateral Reason*, Princeton: Princeton University Press.
Maurer, B. (2006) "The anthropology of money," *Annual Review of Anthropology*, 35, 15–36.
Maurer, B. (2008) "Re-socialising finance? Or dressing it in mufti? Calculating alternatives for Cultural Economies," *Journal of Cultural Economy*, 1 (1), 65–78.
Microcapital (2008) "Pioneers in Microfinance: Shafiqual Haque Choudhury," June 25. Online. Available HTTP: http://www.microcapital.org/pioneers-in-microfinance-shafiqual-

haque-choudhury-founder-and-president-of-asa-of-bangladesh/ (accessed February 11, 2009).

Microfinance Gateway (2008) "Microfinance multiplied: an interview with Fazle Abed." Online. Available HTTP: http://www.microfinancegateway.org/p/site/m/template.rc/1.26.9120/ (accessed August 16, 2008).

Mill, J.S. (1859; 1982 edition) *On Liberty*, New York: Penguin Books.

Miller-Adams, M. (1999) *The World Bank: New Agendas in a Changing World*, London: Routledge.

Milobsky, D. and Galambos, L. (1995) "The McNamara Bank and its legacy 1968–1987," *Business and Economic History*, 24 (2), 167–195.

Mitchell, T. (1988) *Colonising Egypt*, Cambridge: Cambridge University Press.

Mitchell, T. (2002) *Rule of Experts: Egypt, Techno-politics, Modernity*, Berkeley: University of California Press.

Mitchell, T. (2006) *Rule of Experts: Egypt, Techno-politics, Modernity*, Berkeley: University of California Press.

MIX (2003) *Benchmarking Arab Microfinance 2003*. Online. Available HTTP: http://www.themix.org/publications/2003-arab-microfinance-analysis-and-benchmarking-report-arabic (accessed May 2, 2004).

MIX (2008) *Benchmarking Arab Microfinance 2006*. Online. Available HTTP: http://www.themix.org/sites/default/files/Arab%20Benchmarking%20Report%202006.pdf (accessed January 15, 2009).

Mjøs, O.D. (2006) "Presentation speech: Nobel Peace Prize award ceremony." Online. Available HTTP: http://nobelprize.org/nobel_prizes/peace/laureates/2006/presentation-speech.html (accessed January 7, 2007).

Mohanty, C.T. (1991) "Under western eyes: feminist scholarship and colonial discourses," in C.T. Mohanty et al. (eds) *Third World Women and the Politics of Feminism*, Bloomington: Indiana University Press, 51–80.

Molyneux, M. (2006) "Mothers at the service of the new poverty agenda: Progresa/Oportunidades, Mexico's conditional transfer programme," *Social Policy and Administration*, 40 (4), 425–449.

Morduch, J. (1998) *Does Microfinance Really Help the Poor? New Evidence from Flagship Programs in Bangladesh*, Research Program in Development Studies Working Papers 198. Princeton: Princeton University Press.

Morduch, J. (1999a) "The microfinance promise," *Journal of Economic Literature*, XXXVII: 1569–1614.

Morduch, J. (1999b) "The role of subsidies in microfinance: evidence from the Grameen Bank," *Journal of Development Economics*, 60 (1), 229–248.

Moyo, D. (2009) *Dead Aid: How Aid is not Working and How There is a Better Way for Africa*, New York: Penguin Press.

Munk, N. (2007) "Jeffrey Sachs's $200 billion dream," *Vanity Fair*, July. Online. Available HTTP: http://www.vanityfair.com/politics/features/2007/07/sachs200707 (accessed August 10, 2007).

Naipaul, V.S. (1961; 2001 edition) *A House for Mr. Biswas*, New York: Vintage Books.

Narayan, D. and Ebbe, K. (1997) *Design of Social Funds: Participation, Demand Orientation, and Local Organizational Capacity*, Washington DC: The World Bank.

Narayan, D. and Petesch, P. (2002) *Voices of the Poor: From Many Lands*, Washington DC: The World Bank.

Narayan, D. and Pritchett, L. (1997) *Cents and Sociability*, World Bank Policy Research Working Paper No. 1796. Washington DC: The World Bank.

New York Times (1997) "Micro-loans for the very poor," February 16.

New York Times (2001) "Liberating the women of Afghanistan," November 24.

New York Times (2003) "Banking for the world's poor," November 19.

New York Times (2004) "Microcredit's limits," May 5.

Norton, A. (1999) *Hizballah of Lebanon: Extremist Ideals vs. Mundane Politics*, New York: Council on Foreign Relations.

Otero, M. (2008) "Microfinance at the crossroads," *Forbes.com*. Online. Available HTTP: http://www.forbes.com/2008/05/19/micro-finance-accion-oped-cx_mot_0519accion.html (accessed February 1, 2009).

Paglen, T. and Thompson, A.C. (2006) *Torture Taxi: On the Trail of the CIA's Rendition Flights*, Brooklyn, NY: Melville House.

Pal, A. (2006) "Microsharks," *The Economist*, August 16. Online. Available HTTP: http://www.economist.com/businessfinance/displayStory.cfm?story_id=7803631 (accessed November 23, 2006).

Parker, E. (2008) "Subprime lender," *Wall Street Journal*, March 1. Online. Available HTTP: http://online.wsj.com/article/SB120432950873204335.html (accessed March 1, 2008).

Pearl, D. and Phillips, M. (2001) "Grameen Bank, which pioneered loans for the poor, has hit a repayment snag," *Wall Street Journal*, November 27. Online. Available HTTP: http://online.wsj.com/public/resources/documents/pearl112701.htm (accessed June 23, 2004).

Peet, R. (2003) *The Unholy Trinity: The World Bank, IMF, and WTO*, London: Zed Books.

Pender, J. (2001) "From 'structural adjustment' to 'comprehensive development framework': conditionality transformed?," *Third World Quarterly*, 22 (3), 397–411.

Peteet, J. (1996) "From refugees to minority: Palestinians in post-war Lebanon," *Middle East Report*, 200, 27–30.

Phillips, K. (2008a) *Bad Money: Reckless Finance, Failed Politics, and the Global Crisis of American Capitalism*, New York: Viking Press.

Phillips, K. (2008b) "Why Wall Street socialism will fail," *Huffington Post*, April 18. Online. Available HTTP: http://www.huffingtonpost.com/kevin-phillips/why-wall-street-socialism_b_96772.html (accessed October 7, 2008).

Pieterse, J.N. (2001) *Development Theory: Deconstructions/Reconstructions*, Thousand Oaks, CA: Sage Publications.

Pincus, J. and Winters, J. (eds) (2002) "Reinventing the World Bank," in *Reinventing the World Bank*, Ithaca, NY: Cornell University Press, 1–25.

Pitt, M. and Khandker, S. (1998) "The impact of group-based credit programs on poor households in Bangladesh: does the gender of participants matter?," *Journal of Political Economy*, 106 (5), 958–996.

Polanyi, K. (1944; 2001 edition) *The Great Transformation: The Political and Economic Origins of Our Time*, Boston: Beacon Press.

Portes, A. and Landolt, P. (2000) "Social capital: promise and pitfalls of its role in development," *Journal of Latin American Studies*, 32, 529–547.

Prahalad, C.K. (2004) *The Fortune at the Bottom of the Pyramid: Eradicating Poverty through Profits*, Cambridge, MA: Wharton School Publishing.

PR Newswire (2008) "S&P announces program to develop global ratings framework for microfinance institutions," February 6. Online. Available HTTP: http://www.prnewswire.com/cgi-bin/stories.pl?ACCT=109&STORY=/www/story/02-06-2008/0004750914&EDATE= (accessed August 22, 2008).

Putnam, R. (2000) *Bowling Alone: The Collapse and Revival of American Community*, New York: Simon & Schuster.

Rahman, A. (1999) "Micro-credit initiatives for equitable and sustainable development: who pays?," *World Development*, 27 (1), 67–82.

Rankin, K. (2001) "Governing development: neoliberalism, microcredit, and rational economic woman," *Economy and Society*, 30 (1), 18–37.

Rankin, K. (2002) "Social capital, microfinance, and the politics of development," *Feminist Economics*, 8 (1), 1–24.

Rankin, K. (2008) "Manufacturing rural finance in Asia: institutional assemblages, market societies, entrepreneurial subjects," *Geoforum* 39, 1965–1977.

Rawe, J. (2003) "Why micro matters: Wall Street is figuring out how to profitably package tiny loans to Third World entrepreneur," *Time*, November 24. Online. Available HTTP: http://www.time.com/time/magazine/article/0,9171,1006292,00.html (accessed December 22, 2003).

Ray, R. and Qayum, S. (2009) *Cultures of Servitude: Modernity, Domesticity, and Class in India*, Palo Alto, CA: Stanford University Press.

Reich, R. (2008a) "A modest proposal for ending socialized capitalism." Online. Available HTTP: http://robertreich.blogspot.com/2008/07/modest-proposal-for-ending-socialized.html (accessed February 9, 2009).

Reich, R. (2008b) "Why Wall Street is melting down, and what to do about it." Online. Available HTTP: http://robertreich.blogspot.com/2008/09/why-wall-street-is-melting-down-and.html (accessed October 1, 2008).

Reille, X. and Glisovic-Mezieres, J. (2009) *Microfinance Funds Continue to Grow Despite the Crisis*, CGAP brief, April, Washington DC: CGAP, The World Bank. Online. Available HTTP: http://www.cgap.org/p/site/c/template.rc/1.9.34437/ (accessed May 23, 2009).

Reinke, J. (1998) "Does solidarity pay? The case of the Small Enterprise Foundation, South Africa," *Development and Change*, 29, 553–576.

Results (2008) "Kenyan crisis shouldn't hide importance of ladders out of poverty, not just safety nets." Online. Available HTTP: http://www.results.org/website/download.asp?id=3193 (accessed April 24, 2009).

Reuters (2009) "TIAA-CREF makes $40 million investment in developing world markets microfinance equity fund." Online. Available HTTP: http://www.reuters.com/article/pressRelease/idUS176313+24-Feb-2009+BW20090224 (accessed June 1, 2009).

Rhyne, E. (2001) *Mainstreaming Microfinance: How Lending to the Poor Began, Grew, and Came of Age in Bolivia*, Bloomfield, CT: Kumarian Press.

Rich, B. (2002) "The World Bank under James Wolfensohn," in J. Pincus and J. Winters (eds) *Reinventing the World Bank*, Ithaca, NY: Cornell University Press, 26–53.

Rich, F. (2009) "Has a 'Katrina Moment' Arrived?," *New York Times*, February 22. Online. Available HTTP: http://www.nytimes.com/2009/03/22/opinion/22rich.html?_r=1 (accessed February 22, 2009).

Robinson, M. (2001) *The Microfinance Revolution: Sustainable Finance for the Poor*, Washington DC: The World Bank and the Open Society Institute.

Rogaly, B. (1996) "Micro-finance evangelism, 'destitute women', and the hard selling of a new anti-poverty formula," *Development in Practice*, 6 (2), 100–112.

Roitman, J. (2005) *Fiscal Disobedience: An Anthropology of Economic Regulation in Central Africa*, Princeton: Princeton University Press.

Rosenberg, R. (2006) *Aid Effectiveness in Microfinance: Evaluating Microcredit Projects of the World Bank and UNDP*, CGAP Focus Note 35, Washington DC: CGAP, The World Bank.

Rosenberg, R. (2007) *CGAP Reflections on the Compartamos Initial Public Offering: A Case Study on Microfinance Interest Rates and Profits*, CGAP Focus Note 42, Washington DC: CGAP, The World Bank.

Roy, Ananya (2009) "Civic governmentality: the politics of inclusion in Beirut and Mumbai," *Antipode*, 41(1), 159–179.

Roy, Arundhati (2003) "The day of the jackals: on war and occupation," *Counterpunch*, June 2. Online. Available HTTP: http://www.counterpunch.org/roy06022003.html (accessed December 3, 2003).

Rutherford, S. (1995) *ASA: The Biography of an NGO*, Dhaka, Bangladesh: ASA.

Rutherford, S. et al. (2004) "Grameen II: a 'grounded VIEW' of how Grameen's new initiative is progressing in the villages," Microsave. Online. Available HTTP: http://www.safesave.org/GRAMEEN%2011%20Status%20report%20Final%2019%20Apr%202004.pdf (accessed November 11, 2006).

Saad-Ghorayeb, A. (2002) *Hizbullah: Politics and Religion*, London: Pluto Press.

Sachs, J. (2002) "Weapons of mass salvation," *The Economist*, October 24. Online. Available HTTP: http://www.unmillenniumproject.org/documents/Economist_oct24_2002.pdf (accessed January 18, 2003).

Sachs, J. (2005) *The End of Poverty: Economic Possibilities for Our Time*, New York: Penguin Press.

Sachs, S. (2000) "Helping hand of Hezbollah emerges in South Lebanon," *New York Times*, May 30.

Said, E. (1979) *Orientalism*, New York: Vintage Books.

Saliba, R. (2000) "Emerging trends in urbanism: the Beirut post-war experience. A presentation at the Diwan al-Mimar," Center for the Study of the Built Environment, Jordan. Online. Available HTTP: http://www.csbe.org/Saliba-Diwan/essay1.htm (accessed May 17, 2006).

Sassen, S. (2002) "Governance hotspots," in C. Calhoun et al. (eds) *Understanding September 11*, New York: W.W. Norton & Company, 106–120.

Sawalha, A. (2001) "Post-war Beirut: place attachment and interest groups in Ayn Al-Mreisi," in S. Shami (ed.) *Capital Cities: Ethnographies of Urban Governance in the Middle East*, University of Toronto: Centre for Urban and Community Studies, 89–110.

Scully N.D. (2001) "Women see gaps, can't give Bank credit for new loan program," *Bank Check Quarterly*. Online. Available HTTP: http://www.igc.org/dgap/women.html (accessed March 10, 2004).

Scully, N.D. (n.d.) "Microcredit no panacea for poor women." Online. Available HTTP: http://www.gdrc.org/icm/wind/micro.html (accessed May 1, 2009).

Seattle Times (1997) "Not-so-petty cash," April 9.

Sevcik, K. (2003) "What liberation?," *Mother Jones*, July/August. Online. Available HTTP: http://www.motherjones.com/politics/2003/07/what-liberation (accessed July 15, 2008).

Shahe, E., Morshed, M., Mahbub, A.K.M., and Stiglitz, J. (2007) "Microfinance and missing markets," *Social Science Research Network*, March. Online. Available HTTP: http://papers.ssrn.com/sol3/papers.cfm?abstract_id=1001309 (accessed May 11, 2008).

Shakya, Y. and Rankin, K. (2008) "The politics of subversion in development practice: an exploration of microfinance in Nepal and Vietnam," *Journal of Development Studies*, 44 (8), 1214–1235.

Shiva, V. (1998) "Biodevastation," *Synthesis/Regeneration*, 17, Fall. Online. Available HTTP: http://www.greens.org/s-r/17/17-15.html (accessed December 2, 2004).

Silva, S. (2002) "Quantum leap: microcredit boosted by technology," *Microenterprise Americas*, 33–35. Online. Available: http://www.iadb.org/sds/mic/micamericas/eng/2/p32-35.pdf (accessed June 11, 2004).

Singer, P. (2009) "America's shame: when are we going to do something about global poverty?," *The Chronicle Review*, March 13: B6–B10.

Smillie, I. (2009) *Freedom from Want: The Remarkable Success Story of BRAC, the Global Grassroots Organization That's Winning the Fight Against Poverty*, Sterling, VA: Kumarian Press.

Smith, A. (1776; 1991 edition) *The Wealth of Nations*, London: Prometheus Books.

Smith, A. (1759; 2000 edition) *The Theory of Moral Sentiments*, London: Prometheus Books.

Smith, N. (2004) *The Endgame of Globalization*, New York: Routledge.

Smith, P. and Thurman, E. (2007) *A Billion Bootstraps: Microcredit, Barefoot Banking, and the Business Solution for Ending Poverty*, New York: McGraw Hill.

Solomon, D. (2009) "The anti-Bono," *New York Times*, February 22. Online. Available HTTP: http://www.nytimes.com/2009/02/22/magazine/22wwln-q4-t.html (accessed February 22, 2009).

Soros, G. (2008) *The New Paradigm for Financial Markets: The Credit Crisis of 2008 and What It Means*, New York: PublicAffairs.

Sparke, M. (2007) "Everywhere but always somewhere: critical geographies of the Global South," *The Global South*, 1 (1), 117–126.

Spivak, G.C. (1994) "Responsibility," *boundary 2*, 21 (3), 55–57.

Spivak, G.C. (1999) *A Critique of Postcolonial Reason: Toward a History of the Vanishing Present*, Cambridge, MA: Harvard University Press.

Standing, G. (2000) "Brave new words? A critique of Stiglitz's World Bank rethink," *Development and Change*, 31, 737–763.

Stiglitz, J. (1998) "More instruments and broader goals: moving toward the post-Washington consensus," WIDER Annual Lecture, Helsinki, Finland. Online. Available HTTP: http://www.globalpolicy.org/component/content/article/209/43245.html (accessed August 8, 2005).

Stiglitz, J. (1999) "The World Bank at the millennium," *The Economic Journal*, 109 (459), 577–597.

Stiglitz, J. (2000a) "What I learned at the world economic crisis," *The New Republic*, April 17. Online. Available HTTP: http://www2.gsb.columbia.edu/faculty/jstiglitz/download/opeds/What_I_Learned_at_the_World_Economic_Crisis.htm (accessed August 8, 2005).

Stiglitz, J. (2000b) "Formal and informal institutions," in P. Dasgupta and I. Serageldin (eds) *Social Capital*, Thousand Oaks, CA: Sage Publications, 59–70.

Stiglitz, J. (2001) "Information and the change in the paradigm in economics," *Nobel Prize Lecture*, December 8. Online. Available HTTP: http://nobelprize.org/nobel_prizes/economics/laureates/2001/stiglitz-lecture.pdf (accessed September 1, 2005).

Stiglitz, J. (2002) *Globalization and Its Discontents*. New York: Norton.

Stiglitz, J. (2008) "Is there a post-Washington consensus consensus?," in N. Serra and J. Stiglitz (eds) *The Washington Consensus Reconsidered: Towards a New Global Governance*, New York: Oxford University Press, 41–56.

Stolberg, S.G. (2009) "Critique of housing plan draws quick White House offensive," *New York Times*, February 20. Online. Available HTTP: http://www.nytimes.com/2009/02/21/us/politics/21obama.html (accessed February 20, 2009).

Stolz, A.C. (2008) "Norway launches USD117Mln microcredit fund," *Reuters*, June 2. Online. Available HTTP: http://www.microfinancegateway.org/p/site/m/template.rc/1.26.7663/ (accessed September 27, 2008).

Suleiman, J. (1997) "Palestinians in Lebanon and the role of non-governmental organisations," *Journal of Refugee Studies*, 10: 397–410.

Suleiman, J. (1999) "The current political, organizational, and security situation in the Palestinian refugee camps of Lebanon," *Journal of Palestine Studies*, 29 (1), 6680.

Surowiecki, J. (2008) "What microloans miss," *The New Yorker*, March 17. Online. Available HTTP: http://www.newyorker.com/talk/financial/2008/03/17/080317ta_talk_surowiecki (accessed March 20, 2008).

Swibel, M. (2007) "Forbes analyzes microfinance investment, releases first-ever list of top 50 MFIs," *Forbes*, December 20. Online. Available HTTP: http://www.forbes.com/2007/12/20/top-philanthropy-microfinance-biz-cz_1220land.html (accessed February 16, 2009).

Tavernise, S. (2006) "Charity wins deep loyalty for Hezbollah," *New York Times*, August 6. Online. Available HTTP: http://www.nytimes.com/2006/08/06/world/middleeast/06tyre.html?_r=1 (accessed August 6, 2006).

Tendler, J. (2000) "Why are social funds so popular?," in S.J. Evenett, W. Wu, and S. Yusuf (eds) *Local Dynamics in an Era of Globalization: 21st Century Catalysts for Development*, New York: Oxford University Press (published for the World Bank), 114–129.

Tendler, J. and Serrano, R. (1999) *The Rise of Social Funds: What Are They a Model Of?* DURP/MIT mimeo, MIT/UNDP Decentralization Project.

Thomson, A. (2009) "Microfinancing still resilient in Mexico," *Financial Times*, February 26. Online. Available HTTP: http://www.ft.com/cms/s/0/37addbce-0270-11de-b58b-000077b07658.html (accessed March 15, 2009).

Thys, D. (2004) "Legislation promotes life-enhancing investments in the bankable poor," unpublished letter to the *New York Times*. Online. Available HTTP: http://www.microfinancegateway.org/p/site/m/template.rc/1.26.9075/ (accessed September 1, 2004).

Tierney, J. (2006) "Shopping for a Nobel," *New York Times*, October 17. Online. Available HTTP: http://select.nytimes.com/2006/10/17/opinion/17tierney.html (accessed October 17, 2006).

Tsing, A. (2004) *Friction: An Ethnography of Global Connection*, Princeton: Princeton University Press.

Tulchin, D. (2003) *Microfinance's Double Bottom Line: Measuring Social Return for the Microfinance Industry*, Seattle, WA: Social Enterprise Associates.

UNDP (2003a) *Human Development Report: Millennium Development Goals: A Compact Among Nations to End Human Poverty*, New York: Oxford University Press.

UNDP (2003b) *Subjective Poverty and Social Capital: Towards a Comprehensive Strategy to Reduce Poverty*, Cairo, Egypt: UNDP.

UNDP (2005) *Human Development Report: International Cooperation at a Crossroads: Aid, Trade, and Security in an Unequal World*, New York: UNDP.

UNDP (2007) *Human Development Report. Fighting Climate Change: Human Solidarity in a Divided World*, New York: UNDP.

UNESCO (2009) "Global crisis hits the most vulnerable," March 3. Online. Available HTTP: http://portal.unesco.org/en/ev.php-URL_ID=44687&URL_DO=DO_TOPIC&URL_SECTION=201.html (accessed March 15, 2009).

UNIFEM (2008) *Who Answers to Women? Gender and Accountability*, New York: United Nations Development Fund for Women.

UNRWA (2003) "12 years of Credit to Microenterprise." Online. Available HTTP: http://www.un.org/unrwa/publications/pdf/mmp_ar2003.pdf (accessed June 1, 2006).

USAID (2002) "Lebanon revisited: a transition strategy, 2003–2005." Online. Available HTTP: http://www.usaid.gov/lb/documents/lebanon_strategy.doc (accessed May 7, 2004).

Vivian, J. (1995) "How safe are 'social safety nets'? Adjustment and social sector restructuring in development countries," in J. Vivian (ed.) *Adjustment and Social Sector Restructuring*, London: Frank Cass (for the United Nations Research Institute for Social Development), 1–25.

Wade, R. (2001) "Showdown at the World Bank," *New Left Review*, 7, 124–137.

Wallis, W. (2009) "Lunch with the Financial Times: Dambisa Moyo," *Financial Times*, January 30. Online. Available HTTP: http://www.ft.com/cms/s/2/4121b1fa-ee5a-11dd-b791-0000779fd2ac.html (accessed April 11, 2009).

Waly, G. (2005) "Building a national strategy for microfinance in Egypt: international year of microcredit inspires collaborative process." Online. Available HTTP: http://www.uncdf.org/english/microfinance/pubs/newsletter/pages/2005_07/year_update.php (accessed December 20, 2005).

Watkins, K. and Montjourides, P. (2009) "The Millennium Development Goals—bankable pledge or sub-prime asset?," presentation to the UNESCO Future Forum, March 2. Online. Available HTTP: http://portal.unesco.org/en/ev.php-URL_ID=44385&URL_DO=DO_PRINTPAGE&URL_SECTION=201.html (accessed June 1, 2009).

Weber, H. (2002) "The Imposition of a global development architecture: the example of microcredit," *Review of International Studies*, 28 (3), 537–555.

Weber, H. (2006) "The global political economy of microfinance and poverty reduction: locating local 'livelihoods' in political analysis," in J.L. Fernando (ed.) *Microfinance: Perils and Prospects*, New York: Routledge, 43–63.

White, S.C. (1999) "NGOs, civil society, and the state in Bangladesh: the politics of representing the poor," *Development and Change*, 30, 307–326.

Williamson, J. (1990) "What Washington means by policy reform," in J. Williamson (ed.) *Latin American Adjustment: How Much Has Happened?*, Washington, DC: Institute for International Economics, 5–20.

Williamson, J. (2000) "What should the World Bank think about the Washington Consensus?," *World Bank Research Observer*, 15 (2), 251–264.

Williamson, J. (2004) "A short history of the Washington consensus," paper presented at a conference from the Washington Consensus towards a new Global Governance, Barcelona. Online. Available HTTP: http://www.iie.com/publications/papers/williamson0904-2.pdf (accessed September 27, 2008).

Wolfensohn, J. (2000) "How the World Bank is attacking poverty through small enterprise development and microfinance," *Small Enterprise Development*, 11 (1), 5–7.

Wolfowitz, P. (2007) "Resignation statement." Online. Available HTTP: http://web.worldbank.org/WBSITE/EXTERNAL/NEWS/0,,contentMDK:21339650~pagePK:64257043~piPK:437376~theSitePK:4607,00.html (accessed May 30, 2007).

Woller, G., Dunford, C., and Woodworth, W. (1999) "Where to microfinance?," *International Journal of Economic Development*, 1 (1), 29–64.

Wood, G. and Sharif, I. (eds) (1997) *Who Needs Credit?: Poverty and Finance in Bangladesh*, London: Zed Books.

Woods, N. (2006) *The Globalizers: The IMF, the World Bank, and Their Borrowers*, Ithaca, NY: Cornell University Press.

Woolcock, M. (1998) "Social capital and economic development: toward a theoretical synthesis and policy framework," *Theory and Society*, 27, 151–208.

Woolcock, M. (1999) "Learning from failures in microfinance: what unsuccessful cases tell us about how group based programs work," *The American Journal of Economics and Sociology*, 58 (1), 17–42.

World Bank (2000) *Annual Report*, Washington DC: The World Bank.

World Bank (2006a) "Microfinance comes of age." Online. Available HTTP: http://web.worldbank.org/WBSITE/EXTERNAL/NEWS/0,,contentMDK:21153828~pagePK:64257043~piPK:437376~theSitePK:4607,00.html (accessed December 20, 2006).

World Bank (2006b) "The future of microfinance–and the World Bank's role in it." Online. Available HTTP: http://www.microfinancegateway.org/content/article/detail/36645 (accessed December 20, 2006).

World Bank (2009) "Crisis hitting poor hard in developing world," February 12. Online. Available HTTP: http://web.worldbank.org/WBSITE/EXTERNAL/NEWS/0,,contentMDK:22067892~pagePK:64257043~piPK:437376~theSitePK:4607,00.html (accessed March 3, 2009).

Worth, R. and Fattah, H. (2006) "Villagers cheer as Lebanese army marches into the south," *New York Times*, August 19.

Wyly, E. et al. (2008) "Subprime mortgage segmentation in the American urban system," *Tijdschrift voor Economische en Social Geografie*, 99 (1), 3–23.

Yom, S. (2008) "Washington's new arms bazaar," *Middle East Report*, 246. Online. Available HTTP: http://www.merip.org/mer/mer246/yom.html (accessed December 15, 2008).

Yunus, M. (2002a) *Grameen Bank II: Designed to Open New Possibilities*, Dhaka, Bangladesh: Grameen Bank.

Yunus, M. (2002b) "Grameen Bank, micro-credit, and the Wall Street Journal," *Grameen Bank Dialogue*, January newsletter of the Grameen Trust, Dhaka, Bangladesh.

Yunus, M. (1999; 2003 edition) *Banker to the Poor: Micro-Lending and the Battle Against World Poverty*, New York: Public Affairs.

Yunus, M. (2006a) "Nobel lecture," Oslo. Online. Available HTTP: http://nobelprize.org/nobel_prizes/peace/laureates/2006/yunus-lecture-en.html (accessed January 15, 2007).

Yunus, M. (2006b) *Ten Indicators to Assess Poverty Level*, Dhaka, Bangladesh: Grameen Bank.

Yunus, M. (2008) *A World Without Poverty: Social Business and the Future of Capitalism*, New York: Public Affairs.

Yunus, M. and Abed, F. (2004) "Poverty matters," unpublished letter to the *New York Times*. Online. Available HTTP: http://www.microfinancegateway.org/p/site/m/template.rc/1.26.9075/ (accessed September 1, 2004).

Zaatari, Z. (2006) "The culture of motherhood: an avenue for women's civil participation in southern Lebanon," *Journal of Middle East Women's Studies*, 2 (1), 33–64.

Zafar, A. (1988) *Subsistence Level Development Trap in an Empowerment Strategy: Is BRAC Coming Out of It?*, RED BRAC Economic Studies 10, Dhaka, Bangladesh: BRAC.

Zoellick, R. (2003) "America will not wait for the won't-do countries." Online. Available HTTP: http://montevideo.usembassy.gov/usaweb/paginas/41-00EN.shtml (accessed June 5, 2009).

Zoellick, R. (2009) "Time to herald the age of responsibility," *Financial Times*, January 25. Online. Available HTTP: http://web.worldbank.org/WBSITE/EXTERNAL/NEWS/0,,contentMDK:22045260~pagePK:64257043~piPK:437376~theSitePK:4607,00.html (accessed May 3, 2009).

Zohir, S. and Matin, I. (2002) *Wider Impacts of Microfinance Institutions: Towards Defining the Scope and Methodology*, RED BRAC Economic Studies, Vol. XVII, Dhaka, Bangladesh: BRAC.

《城市研究系列》总目

☑ 已出版，□ 待出版

- ☑ 马克思主义与城市
- ☑ 保卫空间
- ☑ 城市空间的社会生产
- ☑ 城市：非正当性支配
- ☑ 现代性和大都市
- ☑ 驱逐：全球经济中的野蛮性与复杂性
- ☑ 浮现的世界：21 世纪的城市与区域
- ☑ 空间问题：文化拓扑学和社会空间化
- ☑ 文化崩溃：创意阶层的衰落
- ☑ 城市的视角
- ☑ 世界城市网络：一项全球层面的城市分析
- ☑ 社会理论与城市问题
- ☑ 全球城市政治：国家的非正规化
- ☑ 城市理论与城市经验：遇见城市
- ☑ 未来是什么？
- ☑ 贫困资本：小额金融与促进发展
- □ 在线游戏的社会与文化意义
- □ 阁楼生活方式：城市变化中的文化与资本
- □ 城市发展的基本趋势
- □ 大都市与精神生活
- □ 新国家空间：城市治理与国家地位的尺度重组
- □ 新城市空间：城市理论与尺度问题
- □ 城市发展史
- □ 空间、城市和社会理论
- □ 全球资本主义中的城市
- □ 边缘处的地方：现代性的另类地理
- □ 拱廊街计划
- □ 支离的都市
- □ 伍尔芙与伦敦：城市的性别政治
- □ 郊区化的世界：自外向内打造世界城市